U0529173

中国人事科学研究院
·学术文库·

# 当代中国的退休制度

杨 梅◎著

中国社会科学出版社

# 图书在版编目（CIP）数据

当代中国的退休制度 / 杨梅著. —北京：中国社会科学出版社，2021.10
（中国人事科学研究院学术文库）
ISBN 978-7-5203-9120-7

Ⅰ.①当… Ⅱ.①杨… Ⅲ.①退休—劳动制度—研究—中国 Ⅳ.①F249.213.4

中国版本图书馆 CIP 数据核字（2021）第 186460 号

| 出 版 人 | 赵剑英 |
|---|---|
| 责任编辑 | 孔继萍 |
| 责任校对 | 李　剑 |
| 责任印制 | 郝美娜 |

| 出　　版 | 中国社会科学出版社 |
|---|---|
| 社　　址 | 北京鼓楼西大街甲 158 号 |
| 邮　　编 | 100720 |
| 网　　址 | http://www.csspw.cn |
| 发 行 部 | 010-84083685 |
| 门 市 部 | 010-84029450 |
| 经　　销 | 新华书店及其他书店 |

| 印　　刷 | 北京君升印刷有限公司 |
|---|---|
| 装　　订 | 廊坊市广阳区广增装订厂 |
| 版　　次 | 2021 年 10 月第 1 版 |
| 印　　次 | 2021 年 10 月第 1 次印刷 |

| 开　　本 | 710×1000　1/16 |
|---|---|
| 印　　张 | 17.25 |
| 插　　页 | 2 |
| 字　　数 | 283 千字 |
| 定　　价 | 98.00 元 |

凡购买中国社会科学出版社图书，如有质量问题请与本社营销中心联系调换
电话：010-84083683
**版权所有　侵权必究**

# 目 录

绪 论 ………………………………………………………… (1)
    一　退休制度的基本概念 ………………………………… (1)
    二　与退休制度相关的若干概念 ………………………… (6)
    三　退休制度的基本内容 ………………………………… (8)
    四　退休制度的地位与作用 ……………………………… (10)

第一章　当代中国退休制度的历史渊源 …………………… (13)
  第一节　中国古代官吏的退休制度 ……………………… (13)
    一　退休条件 ……………………………………………… (13)
    二　退休待遇 ……………………………………………… (16)
    三　退休方式与退休程序 ………………………………… (21)
    四　安置与管理 …………………………………………… (24)
    五　对当代退休制度的影响 ……………………………… (25)
  第二节　解放区的退休制度 ……………………………… (27)
    一　退休条件 ……………………………………………… (28)
    二　退休待遇 ……………………………………………… (29)
    三　对当代退休制度的影响 ……………………………… (30)

第二章　退休制度的初步建立 ……………………………… (32)
  第一节　退休制度的发展脉络 …………………………… (32)
    一　初创机关企业退休制度 ……………………………… (32)
    二　试点建立部分行业企业退休制度 …………………… (33)
    三　建立统一国家机关工作人员退休制度 ……………… (35)

四　制定政府工作人员退职制度 …………………………… (36)
　　五　出台企业工人职员退职办法 …………………………… (37)
　　六　实行国家机关工作人员退职制度 ……………………… (37)
第二节　退休条件 ………………………………………………… (38)
　　一　部分机关企业退休条件 ………………………………… (38)
　　二　部分行业企业职员退休条件 …………………………… (38)
　　三　国家机关工作人员退休条件 …………………………… (39)
　　四　政府工作人员退职条件 ………………………………… (40)
　　五　企业工人职员退职条件 ………………………………… (41)
　　六　国家机关工作人员退职条件 …………………………… (41)
第三节　退休待遇 ………………………………………………… (41)
　　一　机关企业人员退休待遇 ………………………………… (41)
　　二　部分行业企业职员退休待遇 …………………………… (42)
　　三　国家机关工作人员退休待遇 …………………………… (46)
　　四　政府工作人员退职待遇 ………………………………… (50)
　　五　企业人员退职待遇 ……………………………………… (52)
　　六　国家机关工作人员退职待遇 …………………………… (54)
第四节　退休程序与安置 ………………………………………… (55)
　　一　国家机关工作人员退休程序 …………………………… (55)
　　二　政府工作人员退职程序 ………………………………… (56)
　　三　企业工人职员退职程序 ………………………………… (56)
　　四　国家机关工作人员退职程序 …………………………… (56)

第三章　退休制度的分类建立 ……………………………………… (58)
　第一节　退休制度的发展脉络 …………………………………… (58)
　　一　建立工人职员统一的退休制度 ………………………… (58)
　　二　实行精减时期的退休制度 ……………………………… (59)
　　三　初建轻、手工业集体所有制企业退休制度 …………… (60)
　　四　建立工人职员统一的退职制度 ………………………… (61)
　　五　实行精减职工条件下的退职制度 ……………………… (62)
　　六　建立轻、手工业集体企业职工、社员退职制度 ……… (62)

七　探索建立老干部离职休养制度 …………………………………（62）
　第二节　退休条件 ……………………………………………………（63）
　　　一　工人职员统一的退休条件 …………………………………（63）
　　　二　精减时期符合特定条件按退休安置 ………………………（65）
　　　三　轻、手工业集体企业职工、社员的退休条件 ……………（65）
　　　四　工人职员统一的退职条件 …………………………………（66）
　　　五　精减职工条件下的退职条件 ………………………………（68）
　　　六　轻、手工业集体企业职工、社员退职条件 ………………（68）
　　　七　老干部离职休养条件 ………………………………………（69）
　第三节　退休待遇 ……………………………………………………（71）
　　　一　工人职员统一退休待遇 ……………………………………（71）
　　　二　精减时期的退休待遇 ………………………………………（77）
　　　三　轻、手工业集体企业职工、社员的退休待遇 ……………（77）
　　　四　工人职员的退职待遇 ………………………………………（80）
　　　五　精减时期的退职待遇 ………………………………………（82）
　　　六　轻、手工业集体企业职工、社员退职待遇 ………………（84）
　　　七　老干部离职休养的待遇 ……………………………………（86）
　第四节　退休程序和安置管理 ………………………………………（87）
　　　一　工人职员退休程序和安置 …………………………………（87）
　　　二　精减时期的退休程序和安置 ………………………………（87）
　　　三　轻、手工业集体企业职工、社员退职程序 ………………（88）

## 第四章　退休制度框架的基本定型 ……………………………………（89）
　第一节　退休制度的发展脉络 ………………………………………（89）
　　　一　单独建立干部退休制度 ……………………………………（92）
　　　二　正式建立老干部离休制度 …………………………………（92）
　　　三　优化干部退职制度 …………………………………………（93）
　　　四　单独建立工人退休退职制度 ………………………………（93）
　　　五　建立集体卫生人员退休退职制度 …………………………（94）
　第二节　退休条件 ……………………………………………………（94）
　　　一　干部退休条件 ………………………………………………（94）

二　工人退休条件 …………………………………………（101）
　　三　集体卫生人员退休退职条件 ………………………（103）
　第三节　退休待遇 ……………………………………………（103）
　　一　干部退休待遇 ………………………………………（104）
　　二　干部离休待遇 ………………………………………（122）
　　三　干部退职待遇 ………………………………………（132）
　　四　工人退休待遇 ………………………………………（134）
　　五　工人退职待遇 ………………………………………（139）
　　六　集体卫生人员退休待遇 ……………………………（139）
　第四节　退休程序、安置与管理 ……………………………（140）
　　一　退休程序 ……………………………………………（140）
　　二　退休安置 ……………………………………………（144）
　　三　退休后的管理 ………………………………………（147）
　　四　发挥退休人员的作用 ………………………………（150）

第五章　退休制度的改革深化 …………………………………（155）
　第一节　退休制度改革完善的脉络 …………………………（155）
　　一　建立健全企业职工基本养老保险制度 ……………（157）
　　二　健全企业离退休费和医药费保障机制 ……………（160）
　　三　做好新时期的老干部工作 …………………………（163）
　　四　建立机关事业单位养老保险制度 …………………（165）
　　五　严格执行退休制度 …………………………………（166）
　　六　探索建立分类退休制度 ……………………………（167）
　第二节　退休条件 ……………………………………………（168）
　　一　提高部分女干部的退休年龄 ………………………（168）
　　二　建立和完善公务员提前退休条件 …………………（169）
　　三　明确部分国有企业人员提前退休条件 ……………（170）
　　四　规范转制单位部分人员提前退休条件 ……………（170）
　　五　规定事业单位聘用人员的退休条件 ………………（170）
　　六　统一全国政协委员的退休条件 ……………………（171）
　　七　明确院士等杰出高级专家的退休条件 ……………（171）

第三节　退休待遇 …………………………………………… (172)
　　一　加强退休待遇保障 …………………………………… (172)
　　二　改革和完善离休待遇 ………………………………… (191)
　　三　提高新中国成立前参加工作的老工人退休待遇 …… (201)
第四节　退休程序与管理服务 ……………………………… (203)
　　一　严格退休程序 ………………………………………… (203)
　　二　加强和完善退休干部管理服务 ……………………… (206)
　　三　进一步发挥退休人员作用 …………………………… (209)

第六章　退休制度的地方探索 ………………………………… (212)
　第一节　延迟退休制度 ……………………………………… (212)
　　一　地方探索延迟退休的背景 …………………………… (212)
　　二　地方探索延迟退休的概况 …………………………… (212)
　　三　地方探索延迟退休的制度内容 ……………………… (213)
　第二节　严格提前退休管理 ………………………………… (217)
　　一　地方加强提前退休管理的背景 ……………………… (217)
　　二　地方严格提前退休管理的概况 ……………………… (218)
　　三　地方严格提前退休管理的基本内容 ………………… (218)
　第三节　探索符合地方实际的退休待遇调整机制 ………… (221)
　　一　基本养老金的地方化调整 …………………………… (221)
　　二　提高精减时期退职人员生活补助费 ………………… (229)
　　三　建立劳动模范荣誉津贴制度 ………………………… (232)
　　四　发放春节慰问金或慰问品 …………………………… (234)
　　五　提高遗属生活、困难补助费 ………………………… (235)
　第四节　建立干部荣誉退休制度 …………………………… (236)
　　一　地方探索干部荣誉退休制度的背景 ………………… (237)
　　二　地方探索干部荣誉退休制度的概况 ………………… (237)
　　三　地方荣誉退休制度的基本内容 ……………………… (237)

第七章　我国退休制度的基本经验、存在的问题及发展趋势 …… (239)
　第一节　我国退休制度的基本经验 ………………………… (239)

一　以经济社会条件为基础 …………………………………（239）
　　二　遵循正确的价值导向 ……………………………………（240）
　　三　与相关领域改革相协同 …………………………………（240）
　　四　以渐进方式推进制度建设 ………………………………（241）
　第二节　我国退休制度存在的主要问题 ………………………（241）
　　一　退休制度的适用范围较窄 ………………………………（241）
　　二　人事分类体现不足 ………………………………………（242）
　　三　退休条件严重滞后于时代发展 …………………………（242）
　　四　影响退休待遇因素复杂 …………………………………（243）
　　五　退休方式较为单一且缺乏弹性 …………………………（243）
　　六　退休法制建设滞后 ………………………………………（244）
　第三节　我国退休制度的发展趋势 ……………………………（244）
　　一　扩大退休制度的适用范围 ………………………………（245）
　　二　体现人事分类的基本理念 ………………………………（245）
　　三　延迟退休年龄 ……………………………………………（246）
　　四　建立明确的退休待遇调整机制 …………………………（247）
　　五　建立多种退休方式提高制度弹性 ………………………（248）
　　六　加快推进退休制度立法 …………………………………（248）

**中华人民共和国成立以来关于退休的法令规章** ……………（249）

**参考文献** ………………………………………………………（262）

**后　记** …………………………………………………………（265）

# 绪　　论

退休制度是人事制度的重要内容之一，是退出机制的具体体现。我国的退休制度具体发轫于何时难以考证，但是，在春秋时期，随着官僚制度的建立，关于退休行为就已经有了较为明确的记载，[①] 并纳入行政管理的范畴。到了汉代，官吏退休已经制度化。[②] 当代中国退休制度的产生、发展和变迁，除了受到中华人民共和国成立后的政治理念、经济体制和财政体制的直接影响外，也带有明显的中国古代退休制度和解放区退休制度的痕迹。

**一　退休制度的基本概念**

退休既可以表示一种行为，也可以表示一种制度或者状态。本书中所说的退休是从制度层面而言的，它是指规范包括退休条件、退休待遇、退休方式与程序、退休安置与管理等一系列行为的人事制度。虽然古代的退休制度与当代的退休制度在名称上不尽相同，但是制度内容却基本一致。

（一）中国古代退休制度的概念

中国古代退休是官吏才能享受的权利，而且不是所有官吏都能享受到的权利。关于官吏退休的称谓有很多，如致仕、致事、致政、休致、乞骸骨、乞身、悬车、辞退、得谢、乞休等。其中，致仕、休致最为常见。

---

[①] 由于古代官吏也称退休为"告老"或"致仕"。《左传》襄公七年："冬十月，晋韩献子告老"。又隐公三年："子厚与州吁游，禁之，不可，桓公立，乃老"。参见蒲坚《中国古代行政立法》，北京大学出版社1990年版，第68—69页。

[②] 张晋藩：《中国古代行政管理体制研究》，光明日报出版社1988年版，第21页。

1. 致事、致仕、休致

《礼记·曲礼上》："大夫七十而致事。"郑玄的注解是："致其所掌之事于君而告老。"《礼记·内则》："五十命为大夫，服官政，七十致事。"《礼记·王制》："五十而爵，六十不亲学，七十致政。"《春秋·公羊传·宣公元年》："退而致仕。"何休注曰："致仕，还禄位于君。"《尚书大传·略说》："大夫七十而致仕，老于乡里，大夫为父师，士为少师。"郑玄注："所谓里庶尹也。古者仕焉而已者，归教于闾里。"东汉太尉李咸，功遂身退。"以疾自逊，求归田里，告老致仕。"①《唐会要》卷六十七记载："年七十以上应致仕。若齿力未衰，亦听厘务。"宋咸平五年（1002年），"诏文武官年七十以上求退者，许致仕，因疾及有赃犯者听从便"。②明嘉靖二十二年（1543年），"题准王府官，凡称病乞改用者，并勒致仕。以辅导失职调者，不得授府州县亲民官"。③清代，同时使用"致仕""休致"。清康熙六十一年（1722年），"赐千叟宴，召满汉大臣、文武官员及致仕退斥人员年六十五以上者三百四十人，宴于乾清宫前"。④《清史稿》："年老休致，例有明文。"这里面"致事""致政""致仕""休致"中的"致"都是归还的意思，就是将原来的职务交还给君王。

2. 请老、乞骸骨、悬车

从官吏个人的角度讲，退休也叫"请老""乞骸骨""乞身""安车"或"悬车"。《左传·襄公三年》："祁奚请老，晋侯问嗣焉。"杜预注："老，致仕。"《晏子春秋·外篇上二十》："臣愚不能复治东阿，愿乞骸骨，避贤者之路。"乞骸骨是致仕的谦辞，意思是乞求皇帝把自己的老骨头还给自己，得以归葬故乡，带有谦卑的意味。《后汉书·隗嚣列传》："夫以二子之贤，勒铭两国，犹削迹归愆，请命乞身，望之无劳，盖其宜也。"辛弃疾在《丙寅九月二十八日作来年将告老》诗中写道："西山病叟支离甚，欲向君王乞此身。"

西汉张禹"为相六岁，鸿嘉元年以老病乞骸骨，上加优再三，乃听

---

① （汉）蔡邕：《蔡中郎集》卷五《太尉汝南李公碑》。
② （元）脱脱：《宋史》卷一七〇《志第一百二十三》《职官十》，中华书局1999年版。
③ （清）龙文彬：《明会要》卷四十《职官十二》。
④ （清）张廷玉：《皇朝文献通考》卷七十五《学校考》。

许。赐安车驷马，黄金百斤，罢就第"。① 安车，只有公、列侯特殊身份坐乘的、带有特殊图案装饰的车子。② 班固《白虎通·致仕》："臣年七十悬车致仕者，臣以执事趋走为职，七十阳道极，耳目不聪明，跂踦之属，是以退老去避贤者……悬车，示不用也。" 蔡邕在《陈太丘碑文序》写道："时年已七十，遂隐丘山，悬车告老，四门备礼，闲心静居。"《旧唐书·李百药传》："及悬车告老，怡然自得。""悬车"是官吏退休后，把原来任职时所乘坐的车悬挂起来，也表示退休之意。

3. 得谢

在宋代，常用"得谢"来指七十退休，指美好的名声。"大夫七十而致事，谓之得谢，美名也。"③ 王安石曾写过题为《送陈公辟得谢归姑苏》的一首诗："东归行路叹贤哉，碧落新除宠上才。白傅林塘传画去，吴王花鸟入诗来。唱酬自有微之在，谈笑应容逸少陪。除此两翁相见外，不知三径为谁开。"陆游写的《致仕后即事》一诗也用"得谢"表示退休："山村处处晴收麦，邻曲家家什晒丝。正用此时身得谢，十分寿酒不须辞。"

4. 辞退

我国古代有时候也用"辞退"来表示辞官退职、回家养老，实际也是退休的意思，但是"辞退"与当代人事制度中的"辞退"制度的含义并不相同。

《后汉书·方术传上·郭宪》："宪以病辞退，卒于家。"《晋书·华谭传》："年向七十，志力日衰，素餐无劳，实宜辞退。"南朝陈徐陵在《为王仪同致仕表》中写道："虚名靡实，世官非才；年力方强，不能辞退。"这里的辞退与致仕的意思相同，就是指退休。

5. 退休

通常认为，"退休"一词在唐代开始使用，但多用于诗词中，官方的文献仍使用"致仕"。唐朝诗人武元衡在《酬李十一尚书西亭暇日书怀见寄十二韵之作》中写道："时景屡迁易，兹言期退休。"古文家韩愈在《复志

---

① （汉）班固：《汉书》卷八十一《匡张孔马传》第五十一，中华书局1999年版。
② 颜师古注曰："安车，坐乘之车也。后汉舆服志云'公列侯安车，朱斑轮，倚鹿较，伏熊轼，皂盖'。倚鹿较者，画立鹿于车之前两藩外也。伏熊轼者，车前横轼为伏熊之形也。"参见班固《汉书》卷六十《杜周传》第三十，中华书局1999年版。
③ （宋）洪迈：《容斋随笔》卷十《致仕之失》。

赋序》写道："退休于居，作《复志赋》。"杜牧在《樊川文集·上河阳李尚书书》写道："某多病早衰，恚在耕钓，得一二郡，资其退休，以活骨肉，亦能作为歌诗，以称道盛德，其余息心亦已久矣。下情日增，瞻仰恋德之切。某恐惧再拜。"晚唐诗人司空图在《华下》一诗中写道："篛冠新带步池塘，逸韵偏宜夏景长。扶起绿荷承早露，惊回白鸟入残阳。久无书去干时贵，时有僧来自故乡。不用名山访真诀，退休便是养生方。"

宋代以后，"退休"一词使用得更为普遍，并出现于官方文献中。欧阳修在《六一居士传》写道："既老而衰且病，将退休于颍水之上。"《宋史·韩贽传》："退休十五年，谢绝人事，读书赋诗以自娱。"苏轼在《与程懿叔书》之一中写道："此虽暂病，亦欲渐为退休之计耳。"陆游曾写过多首关于退休的诗，其中一首《老叹》："齿发衰残久退休，衡茅荒寂更禁秋。"杨万里曾写过《退休集》十四卷，他在《雨后至溪上三首》其三的诗中写道："拟借丹青画作图，退休老子作渔夫。凤凰池上虽荣贵，何似清闲看浴凫。"明代的贺钦写了一首《题退休卷》："五十年来早退休，三边贤达子为头。题诗每上春山寺，载酒频登夜月楼。钓艇有时江上泛，兵书尽日箧中收。常怜李广非知命，抵死何曾到列侯。"

可见，唐宋之后的"退休"带有更多的个人色彩，多用来描述官员退休后远离官场、洒脱自在的生活状态。

众所周知，作为制度的退休与作为行为的退休并不相同。作为人事制度重要内容的退休制度需要具备若干要素，包括退休条件、退休待遇、退休程序和退休后的管理等，即退休制度是对退休行为作出的统一、系统性的规范。由于作为退休的行为时间产生得较早，而且，我国古代人事制度的发展并没有达到当今这般非常细致的程度，退休制度的范畴也不是非常严谨，有时候官吏辞职、辞退、休假也会混同在早期的退休制度中。但是，作为独立的退休制度则在汉代才正式建立，并随着社会政治、经济的变迁而逐步发展、完善。

(二) 当代退休制度的概念

《现代汉语词典》中的退休是指职工因年老或因公致残而离开工作岗位，按期领取生活费用。《当代中国的词典》中的退休是指，职工达到规定年龄或因病残并具备一定条件而离开工作岗位养老。在中国，退休人员的生活受到国家和社会的保障，每月按规定标准领取退休金，直到去世为止。

1. 退休制度

《中华人民共和国宪法》第四十四条规定，国家依照法律规定实行企业事业组织的职工和国家机关工作人员的退休制度。退休人员的生活受到国家和社会的保障。可见，退休是企业事业组织的职工和国家机关工作人员享受的一项基本经济权利，退休制度的对象是企业事业组织的职工和国家机关工作人员。退休制度从身份的角度可以区分为干部退休制度和工人退休制度。无论干部退休制度还是工人退休制度，都包括退休条件、退休待遇、退休程序、退休管理等内容。

2. 干部退休制度

《中国政府公务百科全书》解释为：干部退休制度是干部制度的组成部分。国家为了保障因年老或疾病，基本丧失劳动能力的干部的晚年生活，保持干部队伍的生机与活力实行的干部退休养老制度。[1]《中国共产党组织工作辞典》（修订本）解释为：国家为达到规定年龄或因病残丧失劳动能力而退出工作岗位并享受一定养老待遇的干部所建立的制度。干部退休制度是国家对干部离休、退休、退职条件、待遇、安置和管理等问题作出的统一规定。[2] 干部退休制度是指国家制定的关于干部离休、退休条件、待遇、退休后管理的政策和法规的总称。[3] 干部退休制度实际上包括离休、退休、退职三种具体制度。国家根据老、弱、病、残人员参加工作时间早晚、工作年限的长短及其对党和国家作出的贡献大小分别设置为离休、退休或退职。其中，离休制度作为干部退休制度的一种特殊形式，是党和国家对新中国成立以前参加革命工作的老干部实行的养老制度。干部离休享受的政治待遇、生活待遇均比退休待遇优厚。退职制度是对完全丧失劳动能力但不满足法定退休条件而退出工作岗位的干部进行休养的制度，实质是一种低待遇的退休。退职不包括干部辞职、停薪留职

---

[1] 余兴安：《中国政府公务百科全书》（机构编制管理卷）（人事管理卷），中共中央党校出版社1994年版，第327页。

[2] 中共黑龙江省老干部局、中共陕西省委老干部工作局、青海省老干部局：《简明老干部工作辞典》，华龄出版社2012年版，第3页。

[3] 徐颂陶、孙建立：《中国人事制度改革三十年（1978—2008）》，中国人事出版社2008年版，第196页。

和被辞退。① 退居二线，包括当顾问和担任荣誉职务，也不属于离休退休。②

### 3. 工人退休制度

工人退休制度是退休制度的重要内容之一，是国家对于工人退休条件、退休待遇、退休安置与管理的政策与法规的总称。工人退休制度是在我国特定时期人事制度实行身份管理的背景下建立的退休制度，随着人事制度改革的推进，从身份管理向岗位管理转变，工人退休制度也将逐渐退出历史舞台。工人退休制度可以细分为退休、退职两种具体制度。此外，政府为了体现对新中国成立前参加工作的老工人的关怀，出台的针对新中国成立前参加工作的老工人优待政策，也是属于工人退休制度的范畴。

## 二 与退休制度相关的若干概念

在我国，与退休制度相关的概念包括退职制度、离休制度、退养制

---

① 张志坚、苏玉堂：《当代中国的人事管理（上）》，当代中国出版社1994年版，第487页。

② 国家在多个文件中对担任荣誉职务和当顾问进行了表述。如1958年《中共中央关于安排一部分老干部担任荣誉职务的通知》规定：八届三中全会提出，安排一部分不能继续担任实际工作又不能参加生产劳动的老干部，担任各种荣誉职务。荣誉职务可以设在政协机关、咨询机构、各种社会公益事业、某些社会团体和经济、文化机关中。

1978年《国务院关于安置老弱病残干部的暂行办法》中将担任顾问、荣誉职务和离职休养分条进行规定，而且担任顾问、荣誉职务和离职休养的条件不同。国务院各部门及其所属司局级机构，各省、市、自治区革命委员会及其所属部门，省辖市、行政公署一级领导机关及其所属部门，县（旗）革命委员会，相当于县级和县级以上的企业、事业单位，都可以根据情况设顾问。各级顾问安排同级或高一级的干部担任。安排对象是：担任实职有困难，有斗争经验，尚能做一些工作，1949年9月底以前参加革命工作的地委正副书记、行政公署正副专员及相当职务以上的干部；1942年底以前参加革命工作的县委正副书记、革命委员会正副主任及相当职务的干部。各级政协、视察室、参事室、文物管理委员会、文史馆等单位，可以安排一些老同志担任荣誉职务。安排的对象是：1949年9月底以前参加革命工作的地委正副书记、行政公署正副专员及相当职务以上的干部；1942年底以前参加革命工作的县委正副书记、革命委员会正副主任及相当职务的干部。对于丧失工作能力，1949年9月底以前参加革命工作的地委正副书记、行政公署正副专员及相当职务以上的干部；1942年底以前参加革命工作的县委正副书记、革命委员会正副主任及相当职务的干部；1937年7月7日以前参加革命工作的干部，可以离职休养，工资照发。

1982年《中共中央关于建立老干部退休制度的决定》明确提出，退居二线，包括当顾问和荣誉职务，不属于离休退休。那些身体还好，又有比较丰富的领导经验和专业知识、但因年龄或名额限制不宜进入领导班子的老干部，可以安排担任负有一定职责的顾问，或从事某一方面的调查研究、参谋咨询的工作。那些为党的事业作出重大贡献、威望比较高、但是坚持正常领导工作（包括当顾问）有困难的老干部，可以安排适当的荣誉职务。

度、退居二线制度、养老保险制度和辞退制度等。

(一) 退职制度

在新中国成立初期，对退职制度和退休制度的区分并不清晰。《劳动保险条例》及修订后的《劳动保险条例》中只有"退职"字样而没有"退休"字样。但是，从制度内容来看，退职实质上就是退休。到了1956年，随着制度发展细化，退职制度作为退休制度的一种特殊表现形式出现，它是对完全丧失劳动能力但不满足法定退休条件而退出工作岗位的人员实行的一种制度。因此，退职制度实质上就是一种低待遇的退休制度。退职制度在我国建国初期和精简机构时经常使用，随着退职制度的适用人群日益减少，退职制度将逐步退出退休制度的范畴。

(二) 离休制度

离休制度是当代中国干部退休制度的一种特殊表现形式，是党和国家对新中国成立以前参加革命工作的老干部实行的退休制度。由于离休人员参加革命时间较早，对党和国家作出的贡献较大，因此，离休人员享受的政治待遇、生活待遇均要比退休待遇优厚。也就是说，离休制度实质上就是一种高待遇的退休制度。

(三) 退居二线制度

退居二线制度是在我国领导干部制度改革过程中的一种干部任用制度。1982年《中共中央关于建立老干部退休制度的决定》明确提出退居二线制度，"退居二线包括当顾问和荣誉职务，不属于离休退休。那些身体还好、又有比较丰富的领导经验和专业知识、但因年龄或名额限制不宜进入领导班子的老干部，可以安排担任负有一定职责的顾问，或从事某一方面的调查研究、参谋咨询的工作。那些为党的事业作出重大贡献、威望比较高但是坚持正常领导工作（包括当顾问）有困难的老干部，可以安排适当的荣誉职务。担任顾问和荣誉职务不宜重叠，原则上一人一职"。1978年的《国务院关于安置老弱病残干部的暂行办法》（以下简称《安置暂行办法》）中明确"由于年龄和身体的关系而离休、退休、担任顾问或荣誉职务，是正常的，也是光荣的"，将担任顾问或荣誉职务与离休、退休并列表述，也表明了担任顾问或荣誉职务不属于离休、退休，其实质上是对老干部的一种安置方式。

（四）退养制度

退养制度是为了安置国有企业富余职工，达到减员增效的目的，对距离达到法定退休年龄不足五年的职工，经本人申请、企业领导批准同意，可以退出工作岗位休养。退养期间，企业逐月为职工发放生活费，缴纳各项社会保险，达到退休年龄再办理退休手续。退养制度与退休制度二者的政策依据不同，适用对象不同，条件不同，待遇也不同。本质上，退养制度是国有企业内部调整人力资源所使用的人事制度。

（五）养老保险制度

养老保险制度是指国家立法强制征集社会保险费（税）形成养老基金，当劳动者退休后支付养老金，以保证其基本生活需要的社会保障制度。我国的养老保险制度包括城乡居民养老保险和城镇职工养老保险制度。城镇职工养老保险制度包括基本养老保险制度和补充养老保险制度。养老保险制度与退休制度的实施范围、制度目标、制度内容上均存在差异。但是，退休制度中关于领取退休待遇的条件、退休金的内容与职工基本养老保险制度重合。自从我国企业和机关事业单位实施基本养老保险制度改革以来，退休制度中的退休金也称为基本养老金。

（六）辞退制度

在当代中国，辞退制度是用人单位通过法定程序解除与干部任用关系的管理制度。辞退制度与退休制度都是退出机制的体现，是人事制度的末端环节。但是，从组织人事制度管理环节的必要性上看，退休制度是人事管理的必备环节，辞退制度则是非必备的环节。辞退制度的对象、辞退条件、辞退程序、辞退后的待遇及管理都与退休制度均不相同。但是，在古代中国，辞退制度与退休制度有时候是同一含义。

### 三 退休制度的基本内容

退休制度的基本内容包括退休条件、退休待遇、退休程序和退休安置与管理。退休制度在最初建立时，其制度要素并不完备，如只有退休条件的内容，并没有退休待遇、退休程序以及退休安置与管理等方面的规定。此后，随着经济社会的发展和人事管理的需要，才逐步建立了退休待遇、退休程序、退休安置、管理服务方面的制度规定，并逐步发展、完善。

(一) 退休条件

退休条件通常包括年龄条件和身体条件。通常来说，人达到一定年龄后，思维和行动能力下降，基本上不再具备履行职责所需的身体条件。因此，有的学者认为，年龄条件的实质是身体条件，但是，身体条件难以把握，而以年龄为标准容易划一。所以，自古以来，年龄条件成为退休的主要条件。[①] 但是，在大工业的生产条件以及对劳动者人文关怀逐步提高，退休条件需要考虑的因素逐渐增多，而不仅仅是年龄条件和因年龄变化导致的身体衰老条件，还包括工作条件、工龄条件、因工致残等。

(二) 退休待遇

退休待遇是退休制度的重要内容，是指退休后享受的政治待遇和生活待遇。退休条件和退休待遇是退休制度的最核心的内容。在当代中国，不同时期、不同的身份，退休待遇的内容也不相同。新中国成立初期，退休待遇水平普遍较低，随着改革开放后我国经济社会发展水平不断提高，退休的待遇水平也在逐步提高。在退休待遇内容上，干部的退休待遇主要包括政治待遇和生活待遇，工人的退休待遇主要是生活待遇。在退休制度内部，离休、退休、退职的政治待遇和生活待遇也不相同。通常，政治待遇包括参加组织生活、读书看报、节假日慰问和健康疗养等。经济待遇包括享受退休金、生活补贴、医疗待遇等。

(三) 退休方式与程序

新中国成立后，干部退休方式有届龄退休、提前退休和延迟退休三种方式。不同类型的退休方式规定的适用对象、退休条件和退休程序上存在明显差异。届龄退休不需要个人申请，提前退休和延迟退休需要个人申请、审批等程序。

近年来，随着我国转变政府职能，推进"放管服"改革后，在退休程序方面进行简化优化服务改革。人力资源和社会保障部将职工退休纳入"人社服务快办行动" 10 个 "一件事" 打包办，为企业群众退休事项提供更加优质便捷高效的服务。

---

① 侯建良：《中国古代文官制度》，党建读物出版社、中国人事出版社 2010 年版，第 289—290 页。

### （四）退休安置与管理

退休安置是指退休后养老的地方。我国人民自古有"叶落归根"和"告老还乡"的观念，所以，在新中国成立后的很长一段时间内，由于实行社会计划经济和严格的户籍管理制度，职工退休后也是回原籍安置。但是，随着我国经济社会的发展和户籍制度的改革完善，职工退休安置基本退出了历史舞台，退休管理主要指退休的审批、退休后再就业限制和退休人员服务。

### 四 退休制度的地位与作用

退休制度是人事制度的重要内容之一，是退出机制的制度体现。建立和完善干部退休制度对于保持干部队伍的生机活力，促进干部队伍新陈代谢具有重要作用。

### （一）退休制度的地位

退休制度是人事管理中重要制度之一，是人事管理的必备环节。退休制度覆盖面广，影响因素复杂，关系到国家、组织和劳动者三者之间的利益分配，影响着组织的活力、人力资源的更新、生产效率的高低，也直接影响劳动者的工作和生活。退休制度作为人事制度的末端环节，要受到人事制度前端环节如编制管理制度、分类制度、任用制度、工资制度、奖励制度等相关制度的影响。

### （二）退休制度的作用

建立并实行有效的退休制度，有利于促进组织人力资源更新，有利于废除领导职务终身制，有利于保障劳动者合法权利，有利于减轻组织用人经费负担，有利于推进组织创新，也有利于地方吸引和集聚人才。

1. 有利于促进干部队伍更新

退休制度的直接意义是可以实现干部队伍新老交替，保持组织人员合理年龄结构，防止人员队伍老化，保持组织生机与活力。随着时间推移，高层领导干部精力普遍不支、思想也会跟不上形势，越来越难以承受履行领导工作所需的精力、气魄和身心条件。而国家的发展，事业的振兴，需要一大批德才兼备的中青年干部走上领导岗位。《中共中央关于建立老干部退休制度的决定》明确，为了保证新老干部适当交替的顺利进行，并使一切将要退下来的老干部都能得到妥善的安排，中央认为，建立老干部离休退休和退居二线的制度，是必要的。因此，干部退休制度的建立，既解决了干部"出"的问题，又为干部"进"的问题提供了便利条件，促进了干部队伍革命化、年轻化、知识化、专业化的建设。①

2. 有利于废除领导职务终身制

在新中国成立后的很长一段时间里，由于干部管理制度不健全，存在着领导干部职务终身制的问题。要废除领导干部职务终身制，必须改革干部制度，建立干部退休制度是其中最重要的一环。通过建立并实行严格的退休制度，解决了改革开放初期领导职务大量超编、"官多兵少"的问题，结束了其他社会主义国家同样存在的干部任职终身制问题。通过妥善安置老干部，使他们在退休后能够老有所养，也为年轻的干部提供了职业晋升的机会，从而实现干部队伍进出有序、更替有规。

3. 有利于保障劳动者合法的劳动权利

在现代社会，退休权是公民的劳动权利之一，属于国家赋予劳动者享有的宪法权利。我国1954年的宪法就规定了"中华人民共和国劳动者在年老、疾病或者丧失劳动能力的时候，有获得物质帮助的权利"。劳动者在满足法定的退休条件时可以退出工作岗位，领取退休金，免除其后顾之忧，有助于使其在职时积极努力地工作，退休后可以体面地安度晚年。

4. 有利于减轻组织的人员经费负担

一般情况下，劳动者届龄退休时通常年龄较大，我国正常退休条件是男职工为六十岁，女干部五十五岁，在组织内所处的职务或级别也较高，相应地，其工资水平和福利待遇也较高。因此，这些劳动者对于组织来说，用人经费成本总体也较高。但是，组织的新招录或者聘用的劳动者通常年龄较小，资历较浅，在组织内的职务或级别层次普遍不高，用人成本也较低。因此，实行退休制度在一定程度上可以减轻组织的用人经费负担。

5. 有利于推动组织创新

退休干部通常年龄较大，虽然其工作经验非常丰富，但是也容易受到旧有条条框框的束缚，导致其守正有余而创新不足。随着现代社会的来

---

① 张志坚、苏玉堂：《当代中国的人事管理（上）》，当代中国出版社1994年版，第488页。

临，各种新思想、新观念、新知识、新技术和新方法层出不穷，需要具有创新意识和具有活力的年轻人推动事业发展。建立并实行干部退休制度，组织通过招募新人、吸收新鲜血液的方式，有助于创新创造，满足社会进步和组织发展的需要。

6. 有利于地方吸引和集聚人才

虽然我国实行统一的退休制度，但是由于地方政府在制度设计理念、财力水平和公共服务水平等方面的差异，劳动者享受退休待遇的质量与地方的经济社会发展情况的关系越来越紧密。尤其在养老金的领取地与基本养老保险关系所在地、户籍地、缴费年限相关联后，退休制度正在逐步成为地方吸引人才和集聚人才的重要因素之一。以上海为例，其在机关事业单位退休制度方面出台的若干政策就为其吸引和集聚公职人员增添了筹码。如在退休待遇方面，为避免退休人员个人账户储存额领完后待遇突然降低，2019年7月29日上海市人民政府关于印发修订后的《本市贯彻〈国务院关于机关事业单位工作人员养老保险制度改革的决定〉实施办法》的通知明确规定，退休人员个人账户储存额领完的，由基本养老保险基金继续支付个人账户养老金，直至其死亡。在制度灵活性方面，如果工作人员因出国（境）终止基本养老保险关系的，个人账户储存额一次性支付给本人。在基本养老金支付保障方面，则规定当养老保险基金不敷支付时，由财政给予补贴，即财政兜底。

# 第 一 章

# 当代中国退休制度的历史渊源

当代中国的退休制度虽然是在新中国成立后才正式建立起来的,但是,新中国的退休制度并不是凭空产生的,而是在吸收中国古代官吏退休制度和革命根据地退休制度经验的基础上,并借鉴国外社会保障制度的内容,逐步发展起来的。

## 第一节　中国古代官吏的退休制度

中华民族历史悠久,虽然官吏的退休行为具体发轫于何时已无从考证,但是早在汉代就已经正式建立官吏退休制度。而且,中国古代退休制度的基本要素和一些基本理念,甚至一些具体的做法如同基因一样,潜移默化地影响、塑造着当代中国的退休制度。在制度构成要素上,我国古代官吏的退休制度也包括退休条件、退休待遇、退休程序和退休安置与管理几方面的内容。

### 一　退休条件

我国古代的退休条件主要包括年龄条件和身体条件。通常认为年龄条件就是身体条件,因为正常情况下,达到一定的年龄意味着身体条件无法再满足工作需要,只不过年龄条件相对简单,便于统一和操作。纵观我国古代退休年龄条件,大多数时期遵循"七十致仕"的礼制。

(一)　两汉的退休条件

汉代没有明确规定退休年龄,大体上按照"七十致仕"的传统和惯例。东汉班固的《白虎通德论》:"臣七十悬车致仕者,臣以执事趋走为职，七十阳道极，耳目不聪明。"① 意思是说，人到了七十岁，视力降低，听力下降，不再具备担任职务的身体条件，应该退休了。

(二) 魏晋南北朝的退休条件

魏晋也是基本沿袭两汉时期七十岁退休的惯例，但也会考虑官员的实际情况。"虽七十致仕，明乎典故，然以德尚壮，许其縻维。今庶僚之中，或年迫悬车，循礼宜退……其有高名俊德、老成耄士，灼然显达，为时所知者，不拘斯例。"② 南朝齐永明中御史中丞沈渊表百官年登七十，皆令致仕，并穷困私门。庚子，诏曰："日者百司耆齿，许以自陈，东西二省，犹沾微俸，辞事私庭，荣禄兼谢，兴言爱老，实有矜怀。自缙绅年及，可一遵永明七年以前铨叙之科。"③ 这意味着所有的官吏无论职位高低，都命令其七十岁退休。

(三) 隋唐的退休条件

隋朝规定官吏的退休年龄也是七十岁。大业五年（609 年），诏曰："年七十以上，疾患沉滞，不堪居职，即给赐帛，送还本郡；其官至七品以上者，量给廪，以终阙身。"④ 虽然，唐代原则上规定七十岁退休，但同时考虑了身体条件。如对于虽然到了七十岁，但是身体状况尚好，仍然可以继续任职；相反，如果未到七十岁，但是身体状况不好，无法胜任工作，也必须退休。"旧制，年七十以上应致仕，若齿力未衰，亦听厘务";⑤ "年虽少，形容衰老者，亦听致仕"。⑥

(四) 宋元金的退休条件

宋代退休年龄与唐代相同。咸平五年（1002 年），"诏文武百官年七十以上求退者，许致仕，因疾及有赃犯者听从便"。⑦

金制，官吏通常在六十岁时退休，也有在七十岁以上或六十岁以下退休的。

---

① （汉）班固：《白虎通德论》《卷四》。
② （北齐）魏收：《魏书》卷九《肃宗纪第九》，中华书局 1999 年版。
③ （梁）萧子显：《南齐书》卷六《本纪第六》。
④ （唐）魏徵：《隋书》卷三《帝纪第三》，中华书局 1999 年版。
⑤ （宋）王溥：《唐会要》。
⑥ （唐）杜佑：《通典》。
⑦ （元）脱脱：《宋史》卷一七〇《职官十》，中华书局 1999 年版。

元代的退休年龄也是七十岁,但是考虑到身体情况。至元二十八年(1291年)省议:"诸职官年及七十,精力衰耗,例应致仕。今到选官员,多有年已七十或七十之上者,合令依例致仕。"大德七年(1303年),省臣言:"内外官员年至七十者,三品以下,于应授品级,加散官一等,令致仕。"① 十年,省臣言:"官员年老不堪仕宦者,于应得资品,加散官,遥授职事,令致仕。"②

但是,元代对于特殊官吏也有七十岁不致仕的情形,如英宗至治元年(1321年)冬十月癸丑,"敕翰林、集贤官年七十者毋致仕"。③

(五)明清的退休条件

明代的退休年龄总体上是七十岁,但是其间先后发生一些变化,同时也考虑到身体状况、精神状态是否能够履职。洪武元年(1368年)实行七十岁退休。"令凡内外大小官吏,年七十者,听令致仕。其有特旨选用者,不拘此例"。④ 洪武十三年(1380年),"令文武官吏年六十者,皆听致仕"。⑤ 这是我国历史上首次将退休年龄确定为六十岁。洪武二十六年(1393年),退休年龄又发生变化,"凡关于年七十以上,若果精神昏倦,许令亲身赴京面奏,如准吏部查照相同,方许去官离职"。⑥ 永乐十九年(1421年)下诏:"文武官七十以上、不能治事者,许明白具奏,放回致仕。"⑦ 明宪宗成化二十二年(1486年)诏:"在京文职、以礼致仕者,五品以上年及七十,进散官一阶。"⑧ 嘉靖四年(1525年)规定,"嘉靖四年,令有假托养病致仕者,不准。方面年六十以上,方准致仕"。⑨

清代官吏退休年龄大体为七十岁,但是根据文官、武官,京官、外

---

① (明)宋濂:《元史》卷八十四《志第三十四》,中华书局1999年版。
② (明)宋濂:《元史》卷八十四《志第三十四》,中华书局1999年版。
③ (明)宋濂:《元史》卷二十七《本纪第二十七》,中华书局1999年版。
④ (明)申时行:《明会典》卷十三。
⑤ (明)申时行:《明会典》卷十三。
⑥ (明)申时行:《明会典》卷十三。
⑦ (明)申时行:《明会典》卷十三。
⑧ (明)申时行:《明会典》卷十三。
⑨ 方面,指执掌一方军政职权之官,明清指地方政府长官如巡抚、都御史等。如明余继登《典故纪闻》卷十三:"旧制,天下朝觐官至者,方面官随品级序于京官之次。"《明史·冯师孔传》:"(崇祯十六年)举天下贤能方面官,郑三俊荐师孔。"参阅明王琼《双溪杂记》。

官，对不同类别、不同品级的官吏规定不同的退休年龄。乾隆二十二年（1757年）规定，"部、院属官六十以上退休，堂官根据实际情况详加甄别"。除了年龄条件、身体条件以外，古代也有将官吏考核情况纳入到退休条件之中的。如乾隆三十三年（1768年），将京官考核的情况纳入退休考虑的范畴，对于京察二、三等的官吏留任，六十五岁以上的需要引见皇帝，能否致仕由皇帝决定。嘉庆三年（1798年），对于京察二、三等官引见皇帝的，以年逾七十岁为限。嘉庆五年（1800年），清廷规定六十五岁以上列入"老"班。

## 二 退休待遇

我国古代官吏的退休待遇主要包括政治待遇和生活待遇。政治待遇包括加官号、奉朝请、加官荫子和特殊礼遇等；生活待遇主要包括俸禄、赏赐等。

（一）两汉时期的退休待遇

两汉时期退休制度正式建立时，退休待遇的内容就包括了政治待遇和经济待遇，而且退休后享受的政治待遇和经济待遇与官吏任职时的官秩高低及与皇帝信任的程度息息相关。

1. 政治待遇

汉代退休制度初建时适用的对象范围仅针对二千石的高官，退休后享受的政治待遇也非常优厚，通常包括按时朝请、派吏存问、置从事史、授予爵位等。

2. 经济待遇

在西汉时期，官吏退休并没有固定俸禄，经济待遇主要取决于皇帝的赏赐，包括安车驷马、黄金、宅第、衣物、上尊酒、养牛等。

平帝时期，官吏退休享受俸禄标准才形成固定制度。平帝元始元年（公元1年）下令："天下吏比二千石以上年老致仕者，叁分故禄，以一与之，终其身。"[1] 也就是说，这种恩遇是高级官吏的特权，千石及千石以下官吏是没有的。秩别二千石以上的官吏才能退休后享受俸禄。[2] 虽

---

[1] （汉）班固：《汉书》卷十二《平帝纪第十二》，中华书局1999年版。
[2] 沈星棣、沈凤舞：《中国古代官吏退休制度史》，江西教育出版社1992年版，第101页。

然，在形式上高级官吏退休待遇已形成制度，但是也有人认为，"王莽之制至东汉已废，其给俸仍出自特赐也"。①

（二）魏晋南北朝时期的退休待遇

魏晋南北朝时期，官吏的退休待遇也是包括政治待遇和经济待遇两方面内容。

1. 政治待遇

官吏退休后的政治待遇主要是加官号、门施行马、朝见皇帝等。加官号主要是在本官之外加特进、光禄大夫、太中大夫、中散大夫、仪同三司等官号，以示皇帝的优崇。

2. 经济待遇

魏晋时期的退休经济待遇比两汉时期有所提高。一般情况下，给退休官吏半禄。孝明帝在正光四年（523年）七月的《年满七十得与铨叙及解官给半禄诏》诏书中曾明确："若才非秀异，见在朝官，依令合解者，可给本官半禄，以终其身。"② 其目的在于"使辞朝之叟，不恨归于闾巷矣。"当然，也有少数被皇帝倚重的高级官吏在退休后享受全禄。

除了俸禄以外，皇帝还会给高级退休官吏赏赐钱帛、谷物、医药、床帏、被褥、安车、驷马、节令膳食等，皇帝倚仗的少数高级官吏还会被赐予宅第。一般来说，官位越高、与皇帝关系越亲密，得到皇帝的分外宠幸就会越多，退休后得到的待遇也就越加优厚。如尚书左仆射刘毅退休时曾被"赐钱百三十万"③。

（三）隋唐的退休待遇

隋唐时期，官吏的退休待遇也是包括政治待遇和经济待遇两方面内容。

1. 政治待遇

隋朝的时间较短，记录较少。唐朝官吏退休后的政治待遇主要体现升任散官、参加朝会和享受特殊礼遇。通过赋予退休官吏散官的身份，使他们有资格能继续在朝廷上行走，以便参与朝政，随时备皇帝顾问。三品以

---

① （清）赵翼：《陔余丛考》卷二七，转引自沈星棣、沈凤舞《中国古代官吏退休制度史》，江西教育出版社1992年版，第101页。

② （北齐）魏收：《魏书》卷九《肃宗纪第九》，中华书局1999年版。

③ 白钢：《中国政治制度通史（第四卷）》，人民出版社1996年版，第475页。

上的官吏还可以参加宿望朝参，而且其班位还在现任官之上。① 官吏退休后还享受体现其身份和荣耀的礼遇，如允许退休官吏终身佩戴鱼袋②；官吏退休时还乡，有时由政府特备车马。此类待遇，有的有成例可循，有的随时随赦而定。③

2. 经济待遇

唐代五品以上官吏退休后终身享受半俸待遇。六品以下官吏，退休后的头四年给予半俸，天宝后改为终身给半俸。公元 842 年，白居易以刑部尚书致仕，享受半俸。对于少数德高望重、职位尊崇的致仕大臣，皇帝往往赐以"全俸"，享受与在职时一样的待遇。如宰相房玄龄、宋璟退休时都被赐以全俸。文宗大和元年（827 年）四月，杨於陵"以左仆射致仕，诏给全俸，恳让不受"。④

除了半俸外，官吏退休后还享受永业田、终身免徭役等方面的经济待遇。

（四）宋元金的退休待遇

宋元金时期，官吏的退休待遇也是包括政治待遇和经济待遇两方面内容。

1. 政治待遇

宋元时期的政治待遇较以往丰厚，尤其是宋代，可以说是中国历史上官吏退休待遇最为优厚的朝代。政治待遇包括升转官阶、荫补、恩例、叙封、封赠、回授官爵、派长吏存问、享受特殊礼遇等。

宋代大多数文武官吏退休时都可以升转寄禄官⑤一资或一阶，寄禄官与退休后的俸料密切相关。如果得到皇帝的特许，还可以升转几阶。不同

---

① 班位，即朝班的位次。
② 鱼袋，唐代官吏所佩盛放鱼符的袋。宋代以后，没有鱼符，仍佩鱼袋。《旧唐书·舆服志》："咸亨三年五月，五品以上赐新鱼袋，并饰以银……垂拱，二年正月，诸州都督刺史，并准京官带鱼袋。"《宋史》卷一百零六："鱼袋。其制自唐始，盖以为符契也。其始月鱼符，左一，右一。左者进内，右者随身，刻官姓名，出入合之。因盛以袋，故曰鱼袋。宋因之，其制以金银饰为鱼形，公服则系于带而垂于后，以明贵贱，非复如唐之符契也。"
③ 白钢：《中国政治制度通史（第五卷）》，人民出版社 1996 年版，第 483 页。
④ （后晋）刘昫：《旧唐书》卷一六四《列传第一百一十四》，中华书局 1999 年版。
⑤ 寄禄官，是宋朝专门用来表示官阶俸禄的官号，不表示实际担任官职，这种官号，称寄禄官。神宗元丰年间实行新官制，寄禄官号改为官阶名，见《宋史》《职官九》。

的职务升转寄禄官不同，如宰相退休时升为东宫官，侍从加转一官；观察使、防御团练使、刺史及内职三班转为环卫官；幕职州县官改为京官或升朝官。此外，荫补、恩例、叙封等都是退休待遇惠及官吏在世的甚至是已故的亲属，达到以耀门庭的目的。

金代官吏退休后可以进官阶。大定二十三年（1183年）诏"六十以上者进官两阶，六十以下者进官一阶，并给半俸"。①

元代官吏退休的政治待遇也包括加官、封赠和享受特殊礼遇。大德七年（1303年）省臣言："内外官员年至七十者，三品以下，于应授品级，加散官一等，令致仕。"②

#### 2. 经济待遇

宋代官吏退休后的主要经济待遇是俸禄，但是有全俸、半俸和无俸之分，但通常情况是半俸，而且规定了支付俸禄的经费渠道。淳化元年（990年）五月下诏："应曾任文、武职事官恩许致仕者，并给半俸，以他物充，于所在州县支给。"③ 皇帝对于个别倚重的大臣退休或者立有特别战功的武官退休，会给予全俸，以示优宠。

除了俸禄待遇以外，宋代官吏退休后还有节日赐贡或者高级官吏退休享受到一次性的赏赐，而且，官吏的职务等级越高，赏赐的礼物越重。如果朝廷逢有节日，还会额外加以赏赐。如宋仁宗曾下诏："其大两省、大卿监、正刺史、阁门使以上致仕者，自今给奉并如分司官例，仍岁时赐羊酒、米面，令所在长吏常加存问。"④ 高宗建炎元年（1127年）敕："应文武致仕官并赐粟、帛、羊、酒，曾任太中大夫、观察使以上官者倍赐。"⑤

金代的官吏退休的经济待遇主要包括俸禄、人力。退休俸禄的水平经过了变化。最初，天眷三年（1140年）秋七月"丁卯，诏文武官五品以上致仕，给俸禄之半，职三品者仍给傔人"。⑥ 皇统元年（1141年）二

---

① （元）脱脱等：《金史》卷八《本纪第八》，中华书局1999年版。
② （明）宋濂等：《元史》卷八十四《志第三十四》，中华书局1999年版。
③ （清）徐松：《宋会要辑稿》《职官七十七》。
④ （元）脱脱：《宋史》卷二百七十《志第一百二十三》，中华书局1999年版。
⑤ （清）徐松：《宋会要辑稿》《职官七十七》。
⑥ （元）脱脱等：《金史》卷四《本纪第四》，中华书局1999年版。

月，改五品为三品，"诏诸致仕官职俱至三品者，俸禄人力各给其半"。①直到世宗大定十一年（1171年）正月，改为不论品级，统一按年龄退休，"诏职官年七十以上致仕者，不拘官品，并给俸禄之半"。②

元代官吏退休制度建立之初，并没有规定退休后享受的经济待遇，直到大德九年（1305年）才正式下诏给退休官吏经济待遇"家贫者给半俸，终其身"③。但是事实上，也会给退休官吏半俸或者赏赐待遇，并不以家贫为限制。

### （五）明清的退休待遇

明清两代官吏退休待遇也是主要包括政治待遇和经济待遇两方面内容。

#### 1. 政治待遇

明代官吏退休后享受的政治待遇包括加官升秩、给驿还乡，其中优宠异者还会给予封赠、诰敕、官荫子孙等。清代官吏退休的政治待遇包括存品加衔、参议朝政、封赠、恩荫子孙、赏赐和礼遇。

#### 2. 经济待遇

明代官吏退休的经济待遇远远低于宋代。明代的退休待遇几乎是中国历史上官吏退休待遇最低的时期，也与明代官吏的低俸禄制度有关。明代前期，退休官吏的经济待遇主要是赏赐且未形成制度。直到成化十五年（1479年）十月，才制定了给米拨夫之制。成化二十二年（1486年）诏"在京文职以礼致仕的，五品以上年及七十……廉贫不能自存，有司每年给米四石"。④由于退休后的俸禄水平太低，所以只相当于今天的社会救助制度。

清朝官吏退休后的经济待遇主要是俸禄，根据官吏的官职、贡献等不同情况给予全俸、半俸或无俸，对于少数官吏还有加俸。乾隆元年（1736年）颁旨："满汉大学士及曾为部院尚书，予告在家，俱按品给予全俸。"⑤对于普通官吏是"照原品给予半俸银两"。但是对于被

---

① （元）脱脱等：《金史》卷四《本纪第四》，中华书局1999年版。
② （元）脱脱等：《金史》卷六《本纪第六》，中华书局1999年版。
③ （明）宋濂等：《元史》卷二十一《本纪第二十一》，中华书局1999年版。
④ （明）申时行：《大明会典》卷十三。
⑤ （清）嵇璜、刘墉等：《清朝通志》卷七十一《职官略八》。

勒休的官吏，一般不给俸。此外，在清朝初期曾赏赐过田地作为退休待遇。顺治六年下诏，明确了不同官吏赏赐土地的数量。"凡官吏致仕者，督、抚、布、按、总兵各给园地三十六亩，道员、副将、参将各给园地二十四亩，府、州、县、游、守等官各给园地十八亩。"①

### 三 退休方式与退休程序

我国古代官吏的退休方式主要包括自请退休、命令退休和勒令退休三种方式。三种退休方式不同，退休程序也不同。

（一）退休方式

在古代，自请退休称为"告休""乞骸骨""乞休"；命令退休称为"令致仕""令休致"；勒令退休称为"勒令致仕""勒令休致"。

1. 自请退休

自请退休从表现形式上看，是主动向朝廷提出自愿退休。自请退休的原因很多，一般来说有三种。一是受中国儒家"七十致仕"影响，到了七十岁就自请退休。对官吏个人品质来说是"知足不辱、知止不殆"，对于皇帝来说是"让贤"，是尽"人臣之义"。②两汉时期疏广、疏受两叔侄以老病上书乞骸骨，皇帝"以其年笃老，皆许之，加赐黄金二十斤，皇太子赠以五十斤，公卿大夫故人邑子设祖道，供帐东都门外，送者车数百两"③，一直被传为佳话。太尉李咸功成身退，以疾病的名义，"功遂身退，以疾自逊，求归田里，告老致仕"④，也得到赞赏。二是官吏个人受到某些因素的影响，无法施展抱负或对于官场不再留恋，于是自请退休。如东汉时期，大将军梁冀威权倾朝，光禄大夫杨厚刚直不阿，不恃权贵，不满当时朝政，于是称病退休，"固称病求退"。⑤光武帝时期丞相李通因为"性谦恭，常欲避权势"，就以患有糖尿病为由连年申请退休，即使皇帝让他回家养病，李通也坚持申请退休。"素有消疾，自为宰相，谢病不

---

① （清）嵇璜、刘墉等：《清朝通志》卷八十二《食货略二》。
② 《钦定四库全书》《包孝肃奏议集》卷二包拯《论百官致仕》。
③ （汉）班固：《汉书》卷七十一《隽疏于薛平彭传第四十一》，中华书局1999年版。
④ （汉）蔡邕：《蔡中郎集》卷五《太尉汝南李公碑》。
⑤ （宋）范晔：《后汉书》卷三十上《苏竟杨厚列传第二十上》，中华书局1999年版。

视事，连年乞骸骨。"① 三是有的官吏主动申请退休是不满当时职务，为了规避困难或者地方民风彪悍难于治理而担心考核影响自己的仕途，也会申请退休。如雍正年间有"借名告病，而巧为规避者""或因继起有人，囊橐丰厚，冀娱晚景；或因民俗刁悍，地方繁剧，虑及考成"的例子。②

2. 命令退休

命令退休是官吏符合退休的条件，应该提出退休而未主动提出，恋职不去而被命令退休的方式。命令退休的原因有许多，最主要原因还是退休前后享受的经济待遇差距巨大，导致官员恋栈官场。通常官吏退休后会有半俸待遇，只有极少数皇帝特别优宠的官吏退休后会有全俸，而且在明代还没有固定俸禄，退休后生活质量明显降低。除了俸禄以外，官吏退休后还会失去很多价值不菲的"福利"待遇，如唐宋时期有"冰炭柴薪"、清代地方官的"养廉银"等。尤其是在官吏如果不主动提出退休，而又没有惩罚措施的情况下，官吏就更不愿意主动提出退休。在这种情况下，皇帝会命令官吏退休。宋代建隆三年（962年）八月，诏令大理卿剧可久为光禄卿致仕。"可久年过七十，无请老之意，故特有是命。"③ 明代洪武元年（1368年）直接规定届龄命令退休，"凡内外大小官吏年七十，听令致仕。"④ 清代康熙五十三年（1714年）皇帝发现，翰林等官三分之二告病，而庶吉士正当学习时，遽回本籍，等到三年考试将近又来考试。似此任意告假，焉得学习？规定日后除丁忧终养外，"凡翰林庶吉士告假者，应照致仕知县例不准补用。又见在教习进士内有告假者、亦应照此例行。再科道官吏，职任甚重，亦有任意告假回籍者。尔等会同九卿、一并议奏。寻议，翰林院修撰、编修、检讨、庶吉士、教习进士并科道官吏有告病回籍者，悉令休致。"⑤

3. 勒令退休

勒令退休是官吏因不胜任、恋职、为官不安分而受到处分等被命令退休的情形。由于勒令退休是一种处分，所以，被勒令退休的官吏退休后没

---

① （宋）范晔：《后汉书》卷十五《李王邓来列传第五》，中华书局1999年版。
② 《清实录》《雍正朝实录》卷一百五十七。
③ （清）徐松：《宋会要辑稿》《职官七十七》。
④ （明）申时行：《大明会典》卷十三。
⑤ 《清实录》《康熙朝实录》卷二五八。

有俸禄。清代有"其年老有疾恋职不去而被议者，则勒令休致，罢其职而存其衔"。① 康熙二十五年（1686年）"四川陕西总督禧佛疏参狭西延绥总兵官李承恩，年老恋职，不行自陈，应勒令休致"②。乾隆皇帝曾下谕对于年迈、一无建树，以保住职位为要的官吏令其顶戴致仕。"工部尚书涂天相在学士里行走。俞兆晟乃降调革职之员。朕以其曾在部中办事之人，故特加录用。乃二人一无建白，惟以庸懦保位为事；大负朕擢用之意，且年皆老迈，著给与三品顶带。各回原籍。"③

（二）退休程序

通常情况下，不同的退休方式具有不同的退休程序。自请退休，强调的是官吏在退休问题上的主动性，需要主动提出退休要求，然后按照管理权限批准。官吏退休批准的权限与在职时的管理权限是一致的。④ 但是对于被命令退休和勒令退休的官吏，则因为没有主动要求退休的问题。但是无论是自请退休还是勒令退休、命令退休，都要履行交接手续。在履行交接手续外，品级高的官吏在被皇帝批准退休后，还要向皇帝履行谢恩程序。

1. 自请退休

一般而言，高级官吏自己向皇帝上书申请退休，由皇帝批准；中级官吏由所在的部门向吏部审核汇总向皇帝报告，由皇帝批准；低级官吏退休向本地本部门主管申请，吏部审核并实际批准，但还要上报皇帝认可。《唐会要》规定，"凡请致仕，五品以上奏闻，六品以下有尚书省奏录。"⑤ 意思是五品以上的清资官退休要由皇帝批准，六品以下的官吏退休由尚书省吏部统一记录并向皇帝上奏。宋代，地方官通过写表、札经过所在州、府的地方官向朝廷申请；京官通过写状经所在部郎官向朝廷提出申请。有的朝代在批准前还要经过审查过程，如宋代官吏提出退休申请后，需要由审官院和吏部流内铨（北宋前期）或吏部四选（元丰改制后）审查历任

---

① 《钦定大清会典》。
② 《清实录》《康熙朝实录》卷一二七。
③ 《清实录》《乾隆朝实录》卷三十九。
④ 侯建良：《中国古代文官制度》，党建读物出版社、中国人事出版社2010年版，第323页。
⑤ （宋）王溥：《唐会要》卷六十七《致仕官》注。

是否有贪赃枉法行为。如果审查没有问题，则获得批准，即关报户部，领取致仕告、敕后就算正式退休。如果以本官致仕，则不另发告、敕。

2. 命令退休和勒令退休

清代命令退休和勒令退休情况比较多。清代在人事管理上较多地遵循了人事分类的思想，对于京官、外官，不同的品级官吏退休由不同的部门批准，流程也不相同。"凡四品以下官告休，内则堂官核咨，外则督抚核咨，由部具题。""凡京官告病听回籍调理，不限年。三品以上自行陈奏，余皆取具同乡，官结咨部彙题。病痊赴补。旗员告病，该管官委官验酌，给假期调治，以半年为限，逾限者咨部别选。外任官告病，督抚委官确验平庸者，勒令休致，优者疏请听回籍调治，道府以上应否回籍由部请旨。病痊后，州县以上官，督抚咨部引见，以原官补用佐杂官，咨部补用试用官仍赴原省试用。"①

**四 安置与管理**

我国古代官吏退休后，要按照严格的规定进行安置与管理，包括安置地点和退休后的行为规范。

（一）退休官吏的安置

我国古代官吏退休后一般都是"告老还乡"，尤其是到了清代，对官吏告老还乡规定更加细密严格。为了防止有的退休官吏在京图谋不轨，要求官吏退休后必须在规定的期限内回到原籍，不得在任职地方或者别的地方居住，也不准中途去别的地方逗留。如果超过规定的期限没有返回原籍，退休官吏本人及其相关长官都会依例受到处分。"内外文武革职、解任、休致等官俱照旗员归旗，例勒限五个月启程回籍，如在居官地方或别处居住，或中途逗留逾限者，俱照旗员逾限例处分。"② 此外，我国宋代还曾专门设置宫观官来安置高级退休官吏。

（二）退休官吏的管理

退休官吏的管理权限与在职时是相同的，也是由吏部按品级分等进行管理。"或直接向皇帝奏报请示，或由吏部审核初定后再题奏，一如官吏

---

① 《钦定大清会典》卷六《吏部》。
② 《钦定大清会典则例》卷一五〇。

在职之时。"① 退休官吏回乡居住后，遇有重要节日，一些品级较高的官吏会被地方"长吏存问"②，有的还会被赏赐物品。如东汉章帝时期的尚书郑钧退休后，皇帝要求地方太守给予他特殊照顾，每年八月派长吏存问，赐羊酒。明代的刑部尚书林俊申请退休，"给驿以归，仍加太子太保，有司月给食米三石，岁拨人夫四名应用，岁时以礼存问。"③ 有的官吏退休后如果朝廷需要用人，还会因重要的事务被咨询或者重新被起用。如林则徐曾任两广总督、陕甘总督、陕西巡抚、云贵总督，于道光二十九年（1849年）因病退休。咸丰皇帝即位后，重新起用林则徐为钦差大臣，赴广西镇压太平军。

### 五 对当代退休制度的影响

中国的退休制度从建立之初到新中国成立，已有2000多年的历史。中国古代退休制度的一些观念、做法，润物细无声般地影响着当代的退休制度，具体体现在五个方面。

（一）体现尊老敬老的思想

我国自古以来有崇尚尊老、敬老的文化传统和制度观照。古代设三老五更之位，以示尊重老人，备顾问，行教化。《礼记·文王世子》："遂设三老五更，群老之席位焉。"郑玄注："三老五更各一人也，皆年老更事致仕者也，天子以父兄养之，示天下之孝悌也。"对于高级官吏退休后赐几杖，安车驷马，派人存问，要事咨询的做法，对于当代中国退休制度中遵循尊重老干部的理念有直接影响。

（二）决定当代退休制度的要素构成

我国古代退休制度从建立之初就奠定了退休制度的基本制度框架。在退休制度构成要素上包括退休条件、退休待遇、退休方式与程序、退休安置和管理四个方面的基本内容。在退休条件上，包括年龄条件和身体条件。在退休待遇上，包括政治待遇和经济待遇。其中，经济待遇包括固定

---

① 侯建良：《中国古代文官制度》，党建读物出版社、中国人事出版社2010年版，第324页。
② 长吏，指秩别较高的地方官吏。《汉书·百官公卿表》："（县）有丞、尉，秩序、四百石至二百石，是为长吏。百石以下有斗食、佐史之秩，是为少吏。"《汉书·景帝纪》："吏六百石以上，皆为长吏也。"颜师古注引张晏曰："长，大也；六百石位大夫。"
③ （明）徐阶、张居正等：《明实录》《世宗朝实录》卷二十九。

的退休费、给予返乡路费等。在退休安置上，自古以来实行官吏告老还乡，回籍安置。中国古代官吏退休制度的基本要素与当代退休制度基本要素相同。

（三）退休待遇与职务高低直接相关

我国古代官吏退休后的待遇与任职时的职务高低息息相关，在任时职务高，意味着贡献大，退休后的待遇相应地高。贡献大小与职务或爵位的高低直接挂钩，退休后可以相应地享受全俸、半俸或者无俸待遇。如汉代退休制度建立之初，只有官秩二千石以上的高级官吏退休后才有俸禄，"天下吏比二千石以上年老致仕者，三分故禄，以一与之，终其身"，其他秩别低于二千石的官吏退休后没有俸禄。而在俸禄之外，皇帝给予官吏退休后的赏赐也是职务越高，赏赐的物品越丰厚。

（四）退休制度与其他人事管理前端环节相关联

我国古代退休制度与人事管理的前端环节紧密相连，包括分类管理制度、俸禄制度、赏赐制度、考核制度等。如在分类制度上，根据不同官吏的类别如文官武官、京官外官设置不同的退休年龄。在退休待遇上，官吏退休后的待遇与任职时期的俸禄制度保持一定的比例关系，如三分之一俸禄、半俸、全俸等，且最高不超过在职时的待遇。清代，还将官吏的考核情况与退休紧密结合起来。乾隆三十三年（1768年），将京官考核的情况纳入退休考虑的范畴，对于京察二、三等的官吏留任，六十五岁以上的需要引见皇帝，能否致仕由皇帝决定。

（五）遵循渐进的制度演进方式

我国古代官吏的退休制度的建立和发展就遵循渐进的制度演进过程。以退休制度的适用范围为例，最初享受退休待遇的只有二千石以上的高级官吏，此后才逐步扩大退休待遇范围到全体官吏。在退休待遇上，也是采用渐进的方式逐步提高。如两汉时二千石以上官吏退休待遇是享受三分之一俸禄，到了唐朝享受半俸或者全俸。在退休制度构成上，也是遵循渐进的方式，最初的退休制度的内容相对简单，到清代退休制度已经逐步完善。

## 第二节 解放区的退休制度

中国共产党自成立以来就关注劳动者的劳动权利。退休制度作为劳动者的劳动权利之一,在劳动相关的法律中得到体现。1930 年,以瑞金为中心的中央革命根据地诞生。为了有利于根据地的经济发展、社会稳定,齐心协力地夺取新的更大的胜利,在 1931 年 11 月召开的第一次中华苏维埃共和国工农兵代表大会上,通过了《中华苏维埃共和国劳动法》。《劳动法》包括《总则》《雇佣的手续》《集体合同与劳动合同》《工作时间》《休息时间》《工资》《女工青工及童工》《劳动保护》《中华全国总工会及其地方组织》《社会保险》《解决劳资冲突及违反劳动法的机关》和《附则》,共 12 章 75 条。其中,如第七十条社会保险规定的优恤种类如下:(甲)免费的医药补助——不论普通病,或因工作致病,遇险受伤,职业病等都支付医药费,其家属也同样享受免费的医药帮助;(丁)残废及老弱的优恤金——凡工人因一般的原因或遇险或遇职业病而遭受部分的或全部的残废,或年老不能工作,经过特别专门委员会的检查,而确定此种残废的程度与性质及其家庭的状况后,须得现金优恤。《中华苏维埃共和国劳动法》于 1931 年 12 月 1 日正式颁布,1932 年 1 月 1 日起生效。由于该法在制定过程中受到了王明"左"倾错误思潮的影响,于是 1933 年 4 月,苏维埃共和国中央政府又决定修改该劳动法。1933 年 10 月 15 日,中华苏维埃共和国中央执行委员会颁布修正后的《中华苏维埃共和国劳动法》。[①] 非常遗憾的是,新《劳动法》尚未得到全面贯彻落实,中央革命根据地丧失,工农红军被迫开始了两万五千里长征。

东北全境解放后,东北行政管理委员会于 1948 年 12 月颁布了《东北公营企业战时暂行劳动保险条例》(以下简称《东北战时劳动保险条例》),并于 1949 年在国营的铁路、矿山、军工、军需、邮电、电气、纺织等企业实行退休制度。

---

① 李春光:《新中国劳动保障的由来》,《离退休工作通讯》,人力资源和社会保障部网站,http://www.mohrss.gov.cn/ltxgbj/LTXGBJsuitanjijin/201404/t20140422_128953.html,2014 - 04 - 22。

随着解放战争不断取得胜利，华北各省市如察哈尔、河北、天津、山西和铁路、邮电两类企业，以及西北、西南、中南个别地区及企业也都纷纷仿照东北地区制定劳动保险条例等规定。如太原市军管会于1949年7月颁布了《太原市国营企业劳动保险暂行办法》；8月，铁道部颁布了《铁道部职工抚恤暂行办法》；9月，华北人民政府颁布了《公共企业部兵工局职工劳动保险暂行办法》。此后，石景山钢铁公司、招商局汉口公司、开滦煤矿、江西钨矿、颐中烟草公司等也都制定和实施了各自的劳动保险办法。

除了实行劳动保险办法以外，各解放区对一些年老病弱人员也建立了退休和退职制度。1945年，出台了《晋察冀边区行政委员会关于改定中小学教员待遇标准的决定》（以下简称《晋察冀改定中小学教员待遇决定》）；1948年11月23日，出台了《华北人民政府关于华北区年老病弱退职人员待遇办法》（以下简称《华北区退职人员待遇办法》），这些劳动保险办法和退职办法都为新中国成立后建立退休制度积累了有益的经验。

**一　退休条件**

这一时期退休制度规定的退休条件主要包括服务年限、工作表现、年龄条件和身体条件。

（一）《苏维埃共和国劳动法》规定的退休条件

《苏维埃共和国劳动法》第六十八条规定，在劳动保险实施范围中提出"在残废及衰老时，付给优恤金"。第七十六条规定，凡被保险人因疾病或遇险，而致部分或全部残废，或因年老而丧失劳动能力，经过专门委员会的审查决定，须付给优恤金。[①]

（二）《晋察冀改定中小学教员待遇决定》规定的退休条件

《晋察冀改定中小学教员待遇决定》第十条规定的退休条件包括服务年限、工作表现、身体状况，但没有规定具体的退休年龄。即："中小学教员为新民主主义教育服务在十年以上，成绩卓著，因年老或疾病需要退休者。"

---

① 曹志：《各国公职人员退休退职制度》，中国劳动出版社1990年版，第230页。

（三）《华北区退职人员待遇办法》规定的退职条件

《华北区退职人员待遇办法》规定的退职条件包括年龄条件、身体条件和工龄条件。该办法规定，"凡本区脱离生产享受供给制待遇之工作人员，因年老（五十五岁以上）或长期病弱确实不能继续工作，经医生证明和机关首长批准退职回家者，得享受本办法之退职待遇（退职人员必须是参加工作满三年者）"。

（四）《东北战时劳动保险条例》规定的退休条件

《东北战时劳动保险条例》规定的退休条件有三个：（1）年满六十岁，且具有二十五年以上工龄；（2）下井矿工、有害身体健康的化学工人，年满六十并且具有二十年以上工龄；（3）女年满五十岁，具有二十年以上工龄。

## 二 退休待遇

解放区时期，条件恶劣，退休待遇规定要适应当时的政治需要和经济社会条件，待遇规定处于理念阶段，内容比较简单、笼统。

（一）《苏维埃共和国劳动法》规定的退休待遇

《苏维埃共和国劳动法》规定的退休待遇比较笼统，没有具体的数额。"优恤金付给的数额，以残废的程度及行政与被保险人的家庭状况决定之。"

（二）中小学教员退休待遇

《晋察冀边区行政委员会关于改定中小学教员待遇标准的决定》规定的退休待遇并不明确，只是提出"发给一定的退休金"。

（三）《华北区退职人员待遇办法》

《华北区退职人员待遇办法》规定了退职人员的退休待遇按照工作年限确定，酌情考虑身体状况，并设置了享受退职待遇的最低工作年限条件和享受待遇的最高水平。

1. 生产补助金

华北区的退职待遇主要是生产补助金，表现形式不是货币而是"米数"。而且，退职待遇的高低根据革命贡献的大小，即工作时间的长短发放。参加工作满三年者发给小米 80 市斤，每多一年增发小米 40 市斤，尾数超过 1 个月者按半年计，超过 7 个月者按一年计；对于患严重慢性病者，且久病不愈，经医生证明,机关首长严格审查批准后,酌情加发补助金但最高不得超过其补助金总数的二分之一;参加工作不满三年者,不能享受上述待遇等;曾参加部队因不适应部队工作转入地方工作者,其参加部队期间按"年老病弱退伍军人待遇办法"规定待遇,其参加地方工作期间每多一年增加小米40市斤。曾经复员或退职而又参加工作者,按其新参加工作之日算起。

可见,享受退职待遇的对象要求具有最低工作三年的限定;退职待遇的支付方式是根据当时通货膨胀的实际情况,以"米数"作为分配单位;退职待遇的高低随着参加工作的长短发给数量不同的小米,参加工作时间越长,发给的小米数量越多。而且,规定了享受退职待遇的上限。

2. 分得土地

《华北区退职人员待遇办法》规定,退职回家的老弱病残人员在原籍依照《中国土地法大纲》分得土地。退职人员还可以领取被服鞋子及路费。但是,因犯错误被撤职或非年老病弱而退职回家者,不得享受本办法规定的待遇。

(四)《东北战时劳动保险条例》规定的退休待遇

1948年底,东北行政委员会颁布的《东北公营企业战时暂行劳动保险条例》规定,退休待遇按照工龄长短按月支付定额生活补助金。生活补助金依据年迈是否能参加工作支付不同金额,对于年迈尚能工作的,每月发给本人工资10%—20%的生活补助金;年迈不能工作的,每月发放本人工资的30%—60%的生活补助金。

可见,对于年迈不能参加工作而发放的生活补助金是退休金的性质。但是,对于未加入职工工会的,退休后享受的生活补助金水平只有加入工会的一半。

### 三 对当代退休制度的影响

新中国成立前的退休制度历史虽然短,制度内容也比较简单,但是其中的一些制度理念和具体做法对新中国成立后的退休制度具有借鉴意义。

(一)明确退休条件

新中国成立以前的退休制度中的退休条件包括年龄条件、工龄条件、身体条件,对于特殊的工作条件给予特殊考虑。《晋察冀边区行政委员会关于改定中小学教员待遇标准的决定》规定,中小学教员的退休条件是,为新民主主义教育服务在十年以上，成绩卓著，因年老或疾病需要退休者。《华北人民政府关于华北区年老病弱退职人员待遇办法》明确设置了退休条件包括年龄条件和身体条件。"因年老（六十岁以上）或长期病弱确实不能继续工作经医生证明和机关首长批准。"《东北公营企业战时暂行劳动保险条例》规定的退休条件更加细致，不仅包括正常退休条件，还包括从事井下、有害身体健康的工作条件和女性的特殊退休条件。

（二）明确退休待遇的计算方式

一是退休待遇的计算是以本人工资为依据。按照本人工资的一定比例计算退休待遇，退休待遇与工龄长短直接关联。如东北行政委员会颁布的《东北公营企业战时暂行劳动保险条例》规定的退休待遇按工龄长短每月发给本人工资30%—60%的养老补助金。二是退休待遇高低与工龄挂钩，工龄越高，退休待遇越高。如《华北人民政府关于华北区年老病弱退职人员待遇办法》规定，"参加工作满三年者发给小米80斤，每多一年增发小米40斤"。三是确定退休待遇的上限。如《东北公营企业战时暂行劳动保险条例》规定的退休待遇最高为本人工资的60%；《华北人民政府关于华北区年老病弱退职人员待遇办法》规定对于患严重慢性病者，且久病不愈，经医生证明，机关首长严格审查批准后，须酌情加发补助金但最高不得超过其补助金总数的二分之一。

（三）体现人文思想

在退休待遇上，对老弱病残给予特别关注。《华北人民政府关于华北区年老病弱退职人员待遇办法》规定，对于患严重慢性病者，且久病不愈，经医生证明，机关首长严格审查批准后，须酌情加发补助金。《东北公营企业战时暂行劳动保险条例》的退休条件考虑到特殊工种对身体有害，并相应地降低了退休的年龄条件和工龄条件。

# 第二章

# 退休制度的初步建立

中华人民共和国成立前夕召开的中国人民政治协商会议第一届全体会议通过《中国人民政治协商会议共同纲领》提出"逐步实行劳动保险制度"。中华人民共和国成立以后，随着时间的推移，对干部中的老、弱、病、残人员如何安置，成为必须解决的现实问题。国家政治稳定，国民经济发展，为建立干部退休制度创造了条件。①

## 第一节 退休制度的发展脉络

新中国的退休制度是在继承部分解放区劳动保险制度基础上，从无到有，从少数行业、部门逐步建立起来的。这一时期，退休制度最突出的成效是初步建立了退休制度和退职制度，其中，退休制度的建立早于退职制度。

### 一 初创机关企业退休制度

解放初期，党和国家对国民党政权的公教人员和官僚资本企业的职工，采取"包下来"的政策，使全国军政公教人员达到785万人，给中央财政带来沉重的负担。② 但是，由于新中国正处于发展初期，财政状况比较困难。1950年1月，中央财经委员会召开全国财政会议，研究解决

---

① 张志坚、苏玉堂：《当代中国的人事管理（上）》，当代中国出版社1994年版，第490页。
② 统一全国的财政经济工作、中央党史和文献研究院，www.dswxyjy.org.cn/n/2015/0929/c244520-27646953.html。

我国财政经济困难的政策和措施。政务院副总理陈云在会上作了题为《关于财经工作统一的决定》的报告，会议确定1950年财经工作总的方针是：集中一切财力、物力做目前必须做的事。会议除了提出在统一财经工作方面要做到财政收支统一集中到中央财政等财政金融政策外，还提出"要编制统一，改变编制庞大、人浮于事的状况"。① 同年3月3日，政务院第二十二次政务会议通过并公布陈云代政务院起草的《关于统一国家财政经济工作的决定》。为节约支出，整顿收入，统一财政收支的管理，政务院特做出十项决定，其中第一条是成立全国编制委员会，制定并颁布各级军政机关人员、马匹、车辆等编制。这意味着要从制度上改变人浮于事的状况，而退休制度的建立则与其密切相关。

中华人民共和国成立后最早的退休办法是1950年3月15日发布的《中央人民政府政务院财政经济委员会关于退休人员处理办法的通知》（以下简称《退休人员处理办法》）。其适用范围是过去有退休金的机关、铁路、海关、邮局等单位的职工。② 也就是说，当时尚不具备在全国范围内实施退休制度的能力，只能在经济条件尚好、过去有退休金的一些单位实行。③

可见，新中国最早的退休办法是在国家财政能力困难的情况下，为了整顿编制、改变人浮于事、提高工作效率的背景下展开的。

## 二 试点建立部分行业企业退休制度

1949年9月，在北京召开了中国人民政治协商会议，制定了起临时宪法作用的《中国人民政治协商会议共同纲领》，其中第三十二条明确提出"逐步实行劳动保险制度"。

---

① 《中国财政大事记（1949—2004）》，中国财经报网站，http://www.cfen.com.cn/old_7392/qtlm/200701/t20070116_2188209.html，2021-4-17。

② 曹志：《中华人民共和国人事制度概要》，北京大学出版社1986年版，第380页。

③ 据记载，1950年1月，山东省人民政府制定的《退休人员待遇试行办法》规定：参加革命满2年的，发给小米100斤，此后工作年限每增加一年，加发小米40斤。参加革命工作满5年、8年、12年以上的，另外分别发给300斤、400斤、500斤小米的老年金。转业军人在军队工作的阶段，执行军队退休规定标准。参加革命工作不满2年的，发给小米50斤。退休人员回原籍安置后，按土地法大纲分给土地。见青岛市情·青岛政务网，http://qdsq.qingdao.gov.cn/n15752132/n20546827/n20629651/n20629806/191213110941958120.html。

为照顾铁路职工生、老、病、死、伤残之困难，依照当时的经济条件，1950年6月14日，中央财经委员会通过了铁道部拟定的《全国铁路职工疾病伤残补助试行办法》的审查意见，并与其他部取得有效沟通，将其修正为《全国铁路邮电职工疾病伤残补助试行办法》（以下简称《铁路疾病伤残补助办法》），并决定在全国劳动保险制度颁布之前予以施行。而且明确提出，一旦全国劳动保险条例颁布，此项办法即行废止。

1951年2月26日，政务院在总结东北地区1948年底实行的《东北公营企业战时暂行劳动保险条例》的基础上，正式公布了《中华人民共和国劳动保险条例》（以下简称《劳动保险条例》）。由于当时我国正处于经济恢复时期和抗美援朝战争期间，国家财力仍然很薄弱，而且对建立劳动保险制度"这种重大复杂工作缺乏经验的情况，目前只能采取重点试行的办法，先从工人职员人数在百人以上的工厂、矿山及在全国有统一的行政管理机构与比较健全的产业工会组织的几个产业部门着手试办"。[①]因此，《劳动保险条例》的适用范围是：铁路、邮电、航运及有职工100人以上的工厂、矿场的职工。

《劳动保险条例》相对于1950年的《中央人民政务院财政经济委员会关于退休人员处理办法的通知》不同之处是，扩大了退休范围、提高了退休待遇，而且将退休金从一次性发给改为按月发给。

由于1951年的《劳动保险条例》是在抗美援朝正在进行，国家财政经济还没有完全恢复的情况下制定的，制度的适用范围仍然比较窄，只能采取重点试行的办法，而且待遇水平较低，无法满足企业和劳动者的需求。虽然，实行《劳动保险条例》取得了一定的成绩，受到人民群众的欢迎。随着国家财政经济状况的根本好转，大规模的经济建设工作的展开，适当扩大劳动保险适用范围，适当提高劳动保险待遇不仅是必要，而且具备可行性。在这种情况下，中央人民政府政务院对《劳动保险条例》进行了若干修改，于1953年1月2日公布，并决定于1953年1月1日施行。修订后的《劳动保险条例》进一步扩大了适用范围，包括有工人职

---

[①] 李立三：《关于中华人民共和国劳动保险条例草案的几点说明》，1951年2月23日。选自《1949—1952中华人民共和国经济档案资料选编》，中国社会科学出版社1994年版，第632页。

员 100 人以上的国营、公私合营、私营及合作社经营的工厂、矿场及其附属单位；铁路、航运、邮电的各企业单位与附属单位；工、矿、交通事业的基本建设单位；国营建筑公司。而且，《劳动保险条例实施细则》明确"有工人职员 100 人以上"的规定系指工厂、矿场本身的工人职员人数而言，其业务管理机关及附属单位人数不包括在内。在计算人数时，应包括工资制、供给制人员及学徒、临时工（临时性的建筑工人及搬运工人除外）、试用人员在内。同时《劳动保险条例实施细则》还规定了不适用的人员范围，包括在实行劳动保险的企业中的供给制人员，仍应按供给制的规定办理，不适用劳动保险条例。厂矿企业的武装警卫人员，如系属于人民解放军建制的现役军人，仍应享受人民解放军的各种待遇，不适用劳动保险条例。

修订后的《劳动保险条例》在适用范围上，将其扩大到工、矿、交通事业的基建企业单位和国营建筑公司。在退休条件上，将本企业工龄改为 5 年，同时在退休待遇方面改变了原来的计发办法，提高了退休费比例，增设了战斗英雄和劳动模范的退休待遇。

1956 年，国务院将《劳动保险条例》实行范围进一步扩大到商业、外贸、粮食、供销、金融、民航等部门。至此，全国所有的国家机关和企业、事业单位普遍实行了退休制度。

### 三 建立统一国家机关工作人员退休制度

虽然政府行政机关、教育机关的公教人员以及其他机关人员对于劳动保险也是迫切需要的，但是根据国家的财政情况，以及需要集中财力进行国防建设的紧迫任务，所以 1951 年的《中华人民共和国劳动保险条例》的适用人员仅限于企业，政府行政机关只好暂不实行。[1]

随着国民经济的进一步好转和国家机关中接近退休年龄人员的增加，恰当地处理国家机关工作人员的退休问题成为党和政府所考虑的问题。考虑到国家机关工作人员和企业职工的差异，所以国家机关工作人员还不能

---

[1] 李立三：《关于中华人民共和国劳动保险条例草案的几点说明》，1951 年 2 月 23 日。选自《1949—1952 中华人民共和国经济档案资料选编》，中国社会科学出版社 1994 年版，第 633 页。

和企业职工采取同样的办法计算工龄。而且，国家机关和企业部门的工资标准也有差别。随着国家机关、事业单位职工生活待遇逐步由供给制过渡到工资制，国务院于1955年12月29日颁布了《关于国家机关工作人员退休处理暂行办法》（以下简称《退休处理暂行办法》），来解决国家机关及所属事业单位工作人员退休问题。同时颁布《国家机关工作人员病假期间生活待遇试行办法》《国务院关于处理国家机关工作人员退职、退休时计算工作年限的暂行规定》，作为《退休处理暂行办法》的配套文件。《退休处理暂行办法》共8条，从1956年1月1日起施行。而且，各民主党派、各人民团体和国家机关所属的事业费开支的单位，都可以参照这个命令所颁发的各项办法和规定执行。

为了切实贯彻执行《退休处理暂行办法》，1956年2月21日，内务部、财政部、国务院人事局联合发布了《关于〈国家机关工作人员退休处理暂行办法〉中的问题》，对退休条件、劳动年限、办理退休手续等作出了具体规定。

### 四 制定政府工作人员退职制度

中华人民共和国成立后，干部队伍急剧扩大，老弱病残人员逐年增多。为了保持干部队伍精干，提高工作效率，国家根据紧缩编制的任务，需要对编余的老弱病残人员、不适应工作的人员进行妥善安置。1950年6月6日，毛泽东主席在中国共产党第七届第三次中央全体会议上的报告中提出"行政系统的整编工作是必要的，亦须适当地处理编余人员"。[①] 部分地方根据本地实际情况制定了编余人员处理办法。[②] 为解决年老病弱的

---

[①] 《为争取国家财政经济状况的基本好转而斗争》，《人民日报》1950年6月13日第一版。

[②] 据记载：1950年5月起，执行财政部《编余人员处理办法》规定的一次性退职生产补助粮标准：薪金制人员发1个月的工资，特别困难的不超过2个月的工资；供给制人员暂按退休人员标准计领，不低于薪金制人员；对革命老同志给予照顾和优待。1950年11月起，执行华东区《退职待遇办法》，供给制人员退职补助粮标准为（按参加工作时间）：1949年4月20日以前的发300斤；1948年的发400斤，至1946年，每增加一年增发100斤；1945年8月15日以前的发700斤，至1938年每增加一年增发200斤；1937年7月7日以前的发2400斤，至1927年，每增加一年增发300斤原籍地区主粮。青岛市情·中共青岛市党委党史研究院（青岛地方史志研究院）官网，http：//qdsq.qingdao.gov.cn/n15752132/n20546827/n20629651/n20629806/191213110941958120.html。

革命工作人员，在中央未颁布统一办法之前，征得中央人民政府人事部同意，1951年11月12日，内务部下发《关于一九五一年内处理革命工作人员退职办法的通知》（以下简称《革命工作人员退职办法》），这是新中国成立以来第一次发布退职规定。

1952年10月17日，经过政务院批准，10月22日颁布了《各级人民政府工作人员退职处理暂行办法》（以下简称《政府人员退职暂行办法》）。该办法的适用对象是各级政府及其所属机关（包括事业费开支单位）的工作人员。《政府人员退职暂行办法》对退职条件、退职待遇、退职程序和安置管理作出规定，并附《各级人民政府退职人员生产补助粮核发标准》，同时废止内务部《关于一九五一年内处理革命工作人员退职办法》。

### 五 出台企业工人职员退职办法

由于1951年《劳动保险条例》对于不符合养老条件人员的安置尚未做出规定，于是，政务院财政经济委员会于1952年1月12日公布试行《关于国营企业工人职员退职处理暂行办法（草案）》对国营企业工人职员的退职作出规定。对于铁道部及邮电部之工作人员因年老病弱或非因工残废不能工作的退职问题得按本办法处理，其他财政经济部门及其属企业单位的同类问题，经报请中央人民政府政务院财政经济委员会批准后亦得按本办法处理。

### 六 实行国家机关工作人员退职制度

1955年12月21日，国务院全体会议第二十一次会议通过了《国家机关工作人员退职处理暂行办法》，1955年12月29日颁布，对国家机关工作人员退职条件、退职待遇、退职程序作出规定。该办法于1956年1月1日起施行，原来颁布的《各级人民政府工作人员退职处理办法》同时废止。

1956年2月21日，内务部、财政部和国务院人事局联合发布《关于〈国家机关工作人员退职处理暂行办法〉中的问题的联合通知》，对国家机关工作人员退职金、退职手续和档案管理作出具体规定。

## 第二节　退休条件

退休条件是退休制度的重要内容之一，是干部退休的依据。在我国退休制度初建期，退休条件规定的内容相对简单，影响退休条件的要素较少。

### 一　部分机关企业退休条件

《退休人员处理办法》规定的退休条件是，男女职工年龄五十岁以上、工龄满十年者退休。① 也就是说，这一时期职工的退休条件不分身份和性别，只有年龄、工龄两个影响因素。

### 二　部分行业企业职员退休条件

这一时期退休条件包括以铁路为代表的行业职员退休条件和全国《劳动保险条例》规定的退休条件。

（一）《铁路疾病伤残补助办法》退休条件

《铁路疾病伤残补助办法》规定的职工养老条件是：男职工年满六十岁，女职工年满五十岁，路龄已满十年者，得享受退职养老之待遇。

合于前条规定已达养老年龄的职工，如有特殊技术或行政需要其继续工作者，得展缓其退职养老年限。

可见，《铁路疾病伤残补助办法》规定一般的退休年龄包括性别、年龄、路龄三个条件。以外，该办法还提出了延迟退休，至少需要满足两个条件之一：一是职工具有特殊技术，二是企业行政需要其继续工作。

（二）《劳动保险条例》的退休条件

《劳动保险条例》规定职工符合下列条件之一者，可以退休：（1）男职工年满六十岁，一般工龄满二十五年，本企业工龄满十年的；女职工年满五十岁，一般工龄满二十年，本企业工龄满十年的；（2）井下矿工或固定在华氏32度以下的低温或华氏100度以上的高温工作场所工作者②，

---

① 曹志：《中华人民共和国人事制度概要》，北京大学出版社1986年版，第86页。
② 华氏32度相当于0摄氏度，华氏100度相当于37.8摄氏度。

男年满六十岁,女年满四十五岁,工龄符合(1)项条件的(从事此种低温和高温工作的工龄,每工作一年作一年零三个月计算);(3)在提炼或制造铅、汞、砒、磷、酸及其他化学、兵工工业中直接从事有害身体健康工作者,男年满六十岁,女年满四十五岁,工龄符合(1)项条件的(其工龄每工作一年作一年零六个月计算)。

《劳动保险条例》考虑的退休条件因素继承了解放区劳动保险制度的基本精神,退休条件包括正常退休条件、特殊退休条件两种情况。影响退休条件的因素较多,包括性别、年龄、工龄、特殊工作条件以及有害健康工种等,但是,即使对于特殊工作条件和有害健康的工种,男性退休年龄也不变,仍然是六十岁,女性退休年龄则提前五年,体现对女职工的照顾。

(三)修订后的《劳动保险条例》规定的退休条件

修订后的《劳动保险条例》主要有两点变化。一是将本企业工龄从原来的十年降低为五年。二是降低了特殊工种退休的工龄,并对特殊工作条件下的退休条件进行了细分。工人职员如曾从事井下矿工或固定在华氏32°以下低温工作场所或华氏100°以上高温工作场所的工作时间,前后合计达十年,或直接从事铅、汞、砒、磷、酸及其他化学、兵工工业的有害身体健康工作时间,前后合计达八年,现虽未从事上述各项工作,也享受养老保险待遇。

## 三 国家机关工作人员退休条件

国家机关工作人员退休条件可分为一般退休条件和特定人员不适用退休的情形。

(一)一般退休条件

《退休处理暂行办法》规定的退休条件包括年龄、工龄和伤残。工作人员具有下列条件之一的,可以退休:(1)男满六十岁,女满六十岁,工作年限已满五年,加上参加工作以前主要依靠工资生活的劳动年限,男子共满二十五年、女子共满二十年的;(2)男子年满六十岁,女子年满六十岁,工作年限已满十五年的;(3)工作年限已满十年,因劳致疾丧失工作能力的;(4)因工残废丧失工作能力者。

这一时期机关退休人员的退休条件除了考虑性别、年龄以外,还增加了连续工龄条件，并将连续工龄、累计工龄和不同种类的伤残作为退休条件。

1956年2月21日，内务部、财政部、国务院人事局印发的《关于〈国家机关工作人员退休处理暂行办法〉中的问题》（以下简称《机关退休问题》）明确，具有退休条件之一的"可以退休"，但不是说凡合于规定退休条件的都必须退休，因工作需要继续工作的，可以不退休。

（二）不适用退休的情形

国家还规定了特定人员不适用于国家机关工作人员退休退职的情况。考虑到参事室和文史研究馆的特殊情况[①]，1956年6月23日，国务院颁布了《关于参事室和文史馆馆员不适用退休退职等办法的通知》。该《通知》明确提出，参事室的参事和文史研究馆的馆员，不退休、退职，病假期间工资（生活费）照发，即国家机关工作人员退休、退职、病假期间待遇等暂行办法不适用于上述国家机关工作人员。

**四　政府工作人员退职条件**

1951年内务部的《革命工作人员退职办法》规定，凡列入行政编制的革命工作人员参加工作满三年，因年老（五十五岁）或长期病弱，确实不能继续工作的，才可退职。

人事部于1952年10月22日颁布的《退职处理暂行办法》规定，参加革命工作满2年，因年老（五十五岁以上）、体弱或残废不能继续工作，自愿申请退职并经人事部门核准的可办理退职。

---

① 国务院参事室、中央文史研究馆是毛泽东、周恩来等老一辈革命家亲自倡议设立的，一直受到党中央、国务院领导同志的关心重视。国务院参事室是具有统战性和咨询性的国务院直属机构，1949年11月设立。主要职责是组织国务院参事围绕政府中心工作开展调查研究，了解、反映社情民意；对政府工作进行监督，提出意见、建议和批评；对有关法律文件草案、政府工作报告稿和其他重要文件草案提出修改意见和建议等。中央文史研究馆是具有统战性和荣誉性的机构，1951年7月设立，1969年起与国务院参事室合署办公，共用一套办事机构。其主要任务是，组织馆员开展文史研究和艺术创作，传承、弘扬和创新中华民族优秀传统文化；围绕文化建设的重要问题，深入研究、建言献策；开展统战联谊活动等。国务院参事、中央文史研究馆馆员均由国务院总理聘任。他们都是具有一定代表性、较大社会影响和较高知名度的专家学者，主要是党外代表人士。资料来源：机构简介，国务院参事室、中央文史研究馆网站，http：//www.counsellor.gov.cn/jgjj.htm，2021-05-31。

由于《退职办法通知》是在国家紧缩编制的任务、需要对编余的老弱病残人员安置的背景下,所以,这一时期的退职条件包括了编制、工资性质、单位性质、工龄、年龄和身体多项影响因素。

### 五 企业工人职员退职条件

《关于国营企业工人职员退职处理暂行办法(草案)》的适用范围是,凡已实行劳动保险条例的国营企业及其业务管理机关与附属企业单位内,工人职员身体衰弱不能工作而不合乎养老条件的人员。退职方式包括自请退职或行政方面退职。但是,对于生产有特殊贡献或护厂有功之工人职员及转入本企业工作之残废军人,如本人并未提请退职,企业行政方面应为其调换轻便工作,不得强迫其退职。

修订后的《劳动保险条例》规定,工人与职员因公负伤、因疾病和非因公负伤确定为残废,完全丧失劳动能力不能工作,准予退职。

### 六 国家机关工作人员退职条件

《国家机关工作人员退职办法》规定的退职条件为,工作人员合于下列情况之一的,按照退职处理:一是年老或者病弱不能继续工作,又不合退休条件的;二是自愿退职的;三是不适宜现职工作,又不愿接受其他工作的。

可见,这一时期对国家机关工作人员对退职条件要求比较宽松,除了年老或者病弱不能继续工作以外,对于自愿退职工作人员则没有工龄限制,对于不适宜现职工作又不愿意接受其他工作的人员也可以退职。

## 第三节 退休待遇

退休待遇是退休制度的重要内容之一,直接影响退休后的生活水平。这一时期的退休待遇主要包括退休金,后来增加了医疗待遇、车船费、安家费、丧葬费等。

### 一 机关企业人员退休待遇

由于《退休人员处理办法》是在新中国成立初期颁布的,所以退休待遇的内容较少,只有退休金,而且实行一次性发放。

### （一）退休金

《退休人员处理办法》关于退休金的内容非常简单，只规定了退休金的基数和水平。

**1. 退休金的基数**

《退休人员处理办法》规定计算退休金的基数是本人退休前的月工资。

**2. 退休金的水平**

《退休人员处理办法》规定的退休金水平按照工龄的长短确定。每工作一年发给退休前月工资的三分之一，工龄越长，退休金越多。

**3. 实行最高封顶**

《退休人员处理办法》规定的退休金实行封顶制，累计应发的退休金最高不得超过本人六个月的工资。

这一时期的退休待遇以退休前的月工资为计发标准，退休金的金额是原工资的三分之一，整体水平比较低，这与建国初期国家财政经济条件直接相关。

1956年3月15日，国务院人事局颁布的《关于退休金是否包括地区津贴问题的复函》明确规定，退休金及退职金都不包括地区津贴。

### （二）退休金的发放方式

由于《退休人员处理办法》规定的退休金待遇较低，退休金只能实行一次性发放。

## 二 部分行业企业职员退休待遇

这一时期的部分行业企业职员的退休待遇内容有所增加，包括退休金、直系亲属供养费和抚恤金。退休待遇的内容可细分为三个阶段，分别是《铁路疾病伤残补助办法》和《劳动保险条例》以及修订后的《劳动保险条例》。

### （一）退休金

这一时期退休待遇的名称还不统一，《铁路疾病伤残补助办法》称之为"养老补助金"，《劳动保险条例》和修订后的《劳动保险条例》称之为"养老补助费"。

**1.《铁路疾病伤残补助办法》规定的养老补助金**

养老补助金的基数为原工资。影响养老补助金的因素包括路龄、原工资水平。路龄满十年者,养老补助金为原工资30%,路龄每增加一年,加给原工资2%,至原工资的60%止。

对于展缓退休的职工,除了按月付给工资外,还每月付给在职老年补助金。路龄满十年者,付给原工资10%,路龄每增加一年,加给原工资1%,至原工资的20%止。

2.《劳动保险条例》规定的养老补助费

《劳动保险条例》规定,职工退职后按月付给退职养老补助费,最低数额为本人工资的35%,本企业工龄超过十年者,每超过一年,增付本人工资2%,至本人工资60%止。此项退职养老补助费付至死亡时止。

合于养老条件,但因该企业工作的需要,留其继续工作者,除发给原有工资外,应由劳动保险基金项下,按其本企业工龄的长短,每月付给在职养老补助费,其数额为本人工资10%—20%。

凡对本企业有特殊贡献的劳动模范及转入本企业工作的战斗英雄,经工会基层委员会提出,并经各省、市工会组织或产业工会全国委员会的批准,享受较优异的劳动保险待遇。退职养老补助费为本人工资60%—80%。在职养老补助费为本人工资20%—30%。

此外,《劳动保险条例》规定,在实行劳动保险企业内工作的工人和职员,未加入工会的,养老补助费只能领取规定额的一半。这是当时国家为了推动工会组织的发展而设定的。

3. 修订后的《劳动保险条例》规定的养老补助费

修订后的《劳动保险条例》及实施细则修正草案再次提高了退休费水平,并对战斗英雄、劳动模范等有突出贡献人员提供了优异养老保险待遇。

一般退休待遇。本企业工龄已满五年未满十年的,退休金为本人工资的50%;本企业工龄已满十年未满十五年的,为本人工资的60%;本企业工龄已满十五年及十五年以上的,为本人工资的70%。补助费付至死亡时止。

延迟退休待遇。因企业需要留其继续工作者,除工资照发外,另由劳动保险基金项下按月付给在职养老补助费:本企业工龄已满五年不满十年者,付给本人工资10%;已满十年不满十五年者,付给本人工资15%;已满十五年及十五年以上者,付给本人工资20%。

优异劳动保险待遇。本企业工龄未满十年的，为本人工资的60%；本企业工龄已满十年未满十五年的，为本人工资的70%；本企业工龄满十五年以上的，为本人工资的80%。

合于养老规定的工人职员，因企业工作需要，留其继续工作时，除工资照发外，另由劳动保险基金项下，按月付给在职养老补助费：本企业工龄已满五年未满十年者，为本人工资20%；已满十年未满十五年者，为本人工资25%；已满十五年及十五年以上者，为本人工资30%。此项补助费付至退职养老或死亡时止。

《实施细则》规定，领取在职养老补助费的工人职员，退职养老时，其在职养老补助费，不应计算在本人工资之内。工人职员在该企业实行劳动保险后，由于年老力衰调动工作，其工资降低至该企业的平均工资以下者，在退职养老时，其退职养老补助费，应按该企业的平均工资计算。

对比《铁路疾病伤残补助办法》《劳动保险条例》和修订后的《劳动保险条例》，退休养老补助金的水平逐步提高，并对在本企业工龄长、特殊工种、因公致残以及作出特殊贡献等情况分别考虑并给予优待政策，这样有助于激发职工劳动热情，解除职工的后顾之忧。此外，相对于《劳动保险条例》，修订后的《劳动保险条例》取消了未加入工会会员享受养老待遇减半的规定。

（二）丧葬费

《铁路疾病伤残补助办法》和《劳动保险条例》以及修订后的《劳动保险条例》都在退休待遇中增加了职工因工死亡发给丧葬费待遇。丧葬费的基数是本单位全部职工的平均工资，这意味着本单位所有职工因工死亡的丧葬费待遇相同。

1. 《铁路疾病伤残补助办法》规定的丧葬费

《铁路疾病伤残补助办法》第十四条规定，职工因工死亡，发给丧葬费，数额为本单位全部职工平均工资两个月。

2. 《劳动保险条例》规定的丧葬费

《劳动保险条例》规定丧葬费因是否因工死亡而有所差异。工人与职员因工死亡时，由该企业行政方面或资方发给丧葬费，其数额为该企业全部工人与职员平均工资两个月；工人与职员因病或非因工负伤死亡时，由劳动保险基金项下付给丧葬补助费，其数额为该企业全部工人与职员平均工资一个月。

相对于《铁路疾病伤残补助办法》,《劳动保险条例》规定的丧葬费增加了职工因病或非因工负伤死亡也发给丧葬补助费。

3. 修订后的《劳动保险条例》规定的丧葬费

修订后的《劳动保险条例》规定,工人与职员因工死亡时,由该企业行政方面或资方发给丧葬费,其数额为该企业全部工人与职员平均工资三个月。工人与职员因病或非因工负伤死亡时,由劳动保险基金项下付给丧葬补助费,其数额为该企业全部工人与职员平均工资两个月。

可见,修订后的《劳动保险条例》因工死亡和因病或非因工负伤死亡的丧葬费都比修订前增加了一个月的平均工资。

(三) 遗属抚恤金

1. 《铁路疾病伤残补助办法》规定的抚恤金

《铁路疾病伤残补助办法》按照供养亲属的多寡按月发放不同的遗属抚恤金。供养亲属一人时,为死者原工资的30%;二人时,为死者原工资的40%;三人及三人以上者,为死者原工资的50%。付至受供养人失去供养条件时为止。

2. 《劳动保险条例》规定的抚恤金

《劳动保险条例》规定的抚恤金因是否因工死亡而有所差异。工人与职员因工死亡时,依其供养的直系亲属人数每月付给供养直系亲属抚恤费,其数额为死者本人工资25%—50%,至受供养者失去受供养的条件时为止。

工人与职员因病或非因工负伤死亡时,按其本企业工龄的长短,付给供养直系亲属救济费,其数额为死者本人工资三个月至十二个月。

3. 修订后的《劳动保险条例》规定的抚恤金

修订后的《劳动保险条例》规定,工人与职员因工死亡时,按其供养的直系亲属人数,每月付给供养直系亲属抚恤费,其数额为死者本人工资的25%—50%,至受供养者失去受供养的条件时为止。《中华人民共和国劳动保险条例实施细则修正草案》规定,供养直系亲属一人者,为死者本人工资25%;二人者,为死者本人工资40%;三人或三人以上者,为死者本人工资50%。

工人与职员因病或非因工负伤死亡时,按其供养直系亲属人数付给供养直系亲属救济费，其数额为死者本人工资六个月到十二个月。《中华人民共和国劳动保险条例实施细则修正草案》规定，其供养直系亲属一人者，为死者本人工资六个月；二人者，为死者本人工资9个月；三人或三人以上者，为死者本人工资十二个月。

可见，工人与职员因病或非因工死亡时直系亲属救济费的下限从《劳动保险条例》时的三个月提高到修订后的《劳动保险条例》六个月。

（四）经费渠道

上述各项待遇，除了《铁路疾病伤残补助办法》中的丧葬费由企业行政支付外，其余退休费、退休费、供养直系亲属抚恤费均在劳动保险基金项下按月付给。

### 三　国家机关工作人员退休待遇

《退休处理暂行办法》规定的退休待遇主要包括退休金和医疗待遇。

（一）退休金

《退休处理暂行办法》规定影响退休金的因素包括工龄、伤残和重大贡献，扩大了特殊贡献的优待范围，但是享受优异退休金的幅度需要经过批准后才能确定。

1. 退休金的基数

1955年7月起，国家机关及所属事业单位先行废除工资分的计算办法，改行货币工资制，给国家机关工作人员退休制度带来的直接变化是退休金也是货币工资。退休金的基数是退休前的本人工资，包括标准工资和退休后居住地点的物价津贴。

2. 退休金的金额

退休金的金额按照工作年限长短发给本人工资的50%—70%，伤残退休和有重大贡献人员提高退休金水平。

（1）正常退休金。工作年限满五年不满十年的，发给本人工资的50%；满十年不满十五年的，发给本人工资的60%。

（2）伤残退休待遇。工作年限满十五年者，工作年限满十年因劳致疾或因公残废丧失工作能力者，均发给本人工资的70%。因劳致疾或因公残废丧失工作能力，其工作年限满十五年以上者，发给本人工资的80%。

（3）优待有重大贡献人员。工作人员对革命有重大功绩，或者在参加工作以前长期从事科学、技术、文化、教育等事业，并且对社会有特殊贡献的，他们的退休金经过省（自治区、直辖市）人民委员会或者国务院批准可以酌量提高。

1956年2月颁布的《机关退休问题》规定，工作人员退休当月的工资照发。退休金的标准由办理退休的机关根据退休办法的规定核定，由居住地点县、市、市辖区的民政部门按月照发。

3. 工作年限的确定

由于工龄是影响退休金待遇水平高低的重要因素，因此，如何确定工龄成为一个关键问题。《关于处理国家机关工作人员退职、退休时计算工作年限的暂行规定》明确了工作年限的确定原则。

（1）国家机关工作人员（以下简称工作人员）在中华人民共和国国家机关工作的时间，一律计算为工作年限。

（2）工作人员在中华人民共和国成立以前，参加人民民主革命政权机关工作的时间，应当计算为工作年限。

（3）工作人员在参加国家机关工作以前，参加下列工作的时间，可以连续计算为工作年限：一是在中国共产党的机关工作的时间，或者接受党的决定以社会职业为掩护而实际做革命工作的时间；二是在民主党派的机关工作的时间，或者民主党派成员和无党派的民主人士以社会职业为掩护而实际做民主革命工作的时间；三是在中国工农红军时期、抗日战争时期和解放战争时期，参加革命军队工作的时间；四是在革命根据地、解放区和中华人民共和国成立以后的人民团体的机关工作的时间；五是在革命根据地、解放区政权所属的事业单位和中华人民共和国国家机关所属事业单位工作的时间；六是在革命根据地、解放区政权所属的企业单位和中华人民共和国国营、合作社营、公私合营的企业单位工作的时间。

（4）工作人员被抽调参加各种干部学校、训练班学习的时间，或者在革命根据地的抗日军政大学、陕北公学、中国女子大学等学校学习的时间，都可以计算为工作年限。

（5）工作人员退职或复员后参加工作的，前后工作的时间可以合并计算工作年限。

（6）起义人员参加国家机关工作的，从起义之日起计算工作年限；

曾经资遣回家以后参加国家机关工作的，从参加国家机关工作之日起计算年限。

（7）新招收的工作人员，试用期间，可以计算为工作年限。

（8）工作人员受过开除处分或刑事处分的，应当从重新参加工作之日起计算工作年限；但是情节较轻，并且经过任免机关批准的，他受处分以前工作的时间，也可以合并计算工作年限。

（9）工作人员的工作年限按周年计算。在计算退职金、退休金时，按周年计算后剩余的月数，超过六个月的，按一年计算；六个月和不满六个月的按半年计算。

由于《国家机关工作人员退休、退职、病假期间待遇等暂行办法和计算工作年限暂行规定》颁布以来，中央机关和各地区在实际执行中提出了一些具体问题，需要予以解决，于是1956年11月12日，国务院颁布了《关于国家机关工作人员退休和工作年限计算等几个问题的补充通知》对相关的退休年限作出了补充规定：国家机关使用的临时工作人员（有的称为"雇员"），被正式录用以后，他们在正式被录用以前在本机关的工作时间，可以计算为工作年限；国家机关工作人员由于某种原因被扣押或者被开除，经过审查定案，未受刑事处分而恢复工作或者免予开除处分而恢复工作的，他们被扣押或者被开除的时间，可以连续计算工作年限。

（二）医疗待遇

国家机关工作人员退休后享受公费医疗待遇。国务院于1955年12月29日颁布的《关于国家机关工作人员退休、退职、病假期间待遇等暂行办法》规定，办理退休手续，并取得各级人事部门（如中央一级由国务院人事局、省由省人事局等）发给退休人员的"退休人员介绍信"和"退休人员证明书"者，给予办理公费医疗。

为了解决高等学校工作人员退休后公费医疗待遇问题，1956年11月12日，教育部颁布了《关于高等学校工作人员退休后仍应享受公费医疗待遇的通知》。明确规定，凡是按照教育部（53）人干杨字第447号关于高等学校工作人员退休问题的规定办理的退休人员均可享受公费医疗待遇；退休人员的医疗问题，由退休人员所在地卫生行政机关给予指定医疗机构办理。如退休后，仍在原地者，继续由原医疗单位给予治疗；退休人员住院的来往旅费及住院期间的伙食费由本人负责，如果确有困难，可向学校申请补助，此项补助在学校于福利费内开支。

卫生部于 1956 年 12 月 11 日颁布的《关于国家机关工作人员退休后仍享受公费医疗待遇的几点补充通知》规定，凡是按 1955 年 12 月 29 日"国务院关于国家机关人员退休、退职、病假期间待遇等暂行办法和计算工作年限暂行规定的命令"办理退休手续，并取得各级人事部门（如中央一级由国务院人事局，省由省人事局等）发给退休人员本人的"退休人员介绍信"和"退休人员证明书"者，给予办理公费医疗。

（三）车船费、行李费等

《退休处理暂行办法》规定了工作人员退休享受本人和他的家属到他退休后居住地点的车船费、行李费、途中伙食补助费和旅馆费，参照现行行政经费开支标准。

（四）安家补助费

《国务院关于国家机关工作人员退休和工作年限计算等几个问题的补充通知》（以下简称《工作年限补充通知》）规定，为照顾退休人员安家的困难，原工作机关可以发给本人两个月的工资，作为安家补助费。

（五）丧葬费

《退休处理暂行办法》规定工作人员退休后死亡时，一次加发本人三个月的退休金给他的家属，作为丧葬补助费。

（六）经费渠道

国家机关人员退休后享受的各种待遇，通过不同的经费渠道发放。

1. 退休金

工作人员退休后的退休金由他退休后居住地点的县级人民委员会在优抚费项下发给，直到他死亡时为止。《机关退休问题》规定，退休金标准由办理退休的机关根据退休办法的规定核定，由居住地点县、市、市辖区的民政部门按月照发。

2. 医疗费

1956 年 8 月 21 日，国务院人事局、卫生部、内务部颁布了《为国家机关工作人员退休后仍应享受公费医疗待遇的通知》，对国家机关工作人员退休后享受公费医疗待遇的经费、医疗、来往旅费等问题作出规定。

（1）经费，退休人员退休前绝大部分原来已享受公费医疗，故退休后享受公费医疗的经费不再另行追加，由所在省、市调剂解决。

（2）医疗问题，由退休人员所在地的卫生行政机关给予指定医疗机构办理。

（3）退休人员住院的来往旅费及住院期间的伙食费由本人自备，确有困难的，可向当地县、市或市辖区人民委员会申请补助。这项补助费从优抚事业费内开支。

3. 车船费、行李费等

《退休处理暂行办法》规定了工作人员退休享受本人和他的家属到他退休后居住地点的车船费、行李费、途中伙食补助费和旅馆费，参照现行行政经费开支标准中有关的规定处理。

4. 丧葬补助费

丧葬补助费的经费渠道是由退休后居住地点的县级人民委员会在优抚费项下支付。

**四 政府工作人员退职待遇**

（一）退职生产补助粮

不同的身份、参加革命工作时间及月工龄长短以及是否立过大功直接影响退职待遇。

1. 退职金的基数

《革命工作人员退职办法》规定，退职工作人员退职金计算为生产补助粮，其中干部以 500 斤为基本数，勤杂人员以 300 斤为基本数。

《政府人员退职暂行办法》规定，经县以上同级人民政府人事部门核定，勤杂人员和干部按其参加革命工作时间及月工龄长短，按照一定标准发给退职生活补助粮。补助粮以 250 斤为固定基数，按照中国革命战略阶段月工龄增发。

2. 退职待遇金额

《革命工作人员退职办法》和《政府人员退职暂行办法》规定的退职待遇基数方式不同：《革命工作人员退职办法》规定的退职待遇按照工作年限计算；《政府人员退职暂行办法》还对不同身份、不同时期参加革命的人员进行了区分。

(1)《革命工作人员退职办法》规定的退职待遇

退职待遇按照工作年限实行分段累加计算。工作年限在五年以内，每月增加 10 斤；第六年至第十年每月增加 20 斤；第十一年至第十五年，每月增加 40 斤；第十六年以上每月增加 80 斤，超过半月者以一月计算，不足半月者不计。

(2)《政府人员退职暂行办法》规定的退职待遇

勤杂人员生产补助粮。1945 年 9 月 4 日至退职时止，为人民解放战争阶段及以后工作时期，其间每月增发 10 斤；1937 年 7 月 7 日至 1945 年 9 月 3 日为抗日战争阶段，其间每月增发 25 斤；1927 年至 1937 年 7 月 6 日为土地革命战争阶段，其间每月增发 50 斤。凡跨两个以上战略阶段者，其各阶段之月工龄分开计算；如有不足一月者，按一月计算。

干部生活补助粮。班级（即勤杂人员班长）按勤杂人员的一点五倍计发；办事员级（县科员）按勤杂人员的二倍计发；科员级（县科长）按勤杂人员的二点五倍计发；科长级（县长）按勤杂人员的三倍计发。

参加各级人民政府工作不满两年之工作人员，如因老弱残疾，自愿申请退职，并经所在机关核准，一律发给离职时全月应领之供给（包括津贴）或工资，并按照下列规定予以补助：参加各级政府工作在六个月至一年内者，发给 150 斤；参加工作在一至两年以内者，发给 200 斤。

3. 优待立大功人员

《革命工作人员退职办法》对于立大功者增发一年的生产补助金。

《政府人员退职暂行办法》规定，曾在工作期间立过大功的退职工作人员，并有其所在部队或机关证明文件者，不论立功次数多少，按其第一次立功时所在之革命战略阶段，增发十二个月的生活补助粮，即在土地革命战争阶段立功者，增发 600 斤；在抗日战争阶段立功者，增发 300 斤；在人民解放战争阶段立功者，增发 120 斤。

《革命工作人员退职办法》还对带有直系亲属（妻、夫、子女）的退职人员实行特别关照，每人发给补助粮 100 斤。

(二) 车船费等

《革命工作人员退职办法》规定发给退职人员及其家属路费，路费金额按照财计字 433 号标准。

《政府人员退职处理暂行办法》规定退职人员的车船费、途中食宿费及应发给服装费，由办理退职机关按"各级人民政府退职人员各项补助费用开支标准"核定办理。

（三）经费渠道

《革命工作人员退职办法》规定，生产补助金由原籍县人民政府发给，在优抚事业费内报销。路费由各退职机关行政费报销。

《政府人员退职处理暂行办法》规定，补助粮由原籍或安家地点之县（市）人民政府核定数目，按当地粮市价，折合人民币发给，随行政费报销。车船费、途中食宿费及应发给服装费等退职补助费由退职人员的所在机关发给，随行政费报销。

针对退职人员生产补助粮支领中存在的有些市县因无中央财政部的通知不予支领、事业费开支单位工作人员退职的生产补助粮从何处何项目支领报销等问题，中央人民政府财政部、人事部于1953年5月6日颁布了《关于各级人民政府工作人员退职处理暂行办法中有关生产补助粮支领等问题的通知》。通知规定：一是"以上补助粮……由其原籍或者安家地点之县（市）人民政府按办理退职机关核定之数目发给，随行政费报销"的规定，各县（市）人民政府均应遵照办理；二是事业费开支单位的工作人员退职时，其生产补助粮，应由其所在工作单位发给，随该单位经费在预算之事业费内报销。民主党派、人民团体工作人员退职时，可参照退职办法执行，其退职生产补助粮，由其原籍或安家地点之县（市）人民政府发给，在党团经费项下报销；三是由于粮食管理企业化，不能从粮食管理部门直接支领现粮，因此将原来的规定修改为：退职人员生产补助粮，由原籍或安定地点之县（市）人民政府依据办理退职机关核定之数目，按当地主粮（原办法中规定之主粮）市价，全部折合人民币发给。

## 五 企业人员退职待遇

1952年的《国营企业退职办法（草案）》规定的企业人员退职待遇主要就是退职金。

（一）退职金

《国营企业退职办法（草案）》根据性别、年龄和在本企业工作年限发放金额不等的退职金，实行上限封顶，并优待有特殊贡献的人员。

1. 退职金的基数

《国营企业退职办法（草案）》规定退职金的基数是退职前的原工资。退职金的标准应按该工人职员退职前 1 个月所得工资计算，如领取计件工资的工人职员，即以最近 3 个月所得平均工资为标准。

2. 退职金的金额

退职金的金额与退职职工的年龄、本企业工龄直接相关，实行上限封顶。（1）男职工年满五十岁以上，女职工年满四十五岁以上，在本企业工作之工龄（以下简称本企业工龄）已满十年者，发给原工资六个月。本企业工龄超过十年部分，每满一年，增发原工资半个月，但退职金总额不得超过原工资 12 个月。（2）男职工年龄未满五十岁，女职工年龄未满四十五岁，本企业工龄已满十年者，发给原工资五个月。本企业工龄超过十年部分，每满一年，增发原工资半个月，但退职金总额不得超过原工资 12 个月。（3）本企业工龄未满十年者，其本企业工龄在二年以内，发给原工资二个月，以后本企业工龄每增加一年，增发原工资一个月的三分之一。

3. 优待有特殊贡献人员

《国营企业退职办法（草案）》优待有特殊贡献人员。凡对生产有特殊贡献或护厂有功的工人职员及转入本企业工作之残疾军人，因年老力弱自请退职时，其退职金加发 20%。

1953 年修正后的《劳动保险条例》规定，实行劳动保险的工人与职员，因病或非因工负伤医疗终结确定为残废，完全丧失劳动力退职后，其退职金数额按下列情况规定：饮食起居需人扶助者为本人工资 50%，饮食起居不需人扶助者为本人工资 40%，至恢复劳动力或死亡时止。

4. 工龄

退职工人职员之本企业工龄，由本人据实报告，并提出证明文件或证明人，由工会基层委员会审查核定。

（二）经费渠道

《国营企业退职办法（草案）》规定，退职工人职员的退职金，应在离职时由企业行政方面一次发给。附属企业单位如系独立的经济核算单位，依本办法发给的退职金，由各附属单位自行负责。

1953 年修正后的《劳动保险条例》规定，实行劳动保险的工人与职员，因病或非因工负伤医疗终结确定为残废，完全丧失劳动力退职后，病伤假期工资或疾病非因工负伤救济费停发，改由劳动保险基金项下发给非因工残废救济费。

### 六 国家机关工作人员退职待遇

1955年的《机关退职办法》规定的退职待遇包括退职金和车船费、行李费、途中伙食补助费和旅馆费等。

（一）退职金

退职金的高低与工作人员的工作年限长短和退职前的工资金额直接相关。

1. 退职金的基数

《机关退休办法》规定的退职金的基数是工作人员退休前的月工资。1956年2月21日，内务部、财政部、国务院人事局颁布的关于《国家机关工作人员退职处理暂行办法》中的问题规定，退职金按照本人标准工资加工作地点的物价津贴计算。

通过对比发现，机关退职人员与机关退休人员的物价津贴标准是不同的，退职人员的物价津贴是工作地点的，而机关退休人员的物价津贴是退休后居住地点的物价津贴。

2. 退职金的金额

退职金的高低取决于退职前的工作年限，并实行分段累计。（1）工作年限满五年或在五年以下的，除了发给本人一个月的工资外，每满一年加发本人一个月的工资；（2）工作年限满十年或不满十年而在五年以上的，除按（1）项的规定发给外，从第六年起，每满一年加发本人一个半月的工资；（3）工作年限超过十年的，除分别按前两项的规定发给外，从第十一年起，每满一年加发本人二个半月的工资。

1956年2月21日，内务部、财政部、国务院人事局颁布的关于《国家机关工作人员退职处理暂行办法》中的问题规定，批准退职的人员，他们退职当月的工资照发。

3. 工龄的计算

退职工龄的计算按照《关于处理国家机关工作人员退职、退休时计算工作年限的暂行规定》执行。

### (二) 车船费、行李费等

除了退职金以外，政府工作人员退职还会发放本人和他的家属到退职后居住地点的车船费、行李费、途中伙食补助费和旅馆费。

### (三) 经费渠道

《机关退职办法》规定工作人员退职金由原工作机关在行政费项下开支。发放方式仍然是一次发给。本人和他的家属到退职后居住地点的车船费、行李费、途中伙食补助费和旅馆费，参照现行行政费开支标准中有关规定办理。也就是说，政府工作人员退职所产生的经费均由原工作机关发放。

## 第四节　退休程序与安置

干部退休要履行一定的程序，必须经过批准环节。退职需要本人申请后批准。我国干部退休程序也是逐步发展完善的，在退休制度建立初期，对退休条件和退休待遇关注较多，但是在退休程序和安置管理上涉及的内容较少。

### 一　国家机关工作人员退休程序

《退休处理暂行办法》规定，工作人员的退休，必须经过任免机关批准。工作人员退休时，由各级人事工作部门办理退休手续，填发"退休人员证明书"，同时通知其退休后居住地点的县级人民委员会予以登记。

1956年的《机关退休问题》进一步明确了办理退休手续的机关、办理程序和档案转接。中央国家机关由国务院人事局办理，地方国家机关由县、市、市辖区以上人民委员会人事工作部门办理。国家机关所属事业费开支单位的工作人员退休手续和退休金开支和国家机关工作人员相同。各民主党派和各人民团体工作人员的退休手续，由退休人员的原单位填发"退休人员证明书"，经由同级人民委员会人事工作部门发给介绍信，介绍至居住地点，由县、市、市辖区的民政部门发给退休金。

退休人员的档案材料，由办理退休的机关转至退休人员居住地点的县、市、市辖区民政部门保存。

《工作年限补充通知》规定，国家机关工作人员退休以后，有家可归的，一般的应动员回家；无家可归的，由处理机关商请适宜退休人员安家地点的县、市人民委员会予以安置。安家所需的房屋和家具，可以由当地政府在公房公产中调剂或者租赁解决，所住公房或者所用公有家具需要缴纳的租费，由退休人员自己负担。

## 二 政府工作人员退职程序

《革命工作人员退职办法》规定，退职需要经以上证明，任免机关首长批准，始得退职，并由其工作机关开具退职证件，介绍回原籍。

《政府人员退职暂行办法》规定的退职程序比《革命工作人员退职办法》复杂。退职由本人申请，经医生检查证明，单位审查同意，并经县以上同级人民政府人事部门核准，可以退职。此外，该办法强调了退职审批的重要性，对于各级人民政府工作人员，被开除或未经批准擅自离职者，不得享受本办法规定的各项待遇。

在相当长时期内，我国对退休人员的安置去向，本着有利于控制大城市人口和提倡"告老还乡"的精神作出了一些规定。[①]

《革命工作人员退职办法》规定，革命工作人员退职回原籍〔安置县（市）〕。

## 三 企业工人职员退职程序

《国营企业工人职员退职处理办法》提出退职方式包括自请退职和命令退职。但是对于自请退职和命令退职的程序并未作出明确规定。只是特别提出，凡对生产有特殊贡献或护厂有功之工人职员及转入本企业工作的残废军人，如本人并未提请退职，企业行政方面应为其调换轻便工作，不得强迫其退职。

## 四 国家机关工作人员退职程序

《机关退职办法》规定，工作人员的退职，必须经过任免机关批准。工作人员退职时，由各级人事工作部门办理退职手续，填发"退职人员证明书"。由此可见，退职程序经历了由繁到简的过程。

---

① 曹志：《中华人民共和国人事制度概要》，北京大学出版社1986年版，第401页。

1956年2月21日，内务部、财政部、国务院人事局颁布的关于《国家机关工作人员退职处理暂行办法》，首次对办理退职手续的机关和档案移交作出了统一规定。

中央国家机关退职人员由该机关人事工作部门办理，地方国家机关退职人员，由县、市、市辖区以上人民委员会人事工作部门办理。国家机关所属事业单位的工作人员退职手续如何办理，由各主管部门确定。

退职人员的档案材料，由办理退职的机关转至退职人员居住地点的县、市、市辖区人事工作部门保存。

《政府人员退职暂行办法》规定，对于退职人员还乡或到一定地点安家，办理退职的机关，应予填发"退职人员证明书"及"退职人员介绍信"。退职人员还乡或安家时，当地人民政府应给予适当帮助，安家后，因身体过弱而负担勤务有困难者，得酌予减免，在其生产未打下基础前，当地人民政府在社会福利方面，应予以适当照顾。

# 第三章

# 退休制度的分类建立

1958年以后到改革开放前,我国经历了"大跃进"、精减职工以及"文化大革命"三个阶段。在这一特殊时期,退休制度的建设和运行受到了很大的影响。

## 第一节 退休制度的发展脉络

在这一时期,我国先后建立了工人、职员统一的退休和退职制度,精减时期的退休和退职制度,轻工业、手工业职工、社员的退休和退职制度,并探索建立了老干部离职休养制度。

### 一 建立工人职员统一的退休制度

1957年11月16日,全国人民代表大会常务委员会第八十五次会议决议原则批准,国务院全体会议于1958年2月6日修改通过,2月9日,国务院总理周恩来公布施行《国务院关于工人、职员退休处理的暂行规定》(以下简称《退休处理暂行规定》)。这是我国首次把国营、公私合营的企业、事业单位和国家机关、人民团体的工人和干部的退休统一在同一个制度中。该退休规定比以往任何退休条例或办法,都较为全面,较为合乎中国当时的国情。[①] 同年4月29日,国务院出台了《国务院关于工人、职员退休处理的暂行规定实施细则(草案)》(以下简称《退休处理实施

---

① 张志坚、苏玉堂:《当代中国的人事管理(上)》,当代中国出版社1994年版,第496页。

细则》),对退休相关具体问题进行了规定。退休相关规定的颁布施行,使我国干部职工的退休工作开始走上制度化轨道。

《工人、职员退休处理暂行规定》规定同样适用于学校的教员、职员、工人、供销合作社的工人、职员和在军队中的无军籍的工人、职员,但是,不适用于手工合作社、运输合作社和未定息的公私合营企业的人员。

1958年4月29日,国务院颁布了《关于工人、职员退休处理的暂行规定实施细则》(草案),对适用范围作出明确的细化规定。

《工人、职员退休处理暂行规定》适用于下列单位的正式工人、职员:(1)企业单位,包括国营、公私合营的工业、交通运输、基本建设、商业等企业及其业务管理机关和附属单位;(2)事业单位,包括由国家预算等事业费开支的农业、林业、水利、地质、气象、测绘、文化、教育、卫生、科学、研究等单位;(3)国家机关,包括权力机关、行政机关、法院、检察院等及其附属单位;(4)人民团体,包括经费全部或者部分由国家补助的人民团体及其附属单位;(5)民主党派;此外,本规定同样适用于在军事系统工作而无军籍的工人、职员。

不适用的范围包括:手工业生产合作社、运输合作社、未定息的公私合营企业、民办学校、联合诊所,以及其他不是由国家经费开支的事业单位的工人、职员,不适用本规定。

可见,工人、职员统一的退休制度的适用范围包括单位限制和人员限制两个条件:对于单位条件而言,企业中并未包括所有的行业类型,事业单位中不包括非国家经费开支的事业单位;对于工人、职员而言,要求是正式的工人、职员。

## 二 实行精减时期的退休制度

1959年,由于经济工作失误和遭受重大自然灾害,国民经济遭受了严重困难。1960年,中央提出"调整、巩固、充实、提高"八字方针,对国民经济进行整顿。[1] 在这种背景下,国家机构开始精简人员和人员下放。同年9月3日,国务院副总理兼秘书长习仲勋在给中央的《关于中央

---

[1] 潘小娟:《中国政府改革七十年回顾与思考》,《中国行政管理》2019年第10期。

各部门机构编制情况和精简意见的报告》中指出，中央各部门机构臃肿、人浮于事、组织不纯、浪费人力的现象是十分惊人的……必须以革命的精神，大刀阔斧地精减。1961年6月22日，毛泽东主席在《给邓小平的信》中指出，"坚决精减，在全国范围内大为减少官僚主义，提高工作效率"①。

由于"大跃进"中许多企业要求增加职工，国家下放招工权力，放宽了招工政策，导致全国范围内增加职工过多过快。此外，1960年前后发生了严重的自然灾害，国家面临很大困难。为了克服困难，1961年6月28日，中共中央作出《关于精减职工工作若干问题的通知》。同时，为了处理全国精减职工和城镇人口工作的日常事务，随时向中央反映这方面的情况、问题，研究和提出解决问题的意见，1962年2月23日，中共中央决定成立以杨尚昆、习仲勋等八位同志组成的中央精减小组。在《中央精简小组关于各级国家机关、党派、人民团体精简的建议》中提出，"老弱病残人员，应当区别对待，合乎退休条件的，可以退休"。即把退休作为精减职工、处理老弱病残一种方式。

### 三　初建轻、手工业集体所有制企业退休制度

由于工人职员统一的退休制度并不适用于手工业合作社的职工、社员，为了妥善安排轻、手工业集体所有制企业中的年老、体弱、因工残废而丧失劳动能力的职工、社员的生活，参照国家有关规定，同时结合轻、手工业集体经济的特点，于1965年1月出台了《关于手工业厂、社职工、社员退休福利统筹办法（试行草案）》和《关于手工业厂、社职工、社员退职处理办法（实行草案）》。实行一年以来，根据各地的试点经验和试点中存在的问题进行了修改，第二轻工业部、全国手工业合作总社于1966年4月联合发布了《关于轻、手工业集体所有制企业职工、社员退休统筹暂行办法》的通知（以下简称《轻、手工业集体企业退休统筹办法》），对轻、手工业集体所有制企业职工、社员退休条件和退休待遇作出规定。该办法的适用范围是：尚未实行劳动保险的手工业合作工厂；手工业生产合作社；有条件的生产合作小组；供销生产合作社中集中生产的

---

① 《毛泽东文集》第八卷，人民出版社1999年版，第280页。

职工、社员。手工业供销生产合作社中分散生产的人员、供销合作小组以及手工业合作厂、社中的临时工、合同工不实行退休统筹。

### 四 建立工人职员统一的退职制度

马文瑞在《关于〈国务院关于工人职员退职处理的暂行规定（草案）〉的说明》中介绍了制定新的退职制度的历史背景。虽然政务院财政经济委员会于1952年年初发布试行的《国营企业工人、职员退职处理暂行办法（草案）》和国务院1955年年底发布的《国家机关工作人员退职处理暂行办法》对工人、职员的退职制度作出规定，但是由于这两个办法都未公开发布，广大职工并未充分了解相关规定；各单位对这项工作也不够重视，所以没有认真执行相关规定。另外，加之原办法的某些规定不尽恰当，规定的退职条件限制过严，退职的待遇标准又偏低，以致不少应该退职的职工，不能够或者不愿意退职。因此，急需要重新制定一个更加切合实际的、企业和机关统一执行的退职办法，适当地规定职工退职的条件和待遇标准，以利妥善地处理工人、职员的退职问题。[①]

在这种情况下，为了改进劳动组织，提高生产和工作效率以及妥善地处理工人、职员的退职问题，1958年3月7日，全国人民代表大会常务委员会第九十四次会议通过了《国务院关于工人职员退职处理的暂行规定（草案）》[以下简称《退职暂行规定（草案）》]。该草案适用范围是国营、公私合营的企业、事业单位和国家机关、人民团体的工人、职员，不适用于手工业生产合作社、运输合作社和未定息的公私合营企业的人员。

本草案从公布之日起施行，国务院发布的"国家机关工作人员退职处理暂行办法"和前政务院财政经济委员会颁发试行的"国营企业工人、职员退职处理暂行办法（草案）"及各地区、各部门过去发布的有关工人、职员退职的规定同时废止。但是，过去已经退职的人员，不再按本规定重新处理。

---

① 马文瑞：《关于"国务院关于工人职员退职处理的暂行规定（草案）"的说明》，《中华人民共和国国务院公报》1958年10月。

### 五 实行精减职工条件下的退职制度

1961年6月28日，中共中央颁布了《关于精减职工工作若干问题的通知》，规定某些1957年以前参加工作的老职工，如其因为年老体弱，自愿退休或退职的，也可以准许退休或退职。

1963年4月1日，国务院批转《劳动部、内务部、全国总工会关于安置和处理暂列编外的老、弱、残职工的意见》，对不符合退休又不能恢复工作的老、弱、残职工按照退职处理，并对退职待遇等作出规定。

### 六 建立轻、手工业集体企业职工、社员退职制度

由于工人、职员统一的退职制度中并未包括集体企业的职工，为了妥善处理职工、社员的退职问题，1965年1月，出台了《关于手工业厂、社职工、社员退职处理办法（实行草案）》，实行一年以来，根据各地的试点经验和试点中存在的问题进行了修改，第二轻工业部、全国手工业合作总社于1966年4月联合发布了《关于轻、手工业集体所有制企业职工、社员退职处理暂行办法》（以下简称《轻、手工业集体企业职工、社员退职办法》）。该办法对轻、手工业集体企业的职工、社员的退职条件、退职待遇和退职程序等作出规定。

### 七 探索建立老干部离职休养制度

中华人民共和国成立后，党和政府对那些为创建新中国立下丰功伟绩的老干部十分爱护。为了让其安度晚年，国家建立了离职休养制度。老干部离职休养制度是从"长期供养"逐步演变而来的，离休制度的产生晚于退休制度的建立。[①] 而且，在探索过程中，针对不同级别的老干部有不同的规定。

1958年6月4日，中共中央发布的《关于安排一部分老干部担任各种荣誉职务的通知》中首次提出因年老体衰担任实际工作确有困难的，可以采取调离现任工作、工资照发、长期供养的方法来处理。

---

[①] 张志坚、苏玉堂：《当代中国的人事管理（上）》，当代中国出版社1994年版，第498页。

1963年12月27日中共中央书记处会议决定：中央机关正副部长和省委书记、候补书记一级领导干部，凡是年老体衰或长期患病而不能担任实际领导工作的，应当按调离现职，采取离职休养、退休，担任荣誉职务等办法安排。

根据中央书记处决定的精神，1965年8月11日，中央组织部向中央、国家机关各部委下发了《关于安排年老体衰、长期患病的相当于地委副书记、专员以上干部的暂行规定（草案）》［以下简称《暂行规定（草案）》］，规定中央机关副部长、省委候补书记、副省长以上的干部，1942年底以前参加革命工作的县委副书记、县长以上的干部，1937年6月底以前参加革命工作的其他干部，凡年老体衰或因病基本丧失了工作能力的，可以退休，也可以调离现职，另列编制，长期供养或免（离）职休养。

## 第二节　退休条件

这一时期的退休条件分为退休制度、退职制度和离休制度多种退休条件。不同的退休制度，由于制度适用范围不同，影响退休条件的因素也存在明显差异。

### 一　工人职员统一的退休条件

新中国第一任劳动部部长马文瑞在《国务院关于工人职员退休处理的暂行规定（草案）的说明》中明确阐述了制定新的退休制度的历史背景。他指出："截至1956年年底，企业职工退休了约6.2万人，国家机关的工作人员退休了约1000人。由于现行的退休规定某些条件限制严了一些，有些待遇的标准不够适当，因而目前还有相当大的一部分年老的和身体衰弱丧失劳动能力的职工不能够或者不愿意退休。这些人员实际上已经不能从事生产和工作，勉强留在原单位里，对于国家和他们本人都很不相宜。在这种情况下，制定工人职员退休处理的暂行规定，目的就是要对现行条例和办法中的退休的条件和退休以后的待遇作某些改变，以便使那些应该退休的职工能够退休。这样，既可以妥善地安置这一部分职工，又有利于精简机构，提高生产和工作效率；还能够节约经费开支，用来多吸收一些青年学徒，便于安排劳动就业。"①

可见，在这种背景下，退休制度是为了提高生产和工作效率，使那些该退休的职工能够退休，把退休问题与就业问题结合起来。因此，退休条件规定得相对宽松。

《退休处理暂行规定》明确退休条件包括性别、年龄、一般工龄和连续工龄四个因素。

国营、公私合营的企业、事业单位和国家机关、人民团体的工人、职员，符合下列条件之一的，应该退休：（1）男满六十周岁，连续工龄满五年，一般工龄满二十年；女年满六十周岁，连续工龄满五年，一般工龄满十五年；（2）从事井下、高空、高温、特别繁重体力劳动或者其他有损身体健康工作②的工人、职员，男年满五十五周岁、女年满四十五周岁，其连续工龄和一般工龄又符合本条（1）项规定的；（3）男年满五十周岁、女年满四十五周岁，连续工龄满五年，一般工龄满十五年，身体衰弱丧失劳动能力，经过劳动鉴定委员会确定或者医生证明不能继续工作的；（4）连续工龄满五年，一般工龄满二十五年，身体衰弱丧失劳动能力，经过劳动鉴定委员会确定或者医生证明不能继续工作的；（5）专职从事革命工作满二十年的工作人员③，因身体衰弱不能继续工作而自愿退休的。

可见，新规定的退休条件中"一般工龄"的年限比"劳动保险条例"中的规定减少了五年；比"劳动保险条例"增加了"男年满五十周岁、女年满四十五周岁的工人、职员，连续工龄满五年，一般工龄满十年，身

---

① 马文瑞：《关于"国务院关于工人职员退休处理的暂行规定（草案）"的说明》，《人民日报》1957年11月21日。

② 《国务院关于工人、职员退休处理的暂行规定实施细则（草案）》明确，从事高空、特别繁重体力劳动的工作范围和工种名称，由中央各主管部门会同卫生部门和有关产业工会全国委员会提出，经中华人民共和国劳动部同意后实行。

③ 《国务院关于工人、职员退休处理的暂行规定实施细则（草案）》对"专职从事革命工作"的人员进行界定，对于全国解放以前参加革命工作的，是指下列人员：（1）在中国共产党机关工作以及接受党的任务以社会职业为掩护而实际从事革命工作的人员；（2）在革命根据地和解放区人民政权机关及其所属企业、事业单位中工作的人员；（3）在革命军队及其附属单位中工作的人员；（4）在革命根据地和解放区人民团体中工作的人员；（5）在民主党派的机关工作以及以社会职业为掩护而实际从事民主革命工作的民主党派成员和无党派民主人士。

体衰弱丧失劳动能力,经过医生证明不能继续工作的,应该退休"的规定。

《退休处理暂行规定》还明确,工人、职员因工残废,经过劳动鉴定委员会确定或者医生证明完全丧失劳动能力的,也应该退休。

相较于"国家机关工作人员退休处理暂行办法"的规定,有放宽处,也有稍严处。在一般工龄方面,同样减少了五年。国家机关退休办法中规定凡是因劳致疾丧失工作能力的工作人员,只要工作年限("工作年限"的含义和新规定的"连续工龄"相同)满十年,不论年龄多大,就可以退休,而新规定对于这种情况的工作人员还要求必须男年满五十周岁、女年满四十五周岁才可以退休。

## 二 精减时期符合特定条件按退休安置

1962年5月27日,中共中央、国务院作出《关于进一步精减职工和减少城镇人口的决定》,对全国精减职工人数作出了具体规定[①],明确精减职工的工作必须与国民经济各部门的调整和企业、事业、机关机构的裁并结合起来进行。精减下来的老、弱、残职工,应当采取退休、退职、救济、列为编外人员等办法进行妥善安置。

为顺利地进行国民经济调整工作和圆满完成精减职工任务,保证精减下来的职工各得其所,6月1日,国务院制定《关于精减职工安置办法的若干规定》(简称《精减职工规定》),提出对精减下来的老、弱、残职工,凡是合乎退休条件的,按照1958年2月公布施行的《国务院关于工人、职员退休处理的暂行规定》作退休安置。

## 三 轻、手工业集体企业职工、社员的退休条件

轻、手工业集体企业职工、社员的退休条件包括性别、年龄、连续工龄、一般工龄、工作条件和身体状况。

---

① 《中共中央国务院关于进一步精减职工和减少城镇人口的决定》不仅提出全国职工人数的控制线,而且规定了各部门的精减职工指标。全国职工人数应当在1961年年末4170万人的基础上,再减少1056万—1072万人。分部门的指标为:工业减少500万人;基本建设减少230万人;交通运输邮电减少40万人;农林减少50万人;财贸减少80万人;文教卫生减少60万人;城市公用事业减少2万人;国家机关和党派团体减少94万—110万人。

《轻、手工业集体企业退休统筹办法》规定，职工、社员年老体弱，全部或部分丧失劳动能，并不能继续从事原职生产或工作，在本单位又无其他轻便工作可以安排，并且符合下列条件之一的，可以实行退休，享受退休补助：（1）男性年满六十周岁，女性年满五十周岁（女职员年满五十五周岁），连续工龄满八年，一般工龄满二十年（女性满十五年）的；（2）从事井下、高空、高温、有害身体健康或特别繁重的体力劳动，男性年满五十五周岁，女性年满四十五周岁，连续工龄满八年，一般工龄满二十年（女性满十五年）的；（3）男年满五十周岁；女年满四十五周岁的职工、社员，连续工龄满八年，一般工龄满十五年，身体衰弱丧失劳动能力，经过鉴定证明，不能继续工作的；（4）连续工龄满八年，一般工龄满二十五年的职工、社员，身体衰弱丧失劳动能力，经过鉴定证明，不能继续工作的。

由于轻、手工业集体企业中，几年来积留的老、弱、病、残人员较多，因此，特别提出在退休掌握上应注意几点：（1）处理退休时，一方面要把符合退休条件的人有计划地妥善处理；另一方面，也要根据退休统筹基金的情况，量入为出。（2）凡是因年老体弱、部分丧失劳动能力，但尚能从事轻便工作的，根据自愿原则，安排他们从事轻便劳动，不要勉强动员退休。（3）对于一些具有独特技艺的老艺人和掌握关键技术的老技工，如果不是全部丧失劳动能力，应根据自愿和他们力所能及的原则，安排他们从事技术指导和产品检验等工作。[①]

### 四 工人职员统一的退职条件

这一时期规定退职条件通常需要考虑身体情况、工作安排、是否自愿和工龄因素，并没有明确规定退职所需的年龄条件。《退职暂行规定（草案）》的退职条件是：国营、公私合营的企业、事业单位和国家机关、人民团体的工人、职员，符合下列情况之一的，按照退职处理：

（1）年老体衰，经劳动鉴定委员会或者医师证明不能继续从事原职工作，在本企业、机关内部确实无轻便工作可分配，而又不合退休条件的；

（2）本人自愿退职，其退职对于本单位的生产或工作并无妨碍的；

---

① 曹志：《各国公职人员退休退职制度》，中国劳动出版社1990年版，第269页。

（3）连续工龄不满三年，因病或非因工负伤而停止工作的时间满一年的；

（4）录用六个月以内发现原来有严重慢性疾病，不能坚持工作的。

当时的劳动部部长马文瑞在《关于〈国务院关于工人职员退职处理的暂行规定（草案）〉的说明》中指出，需要作退职处理的是属于如下几种情况的职工：

一种情况是年老体衰，经劳动鉴定委员会或者医师证明不能继续从事原来的工作，在本企业、机关确实无轻便工作可分配，又不合退休条件的。这类职工一般是工龄短、条件不够享受退休待遇的。但是这些职工实际上已经不能继续从事工作，如果仍然留在生产或工作岗位上，不但对于精简和健全机构、提高生产、工作效率不利，对他们本人的身体也很不相宜。

另一种情况是本人自愿退职，而其退职对于本单位的生产或工作并无妨碍的。这类职工的自愿退职，或者因为本人的条件不适宜于现任工作，或者愿意从其他方面另谋工作（例如回乡从事农业生产），或者因为家庭需要愿意回家从事家务劳动，只要生产或者工作上离得开，就可以退职。但是，个别生产或工作上离不开的职工，如果不顾整体利益，为了个人目的而强求离职的话，应该以辞职或者自动离职论，不能按照退职处理，不得享受本规定的待遇。为了巩固劳动纪律，这样一种限制是必要的。

再一种情况是工作时间不久（连续工龄不满三年），因病或者非因工负伤长期（一年以上）停止工作的。这类职工对生产或工作的贡献还不多，但是给所在单位带来的负担却很重，在本单位已经负责治疗一年多而仍然不能恢复健康参加工作的时候，是应该按照退职处理的。否则，要所在单位更长期地包下来，那是不合理的。

还有一种情况是新参加工作的职工，由于录用的时候体格检查不严，在到职初期（六个月以内）发现原来患有严重慢性疾病，不能坚持工作的，也应该按照退职处理。如果把这类职工勉强留在企业、机关里，于公于私都是不适当的。[1]

---

[1] 马文瑞：《关于〈国务院关于工人职员退职处理的暂行规定（草案）〉的说明》，《中华人民共和国国务院公报》1958年10月。

可见，当时出台的退职政策是兼顾国家整体利益和职工个人利益，从当时的经济社会条件出发，符合从6亿人口出发而统筹兼顾、适当安排的。

### 五 精减职工条件下的退职条件

1961年，《中共中央关于精减职工工作若干问题的通知》规定，某些1957年以前参加工作的老职工，如其因为年老体弱，自愿退休或退职的，也可以准许退休或退职。

《精减职工规定》规定，精减下来的老、弱、残职工，全部或者大部分丧失劳动能力、不合乎退休条件的老、弱、残职工，可以作退职处理。

《中央精简小组关于〈国务院关于精减职工安置办法的若干规定〉的问题解答》对"老""弱""残"进行了解释。全部或者大部分丧失劳动能力的、不合乎退休条件的老、弱、残职工中的"老"职工，指年龄符合退休条件而工龄不符合退休条件的职工；"弱"职工，指由于身体衰弱，不能从事原来工作，也不能胜任轻便工作，年龄、工龄又不够退休条件的职工；"残"职工，指因病或非因工负伤致残，全部或大部分丧失劳动能力，不能胜任原来工作或轻便工作，而又不符合退休条件的职工。[①]

1963年4月1日，国务院批转《劳动部、内务部、全国总工会关于安置和处理暂列编外的老、弱、残职工的意见》对不符合退休条件又不能恢复工作的老、残、弱职工，本人自愿退职的，可以按照1958年3月《国务院关于工人、职员退职处理的暂行规定（草案）》作退职处理。

### 六 轻、手工业集体企业职工、社员退职条件

轻、手工业集体所有制企业的职工、社员的退职条件包括身体条件和工龄条件。职工、社员（不包括学徒工、临时工、合同工和加工性的季节工）符合下列情况之一，可以做退职处理：

（1）职工、社员年老、体弱、全部或部分丧失劳动能力，经过鉴定，证明不能继续从事原职工作，在本企业既无轻便工作可以安排，又不符合退休条件的；

（2）参加轻、手工业合作厂、社后，在一年以内，发现原来有慢性

---

[①] 曹志：《中华人民共和国人事制度概要》，北京大学出版社1986年版，第365—366页。

疾病，不能坚持工作的。

### 七　老干部离职休养条件

（一）符合条件的县委部长以下的干部实行长期供养

1958 年 6 月 4 日，中共中央发布的《关于安排一部分老干部担任各种荣誉职务的通知》，规定安排荣誉职务的干部必须是在 1942 年以前参加革命工作的县委部长以上的干部（包括地专以上机关科长以上的干部及事业、企业中担任相当职务的干部），或者是 1945 年以前参加革命工作的营级以上的军队干部，对党忠实、思想健康，在群众中有一定影响的。荣誉职务可以设在协商机关、咨询机关、各种社会公益事业、某些社会团体和经济、文化机关中。

可见，担任荣誉职务是后来"退居二线"中担任荣誉职务制度的雏形。担任荣誉职务除了要求具备的职务要求、"由于年龄和身体关系不能继续担负繁重的工作任务"的身体状况以外，还提出了"思想作风好"的政治要求。文件提出，对于那些在思想作风方面有很多问题、严重脱离人民群众的老干部，不应该安排他们担任荣誉职务，以免造成不良的影响。在安排担任荣誉职务的老干部人数和安排上还明确提出：担任荣誉职务的干部人数不宜过多，并且应该根据不同的情况作不同的具体安排。

《关于安排一部分老干部担任各种荣誉职务的通知》规定："第二次国内革命战争期间及在这以前参加革命的老同志，现在做县委部长以下的工作，思想作风比较好，但是因年老体衰担任实际工作确有困难的，可以采取调离现任工作、工资照发、长期供养的方法来处理。其中，还能做一些轻微工作的，应该尽可能分配他们做一些他们能够胜任的工作。"这是离职休养制度的缘起。

可见，对一部分县委部长以下的老干部可以采取调离现任工作、工资照发、长期供养，其不同于担任荣誉职务。而且，对老干部离职休养是"可以"，即选择性的措施，不是强制性的。离职休养的待遇是"工资照发、长期供养"。

（二）探索建立中央部长级和地方省长级领导离休制度

根据 1963 年 12 月 27 日中共中央书记处会议决定：中央机关正副部长和省委书记、候补书记一级领导干部，凡是年老体衰或长期患病而不能担任实际领导工作的,应当调离现职,采取离职休养、退休,担任荣誉职务等办法安排。从此,在中央部长级和地方省长级领导干部中率先实行离职休养。①

对比1958年的离职休养制度,这一时期离职休养条件为"中央机关正副部长和省委书记、候补书记一级的领导干部"以及"年老体衰或长期患病而不能担任实际领导工作",取消了"思想作风好"的政治要求;对于离职休养是"应当调离现职",即具有强制性。在安排方式上"采取离职休养、退休,担任荣誉职务等办法安排"。②

这一时期正副部长和省委书记、候补书记一级领导干部的离休待遇是"离职后,原来的一切政治、生活待遇不变"。

(三) 探索建立地委副书记、专员以上干部离休制度

根据中央书记处决定的精神,1965年8月11日,中央组织部向中央、国家机关各部委下发了《关于安排年老体衰、长期患病的相当于地委副书记、专员以上干部的暂行规定(草案)》[以下简称《暂行规定(草案)》],规定中央机关副部长、省委候补书记、副省长以上的干部,1942年底以前参加革命工作的县委副书记、县长以上的干部,1937年6月底以前参加革命工作的其他干部,凡年老体衰或因病基本丧失了工作能力的,可以退休,也可以调离现职,另列编制,长期供养或免(离)职休养。免职休养的,在疾病痊愈可恢复工作时,另行分配工作;如果病情恶化,或基本丧失了工作能力,按退休、长期供养等办法安排。这个草案规定的离休范围有所扩大,当时已在少数部委进行试点,但后来并没有普遍实行。

相比前两次以《通知》和会议的方式对离职休养作出规定,本次以正式草案的方式提出离职休养,更具有制度化意义。离职休养条件以参加革命的不同时间和职务为标准,为建立正式的离休制度奠定了制度基础。在安置方式上,也更具有选择性:既"可以退休","也可以调离现职,另列编制,长期供养或免(离)职休养"。

---

① 张志坚、苏玉堂:《当代中国的人事管理(上)》,当代中国出版社1994年版,第499页。
② 从这一表述上可见,离职休养与退休是属于同一类别的安排方式;但是与担任荣誉职务不是同一种安排方式。

在生活待遇上，1965年《暂行规定（草案）》规定，离休干部生活待遇不变。

## 第三节　退休待遇

### 一　工人职员统一退休待遇

这一时期工人职员的退休待遇包括退休金待遇、医疗待遇和其他待遇。而且，《退休处理暂行规定实施细则》明确，退休人员无论是否为工会会员，一律按照本规定享受各项退休待遇。

（一）退休金

1. 退休金的基数

《退休处理暂行规定》规定的退休金的基数是退休前"本人工资"。本人工资，是指工人、职员退休前最后一个月的计时工资标准。凡在本规定发布以前已经具备本规定第二条所列退休条件的工人、职员，在当时并未退休而只调任轻便工作并且降低工资的，按照调动工作前最后一个月的计时工资标准计算；如果在具备退休条件以后的期间内调动工作不止一次的，按照第一次调动工作前最后一个月的计时工资标准计算。

《退休处理暂行规定实施细则》对"本人工资"构成作出详细解释。本规定所指的"本人工资"，包括本人原来享受的地区生活补贴和因工残废补助费在内；但是，不包括保留工资以及其他各种津贴。个别地区不包括保留工资有特殊困难的，可以采取过渡办法逐步达到取消。原来享受地区生活补贴的工人、职员退休后，到没有地区生活补贴的地方居住的，计算"本人工资"时不包括地区生活补贴在内；反之，从没有地区生活补贴的地方到有生活补贴的地方居住的，计算本人工资时应包括地区生活补贴在内。

《退休处理暂行规定实施细则》还对实行其他工资制度的"本人工资"计算方式作出规定。实行计件工资制的工人、职员，其"本人工资"的计算方法，有工资标准的，按照计时工资标准计算；没有工资标准的，按照其退休前最后一年的月平均工资计算。实行提成制人员的"本人工资"，也是按照其退休前最后一年的月平均工资计算。

《退休处理暂行规定实施细则》规定，同时适用两种或者两种以上退休费标准的退休人员,可由本人自行选择其中的一种标准享受待遇。

2. 退休金的金额

退休金的金额与退休人员退休前的工资、连续工龄长短直接相关,退休金金额在40%—70%之间。《退休处理暂行规定》明确,工人、职员退休以后,按月发给退休费,直至本人去世时为止。符合本规定第二条前(1)(2)项条件的工人、职员,连续工龄在五年以上不满十年的,为本人工资的50%;十年以上不满十五年的,为本人工资的60%;十五年以上的,为本人工资的70%;符合本规定第二条(3)(4)两项条件的工人、职员,连续工龄在五年以上不满十年的,为本人工资的40%;十年以上不满十五年的,为本人工资的50%;十五年以上的,为本人工资的60%;符合本规定第二条(5)项条件的工作人员,为本人工资的70%。[1]

3. 特殊贡献享受优待

《退休处理暂行规定》明确规定,对于社会有特殊贡献的工人、职员的退休费,可以酌情高于本条(1)(2)(3)三项的标准,但是提高幅度最高不得超过本人工资的15%,并且必须经过上级主管机关批准。即,有特殊贡献的工人、职员退休后,最高工资不超过本人工资的85%。

《退休处理实施细则》对于有特殊贡献的工人职员作出详细规定,包括下列人员:获得全国劳动英雄、劳动模范称号,在退休时仍然保持其荣誉的人员;根据"中华人民共和国授予中国人民解放军在中国人民革命战争时期有功人员的勋章、奖章条例"获得勋章的或者符合获得勋章条件的转业军人和复员军人;专职从事革命工作满二十年的工作人员;国务院或者省、自治区、直辖市人民委员会认为有显著贡献的从事科学技术和文化教育工作在二十年以上的人员。

---

[1] 注:本条规定的(1)(2)(3)(4)(5)规定的退休条件为:(1)男年满六十周岁,连续工龄满五年,一般工龄满二十年;女年满六十周岁,连续工龄满五年,一般工龄满十五年;(2)从事井下、高空、高温、特别繁重体力劳动或者其他有损身体健康工作的工人、职员,男年满五十五周岁、女年满四十五周岁,其连续工龄和一般工龄又符合本条(1)项规定的;(3)男年满五十周岁、女年满四十五周岁,连续工龄满五年,一般工龄满十五年,身体衰弱丧失劳动能力,经过劳动鉴定委员会确定或者医生证明不能继续工作的;(4)连续工龄满五年,一般工龄满二十五年,身体衰弱丧失劳动能力,经过劳动鉴定委员会确定或者医生证明不能继续工作的;(5)专职从事革命工作满二十年的工作人员,因身体衰弱不能继续工作而自愿退休的。

《退休处理实施细则》还对社会有特殊贡献的工人、职员退休费标准的批准机关分类作出了规定。在企业单位为省、自治区、直辖市人民委员会；在事业单位、国家机关、人民团体、民主党派和军事系统，中央单位为所属中央主管机关，地方单位为省、自治区、直辖市人民委员会。

4. 向因工残废人员倾斜

《退休处理暂行规定》明确工人、职员因工残废人员的退休待遇，经过劳动鉴定委员会确定或者医生证明完全丧失劳动能力的，也应该退休。在退休待遇上，根据所在单位是否实行劳动保险以及退休人员饮食起居是否需要人扶助作出不同的规定。

工人、职员因工残废人员退休后的待遇，在实行劳动保险条例的企业单位，仍然按照劳动保险条例的有关规定办理；在没有实行劳动保险条例的企业、机关，其退休费，饮食起居需人扶助的，按月发给本人工资的75%，饮食起居不需人扶助的，按月发给本人工资的60%，直至本人去世的时候为止，其中对于社会有特殊贡献的，同样享受本规定第四条（四）项的待遇。

如果因工残废完全丧失劳动能力的工人、职员符合本规定第二条（一）（二）（五）项条件，并且其应该领取的退休费的标准高于本条前款规定按月发给本人工资的60%的时候，其退休费应该按照本规定第四条的规定发给。

5. 连续工龄的计算

本规定所说的连续工龄的计算办法：企业的工人、职员按照《劳动保险条例实施细则修正草案》计算本企业工龄的规定办理；事业单位、国家机关和人民团体的工作人员按照《国务院关于处理国家机关工作人员退职退休时计算工作年限的暂行规定》办理。

6. 对在职养老补助费分别不同情况处理

《退休处理暂行规定》明确，符合本规定第二条（一）（二）两项条件的工人、职员，如果因为工作需要，企业、机关可以继续留用。在本规定发布以后留用的这种工人、职员，都不加发在职养老补助费。即，取消了"劳动保险条例"规定的相当于本人工资10%—20%的在职养老补助费。"在职养老补助费的规定，现在看来是不合理的，特别是这一规定使得有些到达退休年龄的职工不愿意退休，因此应该取消。"①

但是，《退休处理暂行规定》明确在本规定发布前留用的这种工人、职员，如果今后仍然需要继续留用，其原来领取的在职养老补助费可以照旧发给。

可见，一般年老退休人员的退休费与"劳动保险条例"规定相同；对于有特殊贡献的人员的优惠待遇，新规定为可以增加不超过本人工资的15%，比"劳动保险条件"的规定高了5%。退休费标准比之"国家机关工作人员退休处理暂行办法"的规定（本人工资的50%—80%），对于少数人来说，是稍微降低了一点；对于有特殊贡献的人员的优惠待遇也由"可以酌量提高"改变为"不超过本人工资的15%"。为了和企业单位待遇一致，免得相互影响。②

《退休处理实施细则》还明确规定了退休费的发放起止时间。工人、职员退休的时候，退休当月的工资照发，从下月起停发工资，改发退休费。退休人员去世后，从去世次月起停发退休费。

（二）医疗待遇

《退休处理暂行规定》退休人员本人，可以享受与他所居住的地方的国家机关工作人员相同的公费医疗待遇。医药费按照企业、机关现行的办法报销。

《退休处理实施细则》对医疗待遇中的伙食费、路费不同情况分别作出规定。退休人员因病住医院的伙食费和就医路费，由本人自理。但是因工残废的退休人员，因为旧伤复发而住院的伙食费和经当地公立医疗机构证明须赴外地就医的路费，可以由负责发给退休费的单位给予二分之一的补助费。

（三）其他待遇

其他待遇包括车船费、行李搬运费、伙食补助费、丧葬补助费和直系亲属抚恤费等。

---

① 马文瑞：《关于〈国务院关于工人职员退休处理的暂行规定（草案）〉的说明》，《人民日报》1957年11月21日。

② 马文瑞：《关于〈国务院关于工人职员退休处理的暂行规定（草案）〉的说明》，《人民日报》1957年11月21日。

1. 车船费、行李费

《退休处理暂行规定》明确，工人、职员退休的时候，本人和他们的供养直系亲属前往居住地点途中所需用的车船费、旅馆费、行李搬运费和伙食补助费，都按照本单位现行的行政经费开支的规定办理。

《退休处理实施细则》对退休后前往居住地享受车旅费的时间作出了限制。工人、职员退休后，在六个月以内前往居住地点的，其所需的车、旅等费用，由所在单位按照本规定第六条发给；在退休满六个月以后前往居住地点或者安家以后再次迁移居住地点等，都不发给车旅等费用。

2. 丧葬补助费

《退休处理暂行规定》明确，退休人员去世以后，一次发给50—100元的丧葬补助费。

《退休处理实施细则》规定，退休人员去世以后的丧葬补助费，由发给退休费的单位根据实际情况在50—100元的范围内酌予发给。

可见，草案规定的退休人员去世以后的丧葬补助费，为相当于本人二至三个月的退休费的总额。这比《劳动保险条例》的规定（相当于两个月的企业平均工资的总额）和《国家机关工作人员退休处理暂行办法》的规定（相当于本人三个月的退休费的总额）都略低。

3. 直系亲属抚恤费

《退休处理暂行规定》明确，根据他供养的直系亲属人数的多少，一次发给相当于本人六至九个月的退休费总额的亲属抚恤费。

《退休处理实施细则》细化了亲属抚恤费的发放规则。退休人员去世以后的供养直系亲属抚恤费，根据供养直系亲属的多少由发给退休费的单位发放。有供养直系亲属一人的，为死者六个月的退休费总额；有供养直系亲属两人的，为死者七个半月的退休费总额；有供养直系亲属三人及三人以上的，为死者九个月的退休费总额。没有供养直系亲属的不发。

可见，关于亲属抚恤费《国家机关工作人员退休处理暂行办法》中没有规定，新规定的标准比"劳动保险条例"的规定（相当于六至十二个月的本人工资的总额）稍低。

为了节约和待遇统一，这两项费用[①]稍予降低是可以的。总的看来，

---

[①] 两项费用是指丧葬费和亲属抚恤费。

新规定的退休之后的待遇和现行的规定出入不大。这里既要考虑力求节约，又要考虑能够使应该退休的职工乐于退休。①

（四）经费渠道

退休人员的各项经费来源差异较大，包括劳动保险基金、企业行政费用、民政部门预算等多种渠道。

《退休处理暂行规定》明确，发给的各项费用，在实行劳动保险的企业单位，退休费、丧葬补助费和亲属抚恤费，由劳动保险基金中支付，如果本单位的劳动保险基金不敷开支，可以在本省、自治区、直辖市或者本产业系统内进行调剂，仍然不足的时候，差额部分由本单位行政支付。在没有实行劳动保险的企业单位，上述各项费用全部由企业行政支付；在事业单位、国家机关和人民团体，全部由退休人员居住地方的县级民政部门另列预算支付。

《退休处理实施细则》对退休费开支按照企业不同情况分类作出规定。实行劳动保险条例的企业单位的退休费用的开支和调剂，按照中华全国总工会的有关规定办理。没有实行劳动保险条例的企业单位的退休人员的退休费用，由企业行政按照本规定直接支付。事业单位、国家机关、人民团体、民主党派和军事系统的退休人员退休当年的退休费用，由原单位在办理退休手续时一次性拨给退休人员居住地点的县（市）、市辖区的民政部门，从下一年起，其退休费用由民政部门列入预算。

工人、职员退休以后，如果原单位撤销或者合并，其退休费、医疗费、丧葬补助费和亲属抚恤费等费用的支付，按照以下规定办理：实行《劳动保险条例》的企业单位撤销后，由退休人员居住地的省、自治区、直辖市工会联合会或者产业工会全国委员会在劳动保险基金的调剂金中继续发给；如果是合并，由合并后的单位继续发给。没有实行《劳动保险条例》的企业单位撤销后，由其上一级主管单位发给，如果上一级主管单位不是企业单位，则由退休人员居住地点的县（市）、市辖区的民政部门发给，如果是合并，也由合并后的单位继续发给。

---

① 马文瑞:《关于〈国务院关于工人职员退休处理的暂行规定（草案）〉的说明》,《人民日报》1957年11月21日。

## 二　精减时期的退休待遇

在精减时期退休待遇中，除了通常的经济待遇以外，还首次提出政治待遇的内容，并对政治生活的形式作出规定。

### （一）政治待遇

《中共中央关于国家机关和企业事业单位精减干部的安置处理办法的补充规定》明确，合乎退休、退职条件的干部，应当按照退休、退职的规定处理。对退休的干部，安置以后，仍然应当从政治上和生活上关心他们。在政治生活方面，可以按照个人的具体情况和条件，吸收他们听必要的报告，阅读一定的文件，并且可以与原在的国家机关、企业和事业单位保持一定的联系。

### （二）生活待遇

《中共中央关于精减职工工作若干问题的通知》规定，精减1957年以前参加工作的职工，按照退休、退职办法处理。

《精减职工规定》中提出，凡是合乎退休条件的，按照1958年2月公布施行的《国务院关于工人、职员退休处理的暂行规定》作退休安置。职工退休后，在三个月内依其原来的口粮定量标准供应。对于退休职工生活用工业品的供应，实行当地在职职工的供应标准。

### （三）经费渠道

《中共中央关于精减职工工作若干问题的通知》规定，生产补助费和车旅费、途中伙食补助费，由各单位开支后，列入财务决算报销，国家财政不另拨专款。少数亏损企业没有钱开支这笔费用的，可以暂向银行贷款垫支，然后由财政上照数归还给银行。可见，精减时期发生退休相关费用也是由企业独自承担，职工的退休保障的性质是企业保障。

## 三　轻、手工业集体企业职工、社员的退休待遇

《轻、手工业集体企业退休统筹办法》规定的退休待遇包括退休补助费、医疗补助费、埋葬费、直系亲属抚恤费和吸收参加劳动等。

### （一）退休补助费

1. 退休补助费的基数

轻、手工业集体企业职工、社员的退休补助费以退休前的本人工资为

基数。本办法说的本人工资,是指职工、社员退休或死亡前最后一个月的计时工资标准(即基本工资),不得按照实得工资计算。如果职工退休或死亡前确因年老体弱,调做轻便工作而降低工资的,应该按照调动工作前本人最后一个月的工资计算;如果调动工作不止一次的,按照第一次调动工作前本人最后一个月的工资计算。

2. 退休补助费的金额

《轻、手工业集体企业退休办法》规定的退休补助费的金额与退休前本人工资的高低、工龄的长短直接相关,金额为本人工资的40%—65%,低于工人、职员的40%—70%的退休金水平。

符合退休条件(1)(2)两项的[①],退休补助费为本人工资的45%—65%;符合(3)(4)两项的[②],退休补助费为本人工资的40%—60%。

而且,为了有利于缩小差别,县以下企业的退休费,可以略低于本办法规定的标准实行。

按照上述规定的标准,发给职工、社员的退休补助费,如果低于当地民政部门规定的困难救济费水平时,可以补足到当地困难救济费水平。可见,集体企业职工、社员的退休补助费整体水平还是偏低的。

3. 优待对社会有特殊贡献的职工、社员

职工、社员对社会有特殊贡献的,其退休补助费可以酌情高于部门的上述标准,但是对提高的限度作出规定,最高不得超过本人工资的10%,并且必须经过上级主管部门的批准。提高的限度低于工人、职员对社会有特殊贡献可以提高本人工资15%的水平。

4. 照顾因工残废人员

职工、社员因工残废,经过鉴定或者医生证明,完全丧失劳动能力的,应该退休,享受因工残废生活补助,直至本人死亡为止。补助费的标

---

[①] (1)男性年满六十周岁,女性年满五十周岁(女职员年满五十五周岁),连续工龄满八年,一般工龄满二十年(女性满十五年)的;(2)从事井下、高空、高温、有害身体健康或特别繁重的体力劳动,男性年满五十五周岁,女性年满四十五周岁,连续工龄满八年,一般工龄满二十年(女性满十五年)的。

[②] (3)男年满五十周岁;女年满四十五周岁的职工、社员,连续工龄满八年,一般工龄满十五年,身体衰弱丧失劳动能力,经过鉴定证明,不能继续工作的;(4)连续工龄满八年,一般工龄满二十五年的职工、社员,身体衰弱丧失劳动能力,经过鉴定证明,不能继续工作的。

准按照饮食起居是否需要人扶助，分别为本人工资的 60% 或 75%。如果对社会有特殊贡献的，同样享受提高标准的待遇。职工、社员因奋不顾身抢救阶级兄弟、国家财产、抢险等负伤致残，完全丧失劳动能力的，按月发给因工残废生活补助费的标准，可以酌情提高。

5. 工龄计算

一般工龄是指职工、社员以工资收入为生活资料的全部或主要来源的工作时间，一般工龄应包括本企业工龄在内。手工业独立劳动者在学徒期间、当帮工期间，以及做临时工期间，以工资收入为生活的主要来源，可以合并计算为一般工龄。

（二）医疗待遇

年老退休和因工残废退休的职工、社员，可以继续享受原企业单位的医疗补助待遇。

（三）其他待遇

其他待遇主要包括埋葬费、供养直系亲属抚恤费两项内容。

1. 埋葬费

职工、社员死亡后，由所在企业发给一定数量的埋葬费，但是尚未明确发放的标准。

2. 供养直系亲属抚恤费

退休人员死亡后，统筹单位应该根据其供养直系亲属人数的多少，一次性发给本人每月退休费二至三个月的直系亲属抚恤费。但是，如果职工、社员是因工死亡，则根据其供养直系亲属人数的多少是按月付给直系亲属抚恤费，数额为死者本人工资的 25%—50%，直至供养人失去供养条件时为止。

（四）吸收参加劳动

职工、社员因工死亡或因工残废完全丧失劳动能力，如其家居城市的直系亲属中有工作能力的人，而本企业又有需要时，应该优先吸收参加劳动。可见，优先吸收参加劳动的条件非常严格，要求同时具备三个条件：退休人员是"职工、社员因工死亡"或"因工残废完全丧失劳动能力"；对象是"直系亲属""家居城市""有劳动能力"；条件是"企业有需要"。

此外，在"轻、手工业集体企业退休办法"第五章有关几个问题的规定中提出，职工、社员退休后如果家庭生活有困难，其家居城市的子女又有工作能力，而本企业又有需要时，应该尽先予以安排。这里的照顾家庭有困难的退休人员，但同样强调了"家居城市""企业需要"，不同的是对象是"子女"，待遇是"尽先安排"。

（五）经费渠道

退休补助费由统筹单位按月付给，直到本人死亡时为止。统筹基金来源和提取数额根据不同的单位类型有所差异：（1）参加统筹的轻、手工业基层单位，每月按职工、社员工资总额提取 1.5% 的工资附加费；（2）参加统筹的手工业合作社，从年终盈余分配的福利基金中，提取 20%—30%；（3）参加统筹的轻、手工业合作工厂，从缴纳所得税后的利润总额中提取 2%—3%。

## 四 工人职员的退职待遇

《退职暂行规定（草案）》规定，工人职员退职后享受退职金以及退职后本人及其供养直系亲属前往居住地点途中所需用的车船费、行李搬运费、旅馆费和伙食补助费。

（一）退职金

《退职暂行规定（草案）》中退职人员的待遇是按照连续工龄时间长短发放不等的退职补助费。连续工龄时间越长，退职补助费越高，但是退职金有最高上限；适当照顾年老体衰和因病或因负工伤而退职的人员。

1. 退职金的基数

《退职暂行规定（草案）》首次对退职金的基数作出明确规定。退职金的基数是工人职员退休前的本人工资。这里的本人工资是指工人、职员退职前最后一个月的计时工资标准。凡在退职前确因年老体衰调做轻便工作而降低工资的，按照调动工作前最后一个月的计时工资标准计算；如果调动工作不止一次的，按照第一次调动工作前最后一个月的计时工资标准计算。

2. 退职金的金额

退职金的金额与本人工资的高低和连续工龄的长短直接相关。连续工龄不满一年的，发给一个月的本人工资；一年以上至十年的，每满一年，加发一个月的本人工资；十年以上的，从第十一年起，每满一年，加发一个半月的本人工资。但是退职补助费的总额，最高不得超过三十个月的本人工资。退职金实行一次性发放。

3. 鼓励退职的倾斜政策

《退职暂行规定（草案）》为了鼓励不适合继续工作的人退职，实行了一些倾斜政策。一是对于年老体衰，经劳动鉴定委员会或者医师证明不能继续从事原职工作，在本企业、机关内部确实无轻便工作可分配，而又不合退休条件的，其退职补助费除按本条规定发给外，另加发四个月的本人工资；二是对于连续工龄不满三年，因病或非因工负伤而停止工作的时间满一年的，其退职补助费除按本条规定发给外，另加发两个月的本人工资。

在职工退职待遇问题上，《退职暂行规定（草案）》既考虑了我国当时实际的经济情况，又同时照顾退职人员的切身待遇，此外，还与退休待遇进行了综合平衡。"本着尽可能地照顾退职人员的精神，根据我国人口多、底子穷、生产水平还相当低的实际情况，对于退职补助费作了适当的规定。退职补助费的最高额为三十个月的本人工资。这里所以要规定为三十个月，是因为能够领取这个数目的退职人员，须有二十三年连续工龄，而按照退休规定，一般工龄满二十五年、身体衰弱丧失劳动能力的，就可以退休，不按退职处理。"①

4. 连续工龄

《退职暂行规定（草案）》规定了不同性质单位连续工龄的计算办法。企业的工人、职员按照《劳动保险条例实施细则修正草案》计算本企业工龄的规定办理；事业单位、国家机关和人民团体的工作人员按照《国务院关于处理国家机关工作人员退职退休时计算工作年限的暂行规定》办理。

（二）其他待遇

《退职暂行规定（草案）》规定，工人、职员退职的时候，享受本人和他们的供养直系亲属前往居住地点途中所需用的车船费、行李搬运费、旅馆费和伙食补助费。

---

① 马文瑞：《关于〈国务院关于工人职员退职处理的暂行规定（草案）〉的说明》，《中华人民共和国国务院公报》1958 年 10 月。

### （三）经费渠道

《退职暂行规定（草案）》明确，按本规定发给退职工人、职员的各项费用，应该由所在企业、机关从本单位行政费项下开支。

### 五　精减时期的退职待遇

（一）退职费

精减时期退职职工退职费按照退职人员的家庭生活是否有依靠，在发放金额和发放方式上作出不同的规定。

1. 退职费的基数

《精减职工规定》明确，家庭生活有依靠的，按照《国务院关于工人、职员退职处理的暂行规定（草案）》发给退职补助费，即退职费的基数是退职金的基数是工人职员退休前的本人工资。

对于家庭生活无依靠的，不发给退职补助费，改由当地民政部门按月发给救济费，救济费的标准为本人原标准工资。

标准工资的范畴。1962年10月10日，内务部下发《关于家庭生活无依靠的退职老、弱、残职工救济工作中若干问题的解答》对救济费适用的"标准工资"作出规定。退职职工的原标准工资按照本人退职时所在工作地区的工资标准计算救济费。在计算本人原工资标准时，应包括本人原来享受的地区生活补贴在内。如果有的人从有生活补贴的地方退职到没有生活补贴的地方，应取消地区生活补贴；反之，从没有地区生活补贴的地方退职到有地区生活补贴的地方，应加上地区生活补贴。标准工资是否包括本人原来享受的保留工资和各项津贴，可参照本人退职时所在工作地区对退休职工的办法处理。由此可见，标准工资的参照系既有退职时所在地区、还包括退职后所在的地区，增加了平衡的复杂性。

1963年4月1日，国务院批转《劳动部、内务部、全国总工会关于安置和处理暂列编外的老、弱、残职工的意见》，按照退职处理的职工，对于家庭生活有依靠的，发给退职补助费。

2. 退职费的金额

《精减职工规定》明确，退职职工家庭生活有依靠的，按照《工人、职员退职处理的暂行规定（草案）》规定，退职费的总额，最高不得超过三十个月的本人工资。

但是对于家庭无依靠的，不发放退职费，而是发放救济费，水平为本人原标准工资的30%，作为本人的生活费用。他们的家属生活有困难的，另按照社会救济标准给予救济。

1963年4月1日，国务院批转《劳动部、内务部、全国总工会关于安置和处理暂列编外的老、弱、残职工的意见》的按照退职处理的职工，对于家庭生活无依靠的，不发给退职补助费和医疗补助费，发给救济费，救济费的标准为本人工资标准的40%（因病或非因公残废，饮食起居需人扶助的，为本人工资标准的50%），作为本人的生活费用，直到家庭生活有依靠的时候为止。过去按照本人工资标准30%处理的，改按本人工资标准的40%发给。

3. 退职费的发放方式

这时的退职费的发放经历了从分次发放到一次性发放的改变。退职职工应领的退职补助费不超过300元的，在精减的时候一次性发给；超过300元的，分为二年或者三年发给，具体办法由省、自治区、直辖市人民委员会规定。1962年1月1日以后精减的这类职工所领的补助费少于应领的退职补助的，其差额部分一律补发。

1962年2月1日，中共中央、国务院批转《五省精简安置巩固工作座谈会纪要》规定：凡是在精简时少发了退职费的，都应当由原单位核实后如数补发。原单位已经撤销的，由其原来的上一级主管单位补发。

1964年3月25日，中央精简小组颁布的《关于职工退职待遇等问题的通知》改变了前期退职补助费的发放方式，提出退职职工的退职补助费，应该一次性发给，不要再分期发给。

《精减职工规定》明确对于家庭无依靠的退职职工，领取救济费的方式是按月领取。

4. 救济费的扣还

1965年6月9日，国务院下发了《关于精减退职的老职工生活困难救济问题的通知》明确，退职的老弱残职工，享受救济以后，他们原来所领的一次性退职补助金，一般可以不再扣还；但对那些退职不久而所领取的退职补助金数额较大的，可以酌情扣还。

（二）医疗待遇

1962年10月10日，内务部下发了《关于家庭生活无依靠的退职老、弱、残职工救济工作中若干问题的解答》中对退职职工的医疗费待遇作出了规定。退职职工的医疗费可由民政部门根据指定的医疗机关的收费凭据，补助三分之二的医疗费，自己负担三分之一。对于个别自己负担三分之一医疗费确实还有困难的，可以另外给予临时救济。

1963年4月1日，国务院批转《劳动部、内务部、全国总工会关于安置和处理暂列编外的老、弱、残职工的意见》对于家庭生活有依靠的，另加发四至六个月本人标准工资，作为医疗补助费。按月领取救济费的退职职工，本人仍享受公费医疗待遇，由当地民政部门指定就医的医疗单位。

1965年6月9日，国务院颁布的《关于精简退职的老职工生活困难救济问题的通知》明确，对于从1961年到本通知下达之日期间精简退职的1957年年底以前参加工作并发给了一次性退职补助金的职工，凡是全部或者部分丧失劳动能力，或者年老体弱，或者长期患病影响劳动较大，而家庭生活无依靠的职工，本人的疾病医疗费用，如果本人负担确有困难的，民政部门可给予适当救济。

（三）其他待遇

《关于家庭生活无依靠的退职老、弱、残职工救济工作中若干问题的解答》规定，家庭生活无依靠的老、残、弱职工死亡后不发供养直系亲属抚恤费，可以发放丧葬补助费，标准是死者去世前四个月救济费的总额。

（四）经费渠道

《中共中央关于精简职工工作若干问题的通知》规定，职工本人及其随行的供养亲属回乡所需的车旅费及途中伙食补助费，由原工作单位按照现行规定的标准发给。

生产补助费和车旅费、途中伙食补助费，由各单位开支后，列入财务决算报销，国家财政不另拨专款。少数亏损企业没有钱开支这笔费用的，可以暂向银行贷款垫支，然后由财政上照数归还给银行。

## 六 轻、手工业集体企业职工、社员退职待遇

《轻、手工业集体企业职工、社员退职办法》规定，轻、手工业集体企业职工、社员退职待遇包括退职补助费、退职前往居住地点的差旅费、

行李搬运费、旅馆费和伙食补助费。

(一) 退职费

集体企业职工、社员退职补助费的多少与其本人工资、连续工龄和企业经济负担能力相关。

1. 退职费的基数

退职补助费的基数为本人工资。本办法所说的本人工资是指职工、社员退职前最后一个月的计时标准工资（即基本工资），并不能按实得工资计算。

如果退职前确因年老体弱、调做轻便工作而降低工资的，应该按调动前本人最后一个月的工资计算，如果调动工作不止一次的，应该按照第一次调动工作前本人最后一个月的工资计算。

2. 退职费的金额

手工业厂、社应该根据本企业的经济负担能力，以其工龄的长短，按照下列标准，酌情发给退职补助费。

(1) 连续工龄不满一年的，发给一个月的本人工资；

(2) 连续工龄一年以上的，每满一年，发一个月本人工资的 50%—90%；但是，退职补助费的总和，最多不超过二十个月的本人工资。

3. 对年老体弱退职职工进行倾斜

对于职工、社员年老、体弱、全部或部分丧失劳动能力，经过鉴定，证明不能继续从事原职工作，在本企业既无轻便工作可以安排，而又不符合退休条件的职工、社员退职时，另外加发三个月的本人工资。

4. 连续工龄计算

原受雇于手工业资本家或独立劳动者的手工业工人，随雇主一起参加手工业合作厂、社的，从受雇于最后一个雇主之日起计算连续工龄；原来自己独立从事生产的手工业独立劳动者，从参加合作厂、社之日起计算连续工龄；国家机关和全民所有制单位转让和调入的职工，未办理退职手续的，应该把调入或转入前的连续工龄合并计算。

连续工龄应该按周年计算、剩余的零数，满六个月不满一年的，按一年计算；六个月以内的，按半年计算。

(二) 其他待遇

《轻、手工业集体企业职工、社员退职办法》规定，退职时享受本人及供养的直系亲属在退职后三个月内、迁往居住地点所需的车船费、行李费、旅馆费和伙食补助费，均由所在企业酌情给予适当补助。由此可见，对于退职时相关补助费的享受有严格的时间限制，而且，没有确定的标准，只是"酌情""适当"给予补助。

（三）子女顶替

《轻、手工业集体企业职工、社员退职办法》规定，对于年老体弱的职工、社员退职后，如果家庭生活确实困难，对于家居城市的子女，可以采取顶替的办法，予以适当地照顾。文件对子女顶替有严格的限制条件，一是对年老体弱的职工、社会；二是要求家庭生活确实困难；三是家居城市的子女。

（四）经费渠道

《轻、手工业集体企业职工、社员退职办法》规定，如果手工业厂、社因亏损或其他特殊原因关闭、解散时，可以不执行本办法规定的待遇。也就是说，对于手工业厂、社的退职补助费以及车船费、行李费、旅馆费和伙食补助费的经费渠道是本企业，是由集体企业自身负责的，是集体企业自我保障。

**七 老干部离职休养的待遇**

老干部离职休养的待遇在退休金上始终是原工资的百分之百。1963年10月13日，内务部颁布的《关于符合长期供养条件人员退休时其退休费标准问题的通知》，规定国家机关和事业单位的工作人员中，根据1958年中共中央《关于安排一部分老干部担任各种荣誉职务的通知》第六条规定，长期供养的人员，如果本人自愿回原籍居住，可以办理退休手续，退休费一律按照本人工资的百分之百发给。退休费的支付、公费医疗待遇及其他生活待遇，均照退休人员的有关规定办理。

劳动部、全国总工会于1965年8月28日颁布《关于企业老干部退休问题的复函》明确规定，对于企业单位中符合《中共中央关于安排一部分老干部担任各种荣誉职务的通知》第六条规定，应当作长期供养处理的老干部，本人自愿、组织同意已经作退休处理的，其退休费从现在起可以改按本人工资的百分之百发给。

## 第四节　退休程序和安置管理

这一时期，退休制度关注的主要是退休条件和退休待遇，对于退休程序和安置管理考虑得比较少，只有少数的退休制度对此作出规定。

### 一　工人职员退休程序和安置

（一）退休程序

《退休处理暂行规定》提出，工人、职员退休，都由企业、机关行政决定，取得同级工会同意以后执行。如果是领导人员退休，还必须报送任免机关批准。有关退休的工龄计算、退休待遇标准的确定、填发退休人员证明书等工作，由企业、机关的人事部门会同同级工会办理。工人、职员退职的时候，由所在企业、机关办理退职手续，并填发"退职人员证明书"。

（二）安置去向

1958年的《退休处理实施细则》延续了鼓励退休干部"告老还乡"的精神，提出"工人、职员退休后，原单位应该负责动员他们回家养老；对于个别无家可归的，原单位应该负责设法安置"。

### 二　精减时期的退休程序和安置

（一）退职程序

《精减职工规定》对按月领取救济费的退职职工，除了原单位应当在他们退职的时候发给领取救济费的证明，还要通知退职职工居住地的县（市）民政部门予以登记。

1965年6月9日，《国务院关于精减退职的老职工生活困难救济问题的通知》规定，退职老弱残职工申请救济费时，必须持有原精简机关、企业、事业单位的证明（证明内容为参加工作时间、退职时间、原标准工资数额），原单位撤销的，由原单位上级主管部门证明，经县、市以上民政部门审查批准后发给救济证按月给以救济。

（二）安置地点

由于1961年《中共中央关于精减职工工作若干问题的通知》规定精

减的对象是1958年1月以来参加工作的来自农村的新职工（包括临时工、合同工、学徒和正式工），所以，安置去向是回到各自的家乡，参加农业生产。

《精减职工规定》强调，精减下来的职工，主要应当安置到农村。凡是来自农村、能够回乡的，都应当说服他们回到本乡的生产队中去参加农业生产；如果本乡是灾区或者因为回乡职工过多而无法安置的时候，可以由省、自治区、直辖市和专、县三级统筹，将他们安置到非灾区和回乡职工较少的生产队中去。一些原来就生长在城市里的职工，凡是自愿下乡落户的，可以安置到有亲朋照顾的生产队去，或者有组织地安置一批到条件较好的生产队去，或者由干部带头率领一批到缺乏劳动力公社（地多人少地区、需要劳动力的市郊蔬菜区等）去安家落户，参加农业生产。

可见，精减的原则就是减轻城市压力，尽可能地把人员安置到农村从事生产，不仅来自农村的职工要回到农村，原来是城市的如果自愿，也鼓励到农村安家落户。

1965年6月9日，国务院发布的《关于精减退职的老职工生活困难救济问题的通知》强调各级政府特别是县、市人民委员会，对已精减退职的职工，尤其是对那些到农村安家落户的退职职工，应当切实做好安置工作；要教育基层干部妥善安排他们的生产和生活；同时要加强他们的政治思想教育。

### 三　轻、手工业集体企业职工、社员退职程序

《轻、手工业集体企业职工、社员退职办法》对退职程序作出了规定，没有提及安置地点。

手工合作厂、社在处理职工、社员退职要履行严格的审批程序，领导退职程序更加复杂。手工业厂、社在处理退职时应该经理事会或厂务会审查同意，报上级主管部门审查批准后执行。

凡未经批准擅自离职的人，不计发退职补助费。企业主要领导干部退职时，还必须经过上一级主管人事部门批准。

# 第 四 章

# 退休制度框架的基本定型

随着形势的发展，1958年颁发的关于干部和工人退休退职的两个暂行规定，有些条文已经不适应当前的情况，需要作出修改和补充。我国退休制度从干部、工人实行统一的退休制度改变为依据两类人员不同特点建立不同的退休制度。此外，还建立了集体卫生人员的退休制度。我国的退休制度经过这一时期的调整后，基本框架已经定型并一直沿用至今。

## 第一节 退休制度的发展脉络

为了妥善安置老弱病残干部，1978年6月2日，国务院颁布了《关于安置老弱病残干部的暂行办法》（以下简称《安置暂行办法》），对干部离休、退休、退职条件和待遇进行统一规定。该办法适用于党政机关、全民所有制企业、事业单位和群众团体的干部，以及因工作需要调派到集体所有制企业、事业单位工作的干部。同时，国务院颁布了《关于工人退休、退职的暂行办法》（以下简称《工人退休、退职办法》），对工人退休、退职作出规定。这两个暂行办法，较之1958年制定的干部、工人统一的《退休处理暂行规定》更加符合实际和更加全面，既体现了干部和工人在退休待遇上一致的方面，又在某些方面考虑到干部与工人的不同和机关和企业的差异作出不同规定。

1978年12月18日，党的十一届三中全会胜利召开。这次会议正式作出了把全党工作的着重点和全国人民的注意力转移到社会主义现代化建设上来、实行改革开放的战略性决策。面对新的历史任务，需要有能够承担起新的历史任务的干部队伍。然而，当时领导成员年龄普遍偏大，中青年干部严重缺乏，而且很多干部体弱多病；不少领导干部文化和业务水平偏低，缺乏领导社会主义现代化建设的能力；班子人数普遍偏多。为了解决这些问题，从1979年以后，中共中央的领导人邓小平、陈云等在多次讲话中强调：一方面要大胆选拔政治上强、坚持社会主义道路、有文化、懂业务、会管理、年富力强的优秀中青年干部；另一方面要妥善安排好老干部，建立和完善干部退休制度，将退休制度的建立与干部选拔的任用紧密联系起来。

1978年12月29日，中央组织部出台《关于加强老干部工作的几点意见的通知》（以下简称《几点意见的通知》），明确老干部的地位和老干部工作是党的干部工作的重要组成部分，对老干部范围、老干部的历史功绩和贡献以及老干部政治、生活待遇适当从优照顾等方面提出了9点意见。

1979年7月29日，邓小平在接见中共海军委员会常务扩大会议全体同志的讲话中，提出建立干部退休制度。他说："庙只有那么多，菩萨只能要那么多，老的不退出来，新的进不去，这是很简单的道理……我们将来要建立退休制度。"[1] 干部退休制度实际上是干部队伍的更新机制，这项制度的实施，使那些达到退休年龄或丧失工作能力的干部退出干部队伍，由新生力量来接替，以保持干部队伍永远朝气蓬勃。[2]

1980年2月，党的十一届五中全会讨论《中国共产党章程》修改草案，明确提出废止领导职务终身制，规定在中央和省（自治区、直辖市）设立顾问委员会，使原来担任主要领导干部在退出领导岗位后通过进入顾问委员会过渡，为建立退休制度奠定了基础。同年4月，中央政治局会议作出《关于丧失工作能力的老同志不当十二大代表和中央委员候选人的决定》，是废除干部职务终身制和逐步更新领导班子的重要步骤。同年8月18日，邓小平同志在中央政治局扩大会议上作的关于《党和国家领导制度的改革》的讲话从废除干部领导职务终身制的角度明确提出建立离休制度和退休制度的必要性。"干部领导职务终身制现象的形成……同我们党一直没有妥善的退休解职办法也有关系……对各级各类领导干部（包括选举产生、委任和聘用的）职务的任期，以及离休、退休，要按照

---

[1] 《邓小平文选》第二卷，人民出版社1994年版，第193页。
[2] 袁文成：《干部退离休工作实用手册》，中国人事出版社1993年版，第3页。

不同情况，作出适当的、明确的规定。"1980年9月1日，党的十二大明确提出，改革领导机构和干部制度，实现干部队伍的革命化、年轻化、知识化、专业化。同年12月，邓小平在中央工作会议上发表讲话再次提出干部队伍建设革命化、年轻化、知识化、专业化，要求建立干部退休制度。这是从干部队伍建设的需要层面提出全面建立退休制度的必要性。

陈云同志在1981年6月8日召集中央组织部、解放军总政治部有关负责人就老干部离休退休问题进行座谈，并主持起草了《关于老干部离休退休问题座谈会纪要》。《纪要》指出："干部必须实行离休退休制度，这是根本办法。"[①] 7月2日，陈云在省、自治区、直辖市党委书记座谈会上的讲话中指出："我们现在的干部，青黄不接的情况很严重……老干部离休、退休的工作必须做好。要使人心安定。"[②]

1982年2月20日，中央作出《中共中央关于建立老干部退休制度的决定》（以下简称《老干部退休制度决定》），肯定了老干部的政治地位和贡献；首次提出了老干部离休退休的年龄；并对离休退休与退居二线二者进行了明确区分。退居二线包括当顾问和荣誉职务，不属于离休退休。那些身体还好、又有比较丰富的领导经验和专业知识，但因年龄或名额限制不宜进入领导班子的老干部，可以安排担任负有一定职责的顾问，或从事某一方面的调查研究、参谋咨询的工作。那些为党的事业作出重大贡献、威望比较高，但是坚持正常领导工作（包括当顾问）有困难的老干部，可以安排适当的荣誉职务。《老干部退休制度决定》还提出，老干部工作的基本原则是基本政治待遇不变，生活待遇还要略微从优，并注意很好地发挥他们的作用。

1982年3月8日，第五届全国人大常委会第二十二次会议通过《关于国务院机构改革问题的报告》明确提出，"认真安排好老干部退休离休和退居二线的工作。从这次开始，要废除实际上存在的领导干部职务的终身制，使干部退休离休和退居二线这件事制度化……国务院各部、委都有相当数量的老干部要退休离休，各单位要认真负责地把这件事安排好。老

---

[①] 徐轶杰、李文：《陈云与改革开放初期党的干部队伍代际交替问题的解决》，《党史研究与教学》2014年第1期。

[②] 《陈云文选（一九五六——一九八五年）》，人民出版社1986年版，第267页。

干部退休离休之后，主要的任务是继续用自己的言论和行动写好写完自己的革命历史，教育青年一代，并尽可能采取适合于自己条件的方式为人民服务。他们的政治待遇和生活待遇不变，对在生活上和医疗上确有困难的同志给以适当的补助。这样做是符合人民的意愿的。"[1]

此后，国务院、中央组织部、劳动人事部先后颁布了一系列文件对老干部离退休待遇作出规定，涉及政治待遇、经济待遇、发挥离退休老干部作用等，如《国务院关于高级专家离休退休若干问题的暂行规定》（以下简称《高级专家离休退休规定》）《国务院关于延长部分骨干教师、医生、科技人员退休年龄的通知》《劳动人事部关于贯彻执行〈国务院关于高级专家离休退休若干问题的暂行规定〉的说明》（以下简称《高级专家离休退休说明》）《中央组织部印发〈关于确定部分老同志待遇问题的意见〉的通知》《中共中央办公厅、国务院办公厅印发关于发挥离休退休专业技术人员作用的暂行规定》《中央组织部、劳动人事部关于女干部离休退休年龄问题的通知》（以下简称《女干部退休年龄通知》）《人事部关于高级专家退（离）休有关问题的通知》和《中央组织部印发关于进一步加强老干部工作的通知》（以下简称《加强老干部工作通知》）等。

### 一 单独建立干部退休制度

1978年6月2日，国务院颁布的《关于安置老弱病残干部的暂行办法》是我国干部退休制度的基础性文件。这一文件规定了干部退休制度包括退休条件、退休待遇、安置地点、审批管理等内容，退休制度的框架基本确定，但具体内容随着社会政治经济条件的变化而不断调整、完善。

1982年2月20日，中央作出《关于建立老干部退休制度的决定》。这是我国老干部退休制度的纲领性文件，这里的退休制度是宽范围的，即包括退休制度、离休制度、退职制度、退居二线。

### 二 正式建立老干部离休制度

1980年9月29日，第五届全国人大常务委员会第十六次会议通过的《国务院关于老干部离职休养的暂行规定》（以下简称《离休暂行规定》），

---

[1] 《中华人民共和国国务院公报》（1982）。

对老干部离休条件、安置地点、待遇和服务等作出详细规定，这一规定的正式出台，标志着我国老干部离休制度正式建立。

此后，党和国家先后颁布了一系列政策，对离休制度作出详细规定。主要有《国务院关于发布老干部离职休养制度的几项规定的通知》（以下简称《几项规定》）《劳动人事部贯彻〈国务院关于老干部离职休养规定中具体问题的处理意见〉的通知》（以下简称《离休处理意见》）《中央组织部关于行政十四级、十八级以上干部离休后分别按司局级和处级待遇的通知》《劳动人事部关于〈贯彻国务院关于老干部离职休养规定中具体问题的处理意见〉的问题解答》（以下简称《问题解答》）《国务院办公厅转发劳动人事部关于中央和国家机关离休干部生活待遇问题的补充规定的通知》（以下简称《离休干部生活待遇补充规定》）和《劳动人事部印发关于离休干部健康休养的几项规定》（以下简称《离休健康休养规定》）等。

### 三 优化干部退职制度

这一时期对于干部退职制度的优化主要集中在提高退职待遇方面。1983年3月11日民政部印发的《关于精减退职老弱残职工生活困难救济若干问题的解答》，对精减退职职工的生活困难救济问题作出规定。1983年6月28日颁布《关于提高职工退休费、退职生活费的最低保证数的规定》。

### 四 单独建立工人退休退职制度

1978年5月24日，第五届全国人民代表大会常务委员会第二次会议通过《国务院关于工人退休、退职的暂行办法》，对全民所有制企业、事业单位和党政机关、群众团体的工人的退休条件、退休待遇、退休程序、退休安置与管理作出规定。为了解决贯彻执行《工人退休、退职办法》中出现的问题，1978年9月23日，国家劳动总局颁布《关于贯彻执行国务院关于工人退休、退职的暂行办法中几个具体问题的解答意见》。1979年7月11日，国家劳动总局印发《关于做好工人退休、退职工作的通知》，对工人退休、退职以及招收退休、退职工人子女等问题作出规定。1981年1月17日，国务院颁布《关于严格执行工人退休、退职暂行办法的通知》对严格做好退休、退职工人的管理工作作出规定。

为了改善建国前参加工作的老工人的退休待遇，1983年1月15日，印发《劳动人事部关于建国前参加工作的老工人退休待遇的通知》，对建国前参加工作的老工人的退休待遇问题作出规定。

根据经济体制改革和简政放权的精神，为了简化程序，提高工作效率，1985年3月4日，劳动人事部印发《关于改由各主管部门审批提前退休工种》的通知，决定将目前由劳动人事部统一审批的提前退休工种，改为分别由国务院各有关主管部门审批，并将审批提前退休工种的有关规定、标准和注意事项进行通知。

针对有些地区对接近退休年龄的老职工，给予晋升工资安排提前退休不妥当的做法，1988年10月14日，劳动部印发了《关于严格掌握企业职工退休条件的通知》要求企业对接近退休年龄的职工，要妥善安置，因年老体弱不能坚持正常生产工作的，可以实行离岗退养。离岗退养职工到达退休年龄时，再按国家有关规定正式办理退休手续，发给退休费。

**五　建立集体卫生人员退休退职制度**

1978年底，全国共有专业的集体卫生人员68万人，有53万多人在农村公社卫生院。集体卫生人员是我国城乡基层医疗卫生单位的一支重要力量。其中一部分人由于年老或多病，不能继续工作，根据党的政策应予妥善安置退休退职。根据《国务院关于安置老弱病残干部的暂行办法》和《国务院关于工人退休退职的暂行办法》通知的精神，1979年9月1日，卫生部制定《关于集体卫生人员实行退休退职有关问题的通知》，对集体卫生人员实行退休退职问题作出规定。

## 第二节　退休条件

**一　干部退休条件**

这一时期干部退休条件包括多种情形，有正常退休、女干部退休、高级专家退休、民主党派、工商联专职工作人员退休、市区人大常委会委员等特殊群体退休。不同的退休情形，退休条件存在差异。

(一) 退休条件

1. 正常退休条件

《安置暂行办法》规定的退休条件包括性别、年龄、参加工作年限和身体状况四个因素。相比以前的退休办法，放宽了参加工作年限条件。党政机关、群众团体、企业、事业单位的干部，符合下列条件之一的，都可以退休。

（1）男年满六十周岁，女年满五十五周岁，参加革命工作年限满十年的；

（2）男年满五十周岁，女年满四十五周岁，参加革命工作年限满十年，经过医院证明完全丧失工作能力的；

（3）因工致残，经过医院证明完全丧失工作能力的。[①]

《老干部退休制度决定》规定的退休条件包括职务层次和年龄两项因素。考虑到当前干部的实际状况和接替条件，老干部离休退休年龄的界限，应当规定：担任中央、国家机关部长、副部长，省（自治区、直辖市）党委第一书记、书记、省政府省长、副省长，以及省（自治区、直辖市）纪律检查委员会和法院、检察院主要负责干部的，正职一般不超过六十五岁，副职一般不超过六十岁。担任司局长一级的干部，一般不超过六十岁。

2. 高级专家延迟退休条件

为了充分发挥高级专家的作用，为社会主义建设事业多作贡献，我国从1983年起，先后颁布了一系列关于高级专家延迟退休的政策。

1983年9月12日，国务院颁布《高级专家离休退休规定》明确提出，高级专家的范围是指：正副教授、正副研究员、高级工程师、高级农艺师、正副主任医师、正副编审、正副译审、正副研究馆员、高级经济师、高级统计师、高级会计师、特级记者、高级记者、高级工艺美术师，以及文艺六级以上的专家。高级专家的离休退休年龄，一般应按国家统一规定执行。对于高级专家离休退休条件考虑职务、年龄、工作需要和身体状况，在履行一定程序后分三种情况区别对待。对其中少数高级专家，确因工作需要，身体能够坚持正常工作，征得本人同意，经下述机关批准，

---

[①]《国家劳动总局关于贯彻执行〈国务院关于工人退休、退职的暂行办法〉的若干具体问题的处理意见（草案）》明确，《暂行办法》中所称"完全丧失劳动能力"的工人，是经指定医院证明、劳动鉴定委员会确认不能继续从事原来的工作，也不能从事其他轻便工作的工人。

离休退休年龄可以适当延长：

（1）副教授、副研究员以及相当这一级职称的高级专家，经所在单位报请上一级主管机关批准，可以适当延长离休退休年龄，但最长不超过六十五周岁；

（2）教授、研究员及相当这一级职称的高级专家，经所在单位报请省（自治区、直辖市）人民政府或中央、国家机关的部委批准，可以延长离休退休年龄，但最长不超过七十周岁；

（3）学术上造诣高深、在国内外有重大影响的杰出高级专家，经国务院批准，可以暂缓离休退休，继续从事研究或著述工作。

1983年12月3日，劳动人事部颁布关于贯彻执行《国务院关于高级专家离休退休若干问题的暂行规定》的说明，对高级专家进行了解释和限定，对"暂缓离休退休的杰出高级专家"和"有重大贡献的专家"[①]的范围作出解释。少数高级专家延长离休退休年限的4个条件，要同时具备，但必须首先考虑工作需要和身体条件，"工作需要"主要应考虑其在延长离休退休期间所承担的工作任务的必要性，"身体条件"须符合在延长期间所承担的工作的要求。

为了充分发挥现有骨干专业技术人员的作用，促进教育、卫生、科学技术事业的发展，并考虑到脑力劳动的特点，国务院于1983年9月12日颁布了《关于延长部分骨干教师、医生、科技人员退休年龄的通知》。该《通知》规定，在1990年以前，对在上述单位工作的讲师、主治医师、工程师、农艺师、助理研究员以及具有高等院校、中等专业学校（含中等师范学校）和高中毕业学历或经严格考核取得同等学力的、教学经验丰富的

---

① 劳动人事部关于贯彻执行《国务院关于高级专家离休退休若干问题的暂行规定》的说明规定，《暂行规定》第二条规定的暂缓离休退休的杰出高级专家，系指曾任全国人大常委、全国政协常委以及各民主党派中央领导职务的高级专家，学术上造诣高深，在国内外享有很高声誉，对我国社会主义建设有特殊贡献的高级专家。这些高级专家，经国务院批准后，可暂不离休退休。《暂行规定》第四条（一）项中规定的"少数有重大贡献的专家"一般是指：国家统一颁发的各种奖（如自然科学奖、发明奖等）的获得者，集体奖指主要发明人或作者；全国劳动模范、全国劳动英雄、全国先进工作者；各省、市、自治区和中央机关、国家部委一级授予的劳动模范、劳动英雄、先进工作者或被省、市、自治区中央机关、国家部委一级确认为在生产、科研、文教、卫生、管理等方面作出优异成绩者。上述专家提高退休费的比例为5%—15%，由各省市、各部委具体确定。

中、小学教师中，确因工作需要，身体能够坚持正常工作，有较强的业务能力，本人又愿意继续工作的，经所在单位报请县一级以上主管机关严格审查批准，可将他们的退休年龄延长一至五年，延长后的退休年龄，女同志最长不得超过六十周岁，男同志最长不得超过六十五周岁。为贯彻执行这一文件，1983年12月3日，劳动人事部颁发了关于贯彻执行《国务院关于延长部分骨干教师、医生、科技人员退休年龄的通知》的说明，明确"适用范围""却因工作需要"和"身体能够坚持正常工作"的边界。[①]

为了进一步贯彻执行国务院有关高级专家退（离）休的规定，做好高级专家的退（离）休工作，充分发挥他们的作用，经国务院批准，人事部于1990年2月27日发布了《关于高级专家退（离）休有关问题的通知》，就有关问题作出规定。

（1）高级专家退（离）休，仍按照《国务院关于高级专家离休退休若干问题的暂行规定》和《劳动人事部关于印发两个"说明"的通知》中的"附件一"执行。

（2）女性高级专家，凡身体能坚持正常工作，本人自愿，可到六十周岁退（离）休。对年满六十周岁的少数女性高级专家，确因工作需要延长退（离）休年龄的，按《国务院关于高级专家离休退休若干问题的暂行规定》和《劳动人事部关于印发两个"说明"的通知》规定执行。

（3）《国务院关于高级专家离休退休若干问题的暂行规定》文件中的少数高级专家"确因工作需要"延长退（离）休年龄，主要是指以下几种情况：已承担的重要工作（如重点攻关科研项目）和带博士研究生等任务尚未完成，退（离）休后将对工作带来较大影响的；特殊专业和新学科、重点学科急需的；技术力量薄弱的单位确系工作需要的；在业务上起把关作用或在学科中起带头作用、退（离）休后尚无人接替的。

---

[①] 《国务院关于延长部分骨干教师、医生、科技人员退休年龄的通知》规定：一、本通知只适用如下范围：在教学、医疗、科研和工农业生产单位直接从事教学、医疗、科研、技术工作的讲师、主治医师、助理研究员、工程师（含建筑师）、农艺师以及中小学教师；二、在《通知》规定的延长上述人员退休年龄的条件中，"却因工作需要"，一般系指如下几种情况：1. 已承担的工作任务尚未完成，退休后将对工作带来较大损失的；2. 新学科和特殊专业急需的；3. 边远地区和技术力量薄弱的单位所需要的；4. 有较强的业务能力，到工作急需的单位后能发挥较大作用的；"身体能够坚持正常工作"，系指身体健康，能够坚持八小时工作。

为统一审批标准，严格审批制度，规范审批程序，1992年2月11日，人事部印发的《关于杰出高级专家暂缓离退休审批工作有关问题的通知》对杰出高级专家的范围、审批程序作出了明确限定。国发〔1983〕141号、劳人科〔1983〕153号文件规定"杰出高级专家"是指：中国科学院学部委员；曾任全国人大常委、全国政协常委以及各民主党派中央副主席以上职务的高级专家；1983年年底以前评定为四级以上的老专家；其他有突出贡献，学术上造诣高深，在国内外享有很高声誉的高级专家。

3. 民主党派、工商联等专职工作人员延迟退休条件

为了规范中央和省级机关专职工作人员延迟离休退休时间问题，1985年11月11日，《中共中央统战部转发各民主党派中央、全国工商联〈关于中央和省级机关专职工作人员离休退休工作的几点意见〉的通知》，按照机构层级和职务作出不同的规定。

（1）民主党派中央、全国工商联机关副秘书长、各部、各委、厅正副部长、正副主任，可适当延长留任期限，但最长不超过五年。

（2）民主党派中央、全国工商联和省级机关处级干部，应按国家规定年限办理离休退休，少数确因工作需要，又无人接替的，可以适当延长期限，一般不超过两年。

（3）民主党派中央、全国工商联和省级组织选举产生的秘书长，执行局委员以上的领导人和担任本届全国和省级政协委员的专职人员，目前暂不办理退（离）休，如有人要求退（离）休，可以办理。

4. 人大常委会委员、政协委员的退休条件

为了统一规范人大常委会委员的离休、退休问题，中央组织部于1986年3月11日发布《关于省（区、市）人大常委会委员离休、退休应先辞去委员职务问题的通知》。《通知》规定，省人大常委会委员如要求离休、退休，应先由本人辞去委员职务，然后再办理离休、退休手续。这个精神对省、自治区、直辖市顾委委员、政协委员对离休、退休也同样适用。

5. 女干部的退休条件

1987年5月29日，中央组织部、劳动人事部印发《关于女干部离休退休年龄问题的通知》，明确规定女干部退休仍应按照第五届全国人民代表大会常务委员会第二次会议原则批准的《国务院关于安置老弱病残干部的暂行办法》执行。具体为：

（1）担任司局长以上职务的，继续按照《关于建立老干部退休制度的决定》执行；

（2）高级专家和骨干教师、医生、科技人员，继续按照《国务院关于高级专家离休退休若干问题的暂行规定》和《国务院关于延长部分骨干教师、医生、科技人员退休年龄的通知》办理；

（3）在党政机关、群众团体、事业单位工作，年满55周岁的处（县）级女干部，原则上按照《安置暂行办法》规定执行。个别确因工作需要，一时尚无适当接替人选，且身体能坚持正常工作，根据本人自愿，经所在单位审查同意，报任免机关批准，其离休、退休年龄可适当推迟。

（二）逐步放宽离休条件

这一时期，老干部离休条件建立后，又经历了两次调整，逐步降低了离休条件，扩大了离休对象范围。

1.《安置暂行办法》下的离休条件

《安置暂行办法》规定的离休条件包括身体状况、参加革命时间、职务层次三个因素。具体为：

（1）对于丧失工作能力，1949年9月底以前参加革命工作的地委正副书记、行政公署正副专员及相当职务以上的干部；

（2）1942年年底以前参加革命工作的县委正副书记、革命委员会正副主任及相当职务的干部；

（3）1937年7月7日以前参加革命工作的干部，可以离职休养。

可见，离休条件分中华人民共和国成立前参加革命的三个时间段，不同时间段要求存在差异：参加革命时间越早，离休要求的职务层次越低；参加革命时间越晚，离休要求职务层次越高，尤其是中华人民共和国成立前夕参加革命的，除了职务层次要求以外，还需具备"丧失工作能力"条件。

2.《离休暂行规定》放宽离休条件

1980年9月29日，中华人民共和国第五届全国人民代表大会常务委员会第十六次会议通过的《国务院关于老干部离职休养的暂行规定》（以下简称《离休暂行规定》）。相对于《安置暂行办法》，《离休暂行规定》降低了离休条件，扩大了离休对象范围。

（1）第一、二次国内革命战争时期参加革命工作的干部，抗日战争时期参加革命工作的副县长及相当职务或行政十八级以上的干部；

（2）建国以前参加革命工作的行政公署副专员及相当职务或行政十四级以上的干部，年老体弱、不能坚持正常工作的，应当离休；

（3）已经退休的干部，符合上述规定的应当改为离休。

3.《几项规定》进一步放宽离休条件

1982年4月10日，国务院《关于老干部离职休养制度的几项规定》（以下简称《几项规定》）进一步放宽了离休条件，对中华人民共和国成立前参加中国共产党所领导的革命战争、脱产享受供给制待遇的和从事地下革命工作的老干部，达到离职休养年龄的，实行离职休养的制度。已经退休的干部，符合离休条件的，应当改为离休。《几项规定》还明确规定了不同职务老干部的离休年龄分别是：

（1）中央、国家机关的部长、副部长，省市自治区党委第一书记、书记、副书记和省市自治区人民政府省长、市长、主席、副省长、副市长、副主席及相当职务的干部，正职年满六十五周岁，副职年满六十周岁；

（2）中央、国家机关的司局长、副司局长，省市自治区党委部长、副部长和省市自治区人民政府厅局长、副厅局长、地委书记、副书记和行政公署专员、副专员及相当职务的干部，年满六十周岁；

（3）其他干部男年满六十周岁，女年满五十五周岁，身体不能坚持正常工作的，可提前离休；

（4）确因工作需要，身体又能坚持正常工作的，经任免机关批准，可适当推迟。

此后，劳动人事部关于发布的《离休处理意见》对《几项规定》的老干部的范围、退休改离休等进行了解释。[1]

---

[1]《劳动人事部贯彻国务院关于老干部离职休养规定中的具体问题的处理意见》的通知规定：《几项规定》第一条可以享受离休待遇的老干部是指：1949年9月30日以前，参加中国共产党所领导的革命军队的；在解放区参加革命工作并脱产享受供给制待遇的；中华人民共和国成立前在敌占区从事地下革命工作的。在东北和个别老解放区，1948年年底以前享受当地人民政府制定的薪金制待遇的干部，也可以享受离休待遇。根据《几项规定》第一条退休改离休的干部，从1982年4月改发其原工资。在《离休暂行规定》下达以前退休的专业干部，抗日战争时期参加革命工作的科研、高教、翻译、工程技术、农业技术的九级，文艺十级、卫技十一级以及相当于行政十八级以上的；符合《几项规定》离休条件的解放战争时期参加革命工作的科研、高教、翻译、工程技术、农业技术的六级，文艺、卫技的七级以及相当于行政十四级以上的，由退休改为离休后，从1980年10月起改发其原工资。

### （三）简化干部退职条件

《安置暂行办法》规定，对于经过医院证明完全丧失工作能力，又不具备退休条件的干部，应当退职。由此可见，这一时期的退职条件就是完全丧失工作能力但不具备退休条件，没有工龄的限制，只是需要经过医院证明。

## 二 工人退休条件

工人退休条件实质上包括退休条件和退职条件。

### （一）退休条件

工人退休条件包括正常退休条件、特殊工种退休条件和因工致残退休条件三种情况。

1. 正常退休条件

《工人退休、退职办法》规定工人退休适用范围是全民所有制企业、事业单位和国家机关、人民团体的工人。退休条件包括性别、年龄、连续工龄、工作条件、身体状况等因素。符合下列条件之一的，应该退休：男年满六十周岁，女年满五十周岁，连续工龄满十年的。

2. 特殊工种退休条件

《工人退休、退职办法》规定的特殊工种退休条件是，从事井下、高空、高温、特别繁重体力劳动或者其他有害身体健康的工作，男年满五十五周岁、女年满四十五周岁，连续工龄满十年的。本项规定也适用于工作条件与工人相同的基层干部。

《国家劳动总局关于贯彻执行〈国务院关于工人退休、退职的暂行办法〉的若干具体问题的处理意见（草案）》规定，从事井下、高空、高温、特别繁重体力劳动和其他有害身体健康工作的工人，无论是现在从事这类工作或者曾经从事过这类工作，都需要具备下列条件之一，才能够按照《暂行办法》规定的特殊工种退休条件：

（1）从事高空和特别繁重体力劳动工作累计满十年的；
（2）从事井下、高温工作累计满九年的；
（3）从事其他有害身体健康工作累计满八年的。

上述年限是实际工作年限。在计算连续工龄时，凡从事井下、高温工作的时间，每年按一年零三个月计算；从事其他有害身体健康工作的时间，每年按一年零六个月计算。

《国家劳动总局关于贯彻执行〈国务院关于工人退休、退职的暂行办法〉的若干具体问题的处理意见（草案）》扩大了特殊工种条件的范围，将经常在摄氏零度以下低温场所工作的工人和常年在海拔4500米以上高原地区流动工作的工人，可以参照从事井下、高温工作的工人办理；常年居住在海拔4500米以上高山高原地区工作的工人可以参照从事其他有害身体健康工作的工人办理。

3. 因工致残退休条件

《工人退休、退职办法》规定的因工致残退休条件包括性别、年龄和连续工龄三个条件。男年满五十周岁，女年满四十五周岁，连续工龄满十年，由医院证明，并经劳动鉴定委员会确认，完全丧失劳动能力的。因工致残，由医院证明，并经劳动鉴定委员会确认，完全丧失劳动能力的。

矽肺病患二、三期矽肺病离职休养的工人，如果本人自愿，也可以退休。退休费按本人标准工资的90%发给，并享受原单位矽肺病人在离职休养期间的待遇。患二、三期矽肺病离职休养的干部，也可以按照本条的办法执行。

《国家劳动总局关于贯彻执行〈国务院关于工人退休、退职的暂行办法〉的若干具体问题的处理意见（草案）》规定，患一期矽肺合并活动性肺结核病的工人，符合《暂行办法》第一条第（三）项的年龄条件的，也可以退休，其退休费标准按照上述办理。

由此可见，工人退休条件考虑了性别因素、连续工龄、工作条件、因工致残等四方面因素。女工人的退休年龄为五十岁，比女干部退休年龄少五年；干部退休条件要求工龄，而工人退休条件要求连续工龄。

《国家劳动总局关于贯彻执行〈国务院关于工人退休、退职的暂行办法〉的若干具体问题的处理意见（草案）》规定，曾经当过干部的女工人，退休时可按照《暂行办法》中有关女工人的退休条件办理。

（二）退职条件

《工人退休退职办法》对退职条件规定简单，不具备退休条件，由医院证明，并经劳动鉴定委员会确认，完全丧失劳动能力的工人，应该退职。相对于干部退休，工人退休条件除了由医院证明以外，还需要经过劳动鉴定委员会的确认。

### 三 集体卫生人员退休退职条件

《关于集体卫生人员实行退休退职有关问题的通知》规定了文件的适用范围，要求由各省、市、自治区革命委员会参照国务院颁发的上述两个暂行办法，结合实际情况，自行制定，并没有具体规定集体卫生人员的退休退职条件。

（一）适用范围

在适用范围上，凡农村公社卫生院，城市街道医院、门诊部（所），集体所有制工矿企业的医疗机构，联合诊所的集体人员（正式职工）和国家医疗卫生机构正式录用的集体卫生人员，均可享受退休退职的待遇。未列入集体劳动指标，未经县（市、旗）卫生、劳动部门正式批准录用的人员（临时工）不能享受。

（二）退休退职条件

《关于集体卫生人员实行退休退职有关问题的通知》明确，集体卫生人员的退休退职办法，由各省、市、自治区革命委员会参照国务院颁发的上述两个暂行办法，结合实际情况，自行制定。因此，集体卫生人员具体的退休退职条件，并没有明确规定。

## 第三节 退休待遇

这一时期，干部退休各项待遇基本建立起来，包括政治待遇、生活待遇和其他待遇。

《中共中央关于建立老干部退休制度的决定》明确了离休退休老干部政治待遇和生活待遇的基本方针。老干部离休退休，虽然离开了原来的工作岗位，不担任行政领导职务了，但在思想上、政治上和组织上并不因此而同样退休，任何一个共产党员的革命意志和组织纪律是绝对不能"退休""离休"的，他们仍然应当是共产主义革命者，仍然肩负着为人民服务、对人民负责的政治责任。因此，老干部一定要很好地安排照顾，基本政治待遇不变，生活待遇还要略为从优。对于一切离休退休的老干部，他们的政治待遇，包括阅读文件、听重要报告、参加某些重要会议和重要政治活动等等，应当一律不变。生活待遇，包括医疗和交通工具等，也应当一律不变。

**一　干部退休待遇**

这一时期退休制度建设不仅重视退休人员的生活待遇，而且注重加强老干部退休的政治待遇。

(一)健全政治待遇

这一时期关于政治待遇的相关规定相比以前广泛、具体，包括阅读文件、听报告、参加会议和节日活动、春节期间慰问、加强老干部党组织建设等。

1. 阅读文件、听报告

《安置暂行办法》规定，要注意安排老干部学习马列和毛主席著作，按照规定阅读文件、听报告。

《几点意见的通知》明确，对老干部政治、生活待遇要适当从优照顾。老干部因年龄和身体关系不继续担任实职性工作的时候，其原有的政治待遇不变。要按照规定，组织他们看文件，听报告，参加必要的会议和节日活动。要根据具体情况，建立离休、退休老干部党支部，让他们参加党的组织生活。要适当组织老干部参观访问。要建立和坚持在春节等节日期间看望老干部，召开座谈会，征求意见的制度。《老干部退休制度决定》提出，对于一切离休退休的老干部，他们的政治待遇包括阅读文件、听重要报告，应当一律不变。

《进一步加强老干部工作的通知》进一步强调了各级党组织要从政治上关心爱护离退休老干部，坚持和完善老同志阅文、学习制度。要及时向老干部传达重要会议精神和定期通报情况，使他们了解党的方针政策，认清国际国内形势，在政治上同党中央保持一致。

2. 元旦或春节期间慰问

为发扬我党关心爱护老干部的光荣传统和中华民族敬老尊贤的美德，1980年12月，中央组织部印发《关于在春节期间开展慰问老干部活动的通知》，对在春节期间做好慰问老干部工作作出明确规定，并提出将春节期间慰问老干部，作为一项制度，年年坚持下去。

(1)明确慰问主体。党委要重视，党政主要领导干部亲自参加走访慰问和召开座谈会，各级组织部要协同有关部门，认真负责地做好慰问活动的组织工作。要扎扎实实，讲求实效。

（2）明确慰问重点和慰问形式。要开展多种形式的慰问活动，重点慰问那些已退居二三线和正在养病治疗的老干部，以及老干部遗属。各级领导干部可以组成慰问组，到老干部家里、干休所、医院和疗养院走访看望；可以召开老干部座谈会；还可以举办老红军、老干部讲传统报告会，对广大青年进行党的优良传统和革命理想的教育。无论开展什么形式的活动，都要坚持勤俭节约的原则，严禁铺张浪费。

（3）明确慰问内容。各级领导同志和负责老干部工作的领导同志，在慰问活动中，要主动征求、虚心听取老干部的意见，认真检查中共中央、国务院关于顾问和离休两个文件贯彻落实的情况。对老干部提出的工作上意见，要认真研究，采取措施，加以改进。对老干部反映的实际困难，能够解决的应及时给予解决。

1983年1月，劳动人事部、中华全国总工会发布了《关于春节期间开展对退休职工进行慰问活动的通知》对慰问的内容形式等作出具体要求，并提出今后，每年元旦或春节都要进行一次慰问退休职工的活动，形成制度。

1985年1月20日，中央组织部、劳动人事部、民政部《关于慰问由街道管理的离休、退休干部的通知》指出，在开展慰问老干部的活动中，各级组织、人事、民政部门还要同时慰问过去交由街道管理的离退休老知识分子、科技干部及其他离退休干部，尽可能帮助他们解决一些实际问题，表示党和政府对他们的关怀。

3. 参加党组织生活

1981年7月30日，中共中央组织部颁布了《关于安排和组织好离休、退休、退职党员组织生活的通知》指出，各级党委组织部门，不仅要按照中央有关规定，关心这些离休、退休、退职的党员同志的身体和生活，而且要特别注意从政治上关心他们，组织他们过好党的组织生活，使他们及时了解党的方针政策，关心社会主义建设事业，使他们愉快地度过晚年。离休、退休、退职的党员同志，仍要按照党员标准严格要求自己，主动参加党的组织生活，注意学习，继续保持革命精神，发扬党的优良传统和作风，积极宣传党的路线、方针、政策，自觉遵守国家的法律、法规，以自己的模范行动，影响和教育下一代，在"四化"建设中发挥积极作用。并且分别不同情况对离休、退休和退职的党员干部参加组织生活作出明确规定。

（1）凡就地安置并归原单位管理的离休、退休干部中的党员、原单位的党组织要负责将他们编入支部，定期过党的组织生活。有条件的地方可以单独建立离休、退休干部党支部或干休所支部。有的居住地离原单位较远，党组织可根据情况，将他们另编小组或支部。由党委指派专人负责联系；也可与居住地的街道党委联系，平时在街道参加一定的社会活动，定期回原单位参加党的组织生活。过去已转归街道党委管理的退休党员干部，可仍在街道参加党的组织生活。

（2）就地安置的退休工人党员和退职干部、工人党员，其党的组织关系一般应转到居住地区街道（或农村大队）的党组织，由街道（或农村大队）党组织负责组织他们参加党的组织生活。

（3）异地安置的离休、退休、退职的党员其党的组织关系应转出，由接受安置地区的党组织负责安排和组织他们过党的组织生活。

（4）离休、退休的党员同志，因看病、探望子女和亲属，出外时间较长的（比如六个月以上），所在单位的党组织应负责给他们开写党员证明信件，所在单位（或地区）的党组织应接受并安排其参加党的组织生活。

（5）对于那些年老多病、行动不便的党员，不要勉强地要求他们参加会议活动。党委、支部或小组要满腔热情地予以关心和照顾，应指定党员负责进行联系，向他们传达党内文件的精神，并反映他们的意见和要求。

（6）离休、退休党员较多的地区或单位，为使这些党员同志及时看到文件或听到文件的传达，各地应根据具体情况，适当增发一部分文件，作为专用，由专人负责保管。

（7）安排离休、退休、退职的党员的组织生活和社会活动，要照顾他们的身体情况，不宜过多。

4. 参加重大会议

《老干部退休制度决定》提出，离退休老干部参加某些重要会议和重要政治活动等，应当一律不变。

5. 加强党组织建设

各级党委要抓好离退休干部党组织的建设。党员离休退休干部多的单位，应单独建立老干部党支部。要健全组织生活制度，开展批评与自我批评。对党员离休退休干部中先进事迹，要大力表彰。勉励老同志继续发扬我党艰苦奋斗的优良传统，在改革开放的新形势下，注意保持晚节，继续写好自己的光荣历史。

6. 统一退休证、退职证

针对以往各地使用的干部退休、退职证，规格偏小，质量不高，有些内容已不适应当前情况的问题，为了适应干部退休工作的发展形势，满足广大退休干部的要求，1992 年 1 月 21 日，人事部印发的《关于统一印制干部退休、退职证的通知》明确，干部退休、退职证由人事部统一设计、统一印制。干部退休、退职证由各省、自治区、直辖市和中央国家机关各部门的人事（干部）部门统一订购，县以上单位发给。从 1993 年 1 月起，全部使用统一印制的干部退休、退职证。

（二）生活待遇

这一时期的生活待遇内容丰富，包括退休费、医疗待遇、住房待遇和其他待遇。

1. 退休金

我国干部享受退休金遵循与贡献相匹配的原则，干部退休金的多少与本人工资、参加革命时间、工作年限直接相关，并考虑身体状况。

（1）退休金的基数。《安置管理暂行办法》规定的退休金的基数仍然是本人的标准工资。

1978 年 7 月 11 日，《中共中央组织部老干部管理局关于贯彻执行〈国务院关于安置老弱病残干部的暂行办法〉的若干具体问题的处理意见（草案）》明确，在计算退休金基数时，可以将地区生活费补贴、因工残废补助费与本人标准工资合并作为计算退休费、退职生活费的基数，原来享受地区生活费补贴的干部退休、退职后，到没有地区生活费补贴的地方居住的，计算退休费、退职生活费时，不包括地区生活费补贴在内，如果从没有地区生活费补贴的地方退休、退职到有地区生活费补贴的地方居住的，计算退休费、退职生活费时，应当包括地区生活费补贴在内。

有保留工资的干部，退休、退职时，其保留工资原则上不作为计算退休费、退职生活费的基数，如有特殊情况，暂由省、市、自治区革命委员会酌情处理。

1984年6月11日，《国务院、中央军委批转〈国防科工委等部门关于解决三线艰苦地区国防科技工业离休、退休人员安置和职工夫妻长期两地分居问题的报告〉的通知》明确，享有艰苦地区事业津贴的职工，事业津贴费可同地区生活补贴费一样，对离休的，包括在原工资内发给；对退休的，作为计算退休费的基数。

1985年6月13日，国务院工资制度改革小组、劳动人事部印发《关于实施国家机关和事业单位工作人员工资制度改革方案若干问题的规定的通知》规定，参加了工资改革的人员，离休、退休时一律不再享受《国务院关于发给离休退休人员生活补贴费的通知》规定的生活费补贴，其离休、退休待遇可按国家现行规定，以本人的基础工资、职务工资、工龄津贴之和为基数计发。

退休金基数随工资区调整。1980年8月16日，《国家劳动总局关于退休费、退职费、精减人员救济费可随工资区类别的调整而变动的通知》明确，1979年以前已经退休、退职的职工和按国务院（65）国内字224号文件规定发给本人工资40%救济费的精简人员，其退休费、退职生活费和救济费可随工资区类别的调整而变动，自1979年11月起由发给上述待遇的单位，改按调整工资区类别后原单位同等级的在职职工的标准工资计发；对享受粮（煤）补贴的，按《国务院关于调整工资区类别的几项具体规定》相应冲销其粮（煤）补贴后计发。

1985年11月18日，国务院工资制度改革小组、劳动人事部下发了《关于提高工资区类别后如何计发离休、退休、退职待遇问题的复函》规定，1985年6月30日以前已经离休、退休、退职的职工，和按国务院（65）国内字224号文件规定发给本人工资40%救济费的精减人员，其离休、退休费、退职生活费和救济费，可随同地区类别的提高进行调整：对于原执行国家机关、事业单位全国统一规定的十一类地区中四类工资区工资标准的，可按1985年工资制度改革前五类地区本人原等级的工资作为基数计发；企业单位和执行非十一类工资区制度的事业单位，根据国务院工资制度改革小组、劳动人事部印发的《关于四类工资区提高到五类工资区和计发地区工资办法的具体规定》（劳人薪〔1985〕20号文）第一条第三项的规定办理，即，其计算离休、退休费、退职生活费的基数，可以在增加幅度不超过 2.75% 的原则下，按当地的具体规定执行。对享受粮（煤）补贴的，按《国务院关于调整工资区类别的几项具体规定》，相应冲销其粮（煤）补贴后计发。

教龄、护龄津贴纳入退休费基数。1986 年 6 月 4 日，国务院工资制度改革小组、劳动人事部、财政部下发了《关于国家机关工作人员奖励工资问题的通知》。《通知》规定，基本工资包括基础工资、职务工资和工龄津贴（包括教龄、护士工龄津贴）。按照此文件精神，11 月 11 日，卫生部下发《关于护龄津贴、教龄津贴计入离休、退休费基数的通知》规定，凡国家规定实行教龄津贴或护士工龄津贴单位的工作人员，离休、退休时享有教龄津贴或护士工龄津贴的，其享有的教龄津贴或护士工龄津贴可与本人的基础工资、职务工资、工龄津贴合并作为计发离休、退休待遇的基数，包括 1985 年 7 月 1 日以来已经离休、退休的人员，并均从 1986 年 9 月 1 日起执行。12 月 3 日，国家教育委员会下发《关于教龄津贴、护士工龄津贴作为计发离休、退休费待遇的通知》规定，凡国家规定实行教龄津贴和护士工龄津贴单位的工作人员，离休、退休时享有教龄津贴或护士工龄津贴的，其享有的教龄津贴或护士工龄津贴，可与本人的基础工资、职务工资、工龄津贴合并作为计发离休、退休待遇的基数。

1991 年 12 月 31 日，国务院颁布了《关于调整机关、事业单位工作人员工龄津贴标准的通知》，调整机关、事业单位离休、退休人员的待遇。对参加了 1985 年工资制度改革的，按本人离退休前的实际工龄和调整后的标准计算原工龄津贴数额，纳入离退休费基数。对未参加 1985 年工资制度改革的，按本人离退休前的实际工龄和每工作一年一元的标准增加离退休费基数。

人事部离休退休司发布的《关于中小学教师退休时特级教师津贴能否计入退休费基数的复函》明确，中小学教师在职期间获得特殊教师荣誉称号并享受特级教师补贴费，在退休时仍保持其称号和待遇的，按照教育部、劳动人事部《关于中小学特级教师退休离休和调动工作以后补贴费处理的意见》执行，即："特级教师退休、病休时，有补贴费的，其补贴费可作为计算退休费和病假待遇的基数；离休时有补贴费的，补贴费照发"。

（2）退休金的水平。《安置暂行办法》把原来完全按工龄规定退休待遇的办法，改为新中国成立前参加革命工作的，按革命时期（抗日战争时期、解放战争时期①）来规定退休待遇；新中国成立后参加革命工作的，干部按工作年限规定退休待遇，同时，适当地提高了退休金的标准，由原来本人标准工资的40%—85%（包括享受15%的"特殊贡献"待遇），提高到60%—90%。具体来说，抗日战争时期和解放战争期间参加革命，不分工作年限长短，分别按本人标准工资的90%和80%计算；新中国成立后参加革命的，按照年限长短发放不同比例的退休金。其中，工作年限满二十年的，按本人标准工资的75%发给；工作年限满十五年不满二十年的，按本人标准工资的70%发给；工作年限满十年不满十五年的，按本人标准工资的60%发给。

1989年《国务院批转劳动部、国家计委、财政部关于1989年国营企业工资工作和离退休人员待遇问题安排意见的通知》规定，给1957年以来未升过级的离休、退休人员增发离休费、退休费。具体数额，为本人原标准工资与原劳动人事部《关于印发国营大中型企业职工工资标准的通知》颁发的工资标准所列的相近工资额与上一级工资额之差。

（3）设置和提高退休费最低保证数。《安置暂行办法》规定，退休费低于25元的，按25元发给。② 设置最低数标准以便使退休人员的生活能得到基本保障。1977年全民所有制职工平均工资为602元，平均每月工资约为50元，退休费最低数为25元，相当于职工平均工资的一半。

中共中央、国务院1979年9月24日批转的《全国物价工资会议纪要》中规定，为了保证职工生活的基本安定，在11月1日起，在提高几种主要副食品销售价格的同时，发给职工副食品价格补贴。10月17日，国务院颁布的《关于提高主要副食品销价后发给职工副食品价格补贴的几项具体规定》明确副食品补贴的发放标准。全民所有制企业、事业单

---

① 中共中央组织部老干部局关于贯彻执行《国务院关于安置老弱病残干部的暂行办法》的若干具体问题的处理意见（草案）对抗日战争时期和解放战争时期作出详细规定。"抗日战争时期"，是指从1937年7月7日起至1945年9月止；"解放战争时期"，是指从1945年9月3日起至1949年9月30日止。

② 《关于1978年国民经济计划执行结果的公报》显示：1978年全民所有制职工平均工资为644元，比去年增加42元，可知1977年全民所有制职工平均工资为602元。

位和国家机关的固定职工（包括学徒工，下同），不分工资区类别高低，不分赡养人口多少，在一般地区工作的，每人每月发给副食品价格补贴5元。退休职工、退休军队干部和按照国务院国发〔1978〕104号文件规定退职的职工，均按所在地区固定职工的副食品价格补贴标准发给。

1989年12月19日，国务院同意劳动部、国家计委、财政部《关于1989年国营企业工资工作和离退休人员待遇问题的安排意见》规定，适当提高退休费、退职生活费的最低保证数。年老和因病完全丧失劳动能力退休的，其退休费的最低保证数由原来的30元提高到50元；因工致残完全丧失劳动能力退休的，由40元提高到60元；因不够退休条件而退职的，由25元提高到40元。

（4）照顾因工致残人员。对饮食起居需要人扶助的，按本人标准工资的90%发给，还可以根据实际情况发给一定数额的护理费，护理费标准，一般不得超过一个普通工人的工资；饮食起居不需要人扶助的，按本人标准工资的80%发给。同时具备两项以上的退休条件，应当按最高的标准发给。退休费低于35元的，按35元发给。

（5）特殊贡献群体享受优待。特殊贡献群体的退休费根据不同情况提高本人工资的5%—15%，提高后的上限是不超过本人原标准工资。《安置暂行办法》对有特殊贡献的干部提高退休金标准。获得全国劳动英雄、劳动模范称号，在退休时仍然保持其荣誉的干部；省（自治区、直辖市）革命委员会认为在新民主主义革命和社会主义革命、社会主义建设的各条战线上有特殊贡献的干部；部队军以上单位授予战斗英雄称号和认为对作战、军队建设有特殊贡献的转业、复员军人，在退休时仍然保持其荣誉的。提高退休费的标准是，可以酌情高于本办法所定标准的5%—15%，但提高标准后的退休费，不得超过本人原标准工资。

"两航"起义人员优待政策。《国务院办公厅转发中国民用航空局、劳动人事部、财政部〈关于提高"两航"起义中有特殊贡献人员退休费问题的请示〉的通知》对起义人员根据贡献大小提高5%—15%的退休费。《关于原国民党招商局驾船起义人员有关待遇问题的处理意见》根据起义的时间、身份不同，可享受离休待遇或者按原基本工资额的100%发给退休费。《中办、国办转发航空工业部、民用航空局〈关于"两航"起义人员有关待遇问题的请示〉的通知》规定，中华人民共和国成立前起义的"两航"人员,现在是干部的(含已退休的),可享受离休待遇。"两航"起义人员中,中华人民共和国成立前就已参加筹划起义工作的(有确凿证明),应按地下革命工作人员对待,可享受离休待遇。中华人民共和国成立后起义的"两航"的人员退休后(含已退休的),可按其原基本工资额100%发给退休金。

西藏、青海等地干部退休优待政策。《国务院办公厅转发国家人事局、国家劳动总局关于西藏干部、工人离休、退休、退职工作中有关问题处理意见的报告的通知》明确,西藏自治区干部、工人按在西藏连续工作时间提高退休费标准为:凡在海拔3500米以上地区工作累计满十年不满十五年的,退休费标准提高5%;累计满十五年以上的,退休费标准提高10%。在海拔3500米以下地区工作的,不提高退休费标准。特殊贡献人员的退休待遇为:获得全国性的劳动(战斗)英雄、模范等光荣称号的干部、工人,退休费标准可提高10%—15%;获得自治区劳动英雄、模范和部队军级以上单位授予的战斗英雄、模范等光荣称号的,以及自治区人民政府认为对西藏革命和建设有特殊贡献的干部、工人,退休费标准可提高5%—10%。享受特殊贡献待遇的干部、工人,如果长期在高原地区工作,还可以按规定提高退休费标准,但其退休费总额不得超过本人的原标准工资。1983年,劳动人事部、财政部印发《关于职工工资、保健、福利等问题给青海省人民政府的复函关于适当提高职工退休费标准问题》明确按下列标准予以适当提高:凡在海拔2000—3500米地区工作,累计满十五年的,退休费提高5%;累计满二十年的,退休费提高10%;凡在海拔3501米以上地区工作,累计满十五年的,退休费提高10%;累计满二十年以上的,退休费提高15%。以上提高标准后的退休费,不得超过本人原标准工资。

三线艰苦地区国防科技工业离休退休优待政策。为了稳定三线职工队伍,巩固和加强三线建设,1984年6月11日,《国务院、中央军委批转〈国防科工委等部门关于解决三线艰苦地区国防科技工业离休、退休人员安置和职工夫妻长期两地分居问题的报告〉的通知》,对三线艰苦地区国防科技工业的离休、退休职工给予适当照顾。报告明确:凡在三线艰苦地区三类区(高寒、高原、沙漠戈壁、深山峡谷地区)工作累计满二十年的职工,退休金标准提高10%;在一类区(无城镇依托、交通不便的偏僻地区)、二类区(远离城镇和交通干线的穷困山区)工作满二十年的职工,退休金标准提高5%。但提高后的退休金总额,不得超过本人的原标准工资。

高级专家退休费优待政策。《高级专家离休退休暂行规定》对高级专家的优待政策有:有重大贡献的高级专家,经省(自治区、直辖市)人民政府或中央、国家机关的部委批准,其退休费标准可以酌情提高5%—15%。提高标准后的退休费,不得超过本人原标准工资。中华人民共和国成立后从国外或者从香港、澳门、台湾回来定居工作的高级专家,其退休费均按中华人民共和国成立后参加革命工作退休干部的最高标准发给。其中有重大贡献的,再按本条①项规定提高退休费。

为了在全国实行专业技术职务聘任制度,国务院颁布《关于高级专家退休问题的补充规定》明确,凡中华人民共和国成立前从事专业技术工作,1986年已满六十周岁,并于1983年9月1日前已获得相当于副教授以上职称的老科学家、老教授、老专家(含中华人民共和国成立前在国外工作,中华人民共和国成立后回国的),在他们退休后,仍可保留原已获得的称号,退休费按其原工资额的100%发给。对于过去已经办了退休手续、符合上述条件的,也同样对待;领取原工资额的100%退休费的时间,自1986年2月起计算。

1986年5月27日,国家科委印发的《关于高级专家离休退休问题的几点说明》对相关问题进行了明确。一是《国务院关于高级专家退休问题的补充规定》所规定的三个条件,高级专家(包括已退休的高级专家)必须同时具备,方可保留已获得的称号并取原工资额的100%的退休费。二是"有重大贡献的高级专家,经省、自治区、直辖市人民政府或中央国家机关的部委批准,其退休费标准可以酌情提高5%—15%",具体条件可参照1983年12月3日劳动人事部颁发《关于贯彻执行〈国务院关于高级专家离休退休若干问题的暂行规定〉的说明》精神,自行制定。三是为鼓励和稳定在边远地区工作的高级专家,凡在边远地区工作二十年以上者,除了根据《国务院批转劳动人事部、国家民委关于加强边远地区科技队伍建设若干政策问题的报告的通知》的规定,退休费可提高10%外,还可根据国发〔1983〕141号文件的规定,酌情再提高退休费5%—15%,但退休费的总额不得超过本人的原工资额。

为了便于在实践中统一标准，1988年5月13日，国家科委印发《关于提高有突出贡献的高级专家退休费标准的补充规定》明确了作出不同贡献的高级专家退休待遇的提高标准和审批权限。对于作出突出贡献的高级专家按照其取得成绩将退休费提高的标准分为三档，分别为15%、10%和5%。而且，对这些专家提高退休费是"可以"，不是"必须"；提高的幅度为"适当"，上限不得超过其原有标准工资额。但是，文件规定，对于新中国成立后从国外或香港、澳门和台湾回来定居工作并做出重大贡献的高级专家，在确定其退休费标准时，可酌情适当放宽工作年限的要求。

可以提高退休费15%的五种情形：一是国家自然科学奖、发明奖和科技进步奖特等、一等、二等奖获得者（集体奖中指主要作者或发明者）；二是曾获全国劳动模范、全国劳动英雄和全国先进工作者等称号者；三是组织指导国家重大工程、技术、设计、科研工作，达到国内外先进水平，并取得显著经济效益的项目主持人；四是学术上有独到见解的论著，并为国内外采用，在国内外有影响的专家；五是提出重大改革和政策性建议，经中央、国务院采纳后，对我国经济建设、科学技术进步有较大的推动作用，并取得重大经济效益或社会效益者。

可提高退休费标准10%的三种情形：一是国家自然科学奖、发明奖三、四等和进步奖三等，全国科学大会奖以及省（部）级科技进步一、二等奖获得者；二是曾获省、市、自治区或中央、国家机关各部委一级授予的劳动模范、劳动英雄称号者；三是较系统地提出改革和政策性建议，经省、市、自治区、中央、国家机关部委采纳后，对科技进步做出较大的贡献，取得显著社会效益或经济效益者。

可提高退休费标准5%的情形。对于新中国成立后直接从事专业技术工作满30年，取得优异成绩者。

在审批权限方面，不同的提高幅度，审批权限存在差异。高级专家提高退休费标准10%及其以下者，由单位提出意见，报委人事局审批。高级专家提高退休费标准15%者，由单位提出意见后，报委审批。在程序上，办理高级专家提高退休费标准手续，需填报《高级专家提高退休费比例审批表》。

为了在全社会发扬尊重知识、尊重人才的良好风尚，进一步调动广大知识分子的积极性，中共中央、国务院印发了《关于给做出突出贡献的专家、学者、技术人员发放政府特殊津贴的通知》，规定1991年的政府特殊津贴及按去年发放特殊津贴的标准，即每人每月100元，免征工资调节税，享受政府特殊津贴的专家、学者、技术人员离、退休后可继续享受，数额不减。

高级专家延迟退休享受免征个人所得税政策优惠。1994年5月13日，财政部、国家税务总局印发了《关于个人所得税若干政策问题的通知》。《通知》的第七条第二款规定，按《国务院关于高级专家离休退休若干问题的暂行规定》和《国务院办公厅关于杰出高级专家暂缓离退休审批问题的通知》精神，达到离休、退休年龄，但确因工作需要，适当延长离休退休年龄的高级专家（指享受国家发放的政府特殊津贴的专家、学者），其在延长离休退休期间的工资、薪金所得，视同退休工资、离休工资免征个人所得税。

2008年7月1日，财政部、国家税务总局印发《关于高级专家延长离休退休期间取得工资薪金所得有关个人所得税问题的通知》，明确了延长离休退休年龄的高级专家的范围和高级专家延长离休退休期间取得的工资薪金所得，其免征个人所得税政策口径标准。[①]

少数部门自行发文规定本行业、本系统退休干部享受特殊贡献待遇的范围和标准，造成了政策上的不平衡，引起了部门、行业、单位之间的相互攀比，也给地方的工作带来了困难。为了克服这种混乱现象，1989年7月21日，人事部《关于严格执行退休干部享受特殊贡献待遇规定的通知》，就严格执行国家机关、事业单位退休干部享受特殊贡献待遇作出规定。退休干部享受特殊贡献待遇严格按照《国务院关于安置老弱病残干部的暂行办法》第六条的规定执行，有关文件已明确由各省、自治区、直辖市人民政府确定的享受特殊待遇的范围和标准，各地要从严掌握。对

---

① 《关于高级专家延长离休退休期间取得工资薪金所得有关个人所得税问题的通知》明确，高级专家范围指：一享受国家发放的政府特殊津贴的专家、学者；二中国科学院、中国工程院院士。高级专家工资薪金所得免征个人所得税政策口径标准是：（一）对高级专家从其劳动人事关系所在单位取得的，单位按有关国家规定向职工统一发放的工资、薪金、奖金、津贴、补贴等收入，视同离休、退休工资，免征个人所得税；（二）除上述第（一）项所述收入以外各种名目的津补贴收入等，以及高级专家从其劳动人事关系所在单位之外的其他地方取得的培训费、讲课费、顾问费、稿酬等各种收入，依法计征个人所得税。

于本通知下发之前一些部门自行下发的有关本行业、本系统退休干部享受特殊贡献待遇的规定，凡不符合国发〔1978〕104号文件精神的，应停止执行。并明确今后，各行业、各系统退休干部享受特殊贡献待遇的范围和标准问题，不得随意"开口子"。情况特殊，确需解决的，应由人事部综合平衡同意后下达。否则，各地人事部门则可不予执行。该文件明确了在特殊贡献待遇政策具有全国统一性，而且政策制定和发布部门属于人事部唯一部门，其他行业、各部门无权制定。

（6）提高退休金的水平。国家在机关、事业单位工资制度改革以及经济社会发展、物价上涨的情况下先后多次提高退休费的标准。

退休费随工资区类别变动。1980年8月16日，国家劳动总局印发了《关于退休费、退职生活费、精减人员救济费可随工资区类别的调整而变动的通知》，规定1979年10月底以前已经退休、退职的职工和按国务院《关于精减退职老职工生活困难救济问题的通知》规定发给本人工资40%救济费的精减人员、其退休费、退职生活费和救济费可随工资区类别的调整而变动，自1979年11月起由发给上述待遇的单位，改按调整工资区类别后原单位的同等级在职职工的标准工资计发；对享受粮（煤）补贴的，按国务院《关于调整工资区类别的几项具体规定》相应冲销其粮（煤）补贴后计发。

提高退休费的最低保证数。劳动人事部、财政部于1983年6月28日颁布《关于提高职工退休费、退职生活费的最低保证数的规定》，明确提高退休费、退职生活费最低保证数的金额和经费来源。全民所有制企业、事业单位和国家机关、群众团体的退休职工，自1983年8月起，其退休费、退职生活费的最低保证数在现行标准的基础上提高5元。即：年老和因病完全丧失劳动能力退休的，由25元提高到30元[1]；因工致残完全丧失劳动能力退休的，由35元提高到40元；过去已经退休和按照《安置暂行办法》规定退职的职工，其退休费的最低保证数，自1983年8月起，也按上述规定执行。提高退休费最低保证数所增加的费用，由现在支付退

---

[1] 《国家统计局关于1982年国民经济和社会发展计划执行结果的公报》显示：1982年全民所有制单位职工平均货币工资为836元。平均计算，每月为69.67元。退休费最低保证数提高到30元，为在职平均工资的43%。

休费的单位负责发给。集体所有制企业、事业单位退休、退职职工的退休费的最低保证数，由各省（自治区、直辖市）人民政府确定。

提高退休费的基数。1989年12月19日，《国务院批转人事部、国家计委、财政部〈关于1989年调整国家机关、事业单位工作人员工资实施方案〉的通知》和《国务院批转劳动部、国家计委、财政部〈关于1989年国营企业工资工作和离退休人员待遇问题安排意见〉的通知》两个文件同步提高了退休待遇。对国家机关、事业单位离休、退休的人员，按在职人员相应职务普调一级的平均增资数额，增加离休、退休费，低于8元的，按8元发给；提高退休人员的待遇。将职工退休费最低保证数由原来的30元提高到50元[①]；将因工（公）致残的退休职工退休费最低保证数由原来的40元提高到60元；对1957年以来从未升过级的退休干部，按提高一级工资的数额增加退休费，计入退休费总数；离休、退休人员先提高待遇，再按普调的有关规定，相应增加离休、退休费离休干部按《国务院关于提高主要副食品销价后发给职工副食价格补贴的几项具体规定》享受的每人每月5元副食品价格补贴和按《国务院关于发给离休退休人员生活补贴的通知》规定享受的17元生活补贴费，可纳入本人离休费总数，计发1个月、1.5个月、2个月离休费总数的生活补贴。

国务院《关于调整机关、事业单位工作人员工龄津贴标准的通知》下发以后，不少地区和部门在调整离退休人员待遇方面，提出了一些具体问题。为此，人事部于1992年2月2日印发《关于离退休人员待遇有关问题的通知》，对离退休干部待遇的具体内容作出规定。一是按照《几项规定》和国务院批转《人事部、国家计委、财政部1989年调整国家机关、事业单位工作人员工资实施方案的通知》规定，每年享有1个月、1.5个月、2个月离休费总数生活补贴的离休干部，这次增加的离休费，可作为计发"生活补贴"的基数。今后，凡是按国家规定增加的离休费，均可照此办理。二是按照中共中央组织部、劳动人事部《关于工资改革

---

① 由于《1988年国民经济和社会发展统计公报》没有披露全国职工平均货币工资水平，从《国家统计局1989年国民经济和社会发展统计公报》显示的1989年职工平均货币工资1950元，比上年增长11.6%，推出1988年全国职工平均货币工资水平为1747元，平均每月工资为146元。最低保证数为50元，加上副食补贴7元和17元生活补贴，总计为74元，为在职职工平均工资的50%。

后离休的部分老干部待遇问题的通知》精神，离休干部这次调整待遇后，其离休费分别达到原行政十四级、十八级工资数额的，不能按行政十四级、十八级对待享受局、处级待遇。三是按照国务院批转《人事部、国家计委、财政部1989年调整国家机关、事业单位工作人员工资实施方案的通知》规定，享受退休费最低保证数的退休人员，这次增加的退休费基数，按现行办法打折扣后，可与原享受的退休费最低保证数合并发给。四是未参加1985年工资改革的离退休人员，这次增加离退休费基数的办法，应按在职人员计发工龄津贴的办法办理。五是符合《安置暂行办法》规定条件的退职人员，原则上可参照退休人员的办法增加退职生活费基数，具体办法由各省、自治区、直辖市和中央、国家机关各部门根据实际情况确定。

发放副食品价格补贴和生活补贴。为了保证职工生活的基本安定，1979年10月17日《国务院关于提高主要副食品销价后发给职工副食品价格补贴的几项具体规定》明确，从1979年11月1日起，在提高几种主要副食品销售价格的同时，发给职工副食品价格补贴。退休职工、退休军队干部和按照《安置暂行办法》规定退职的职工，每月发给5元副食品价格补贴。

发放生活补贴。鉴于物价上涨，1985年1月10日，国务院印发了《关于发给离休退休人员生活补贴费的通知》，决定向离退休人员发放生活补贴。一是国家机关、事业单位的离休、退休人员，除按《几项规定》和《安置暂行办法》规定享受的待遇和副食品价格补贴外，从1985年5月1日起，每人每月发给17元生活补贴费。二是企业单位根据自己的负担能力，对离休、退休人员每人每月发给12—17元的生活补贴费，发放时间由各省、自治区、直辖市确定。国务院各部门在各地的企业，除铁路系统以外，一律按当地规定的发放时间执行。三是实行本规定所需增加的经费，国家机关、事业单位由财政拨专款解决。属于中央单位的，由中央财政开支；属于地方单位的，由地方财政开支。企业单位在营业外支出中列支。由民政部门管理的离休、退休人员所需增加的经费，由同级财政部门增加预算解决。

但是，上述《通知》下达以后，由于不同地区、不同企业的生产经营效益上存在差异，有些地区反映企业负担有困难，同时根据省长会议精神，1985年4月4日，国务院出台《关于发给离休退休人员生活补贴费的补充通知》规定，要适当控制消费基金的增长，经研究确定，企业离休、退休人员一般先按每人每月12元发给，以后随着企业经济效益的提高，再逐步增加。

1985年6月13日，国务院工资制度改革小组、劳动人事部印发《关于实施国家机关和事业单位工作人员工资制度改革方案若干问题的规定的通知》，对离退休人员生活费补贴作出规定。凡是1985年4月30日以前离休、退休的，可按《国务院关于发给离休退休人员生活补贴费的通知》规定的待遇执行。不分工资区类别，每人每月一律发给生活费补贴17元。1985年5月1日以后至这次工资制度改革之前离休、退休的，也可按《国务院关于发给离休退休人员生活补贴费的通知》规定的待遇，从办理离休、退休的下个月起发给生活费补贴17元。

2. 医疗待遇

《安置暂行办法》明确，离休、退休、退职干部本人，可以享受与所居住地区同级干部相同的公费医疗待遇。

1984年8月14日，劳动人事部下发《关于已出境定居的离休、退休、退职人员临时入境就医报销医疗费问题给国务院侨务办公室的复函》明确，已出境定居的离休、退休、退职人员临时入境就医，如属长期领取离休、退休、退职待遇的，其医疗费可由支付待遇的单位，按公费医疗或劳保医疗待遇的规定予以报销。

3. 住房待遇

《安置暂行办法》明确，退休干部的住房，就地安置的，由原单位负责解决；回中小城镇安置的，其住房由接收安置的地区尽量从公房中调剂解决；确实不能调剂解决，需要修缮、扩建和新建住房的，也由接收安置的地区列入基建计划统一解决；回农村安置，住房确有困难的，可以由原单位给予适当补助。

离休或退休的干部确需修建住房的，其住房面积和标准，应当本着勤俭节约的原则，根据家庭人口和当地群众住房水平确定，不要脱离群众；自己有房屋可以居住的，不得另建新房。

西藏的离休退休干部的住房政策。对于离休、退休后回农村安置以及异地安置到县、镇的干部、工人，可以适当发给建房、修缮补助费。离休、退休后仍居住公房的，包括易地安置到配偶或子女处居住公房的，都不再发给住房补助费。跨省安置到中等以上城市，确无住房或住房确有困难的，由接收安置地区积极协助解决，新建、扩建住房的费用由西藏自治区支付。1983年5月，《国务院办公厅批转〈劳动人事部关于落实西藏离休退休人员跨省安置问题的请示〉的通知》明确，跨省安置离休退休干部的住房面积和造价标准，按当地同级在职干部和群众的水平确定，由接收地区列入统筹建房计划。

4. 其他待遇

干部退休以后，无论退休、离休还是退职，除了享受退休金的生活待遇以外，还享受安家补助费、车船费、旅馆费、丧葬费及直系亲属抚恤费等其他待遇。

（1）安家补助费。《安置暂行办法》规定，离休、退休干部易地安家的，一般由原工作单位一次发给150元的安家补助费，由大中城市到农村安家的，发给300元。

（2）车船费、旅馆费等。《安置暂行办法》规定，干部离休、退休、退职的时候，本人及其供养的直系亲属前往居住地点途中所需用的车船费、旅馆费、行李搬运费和伙食补助费，都按照现行的规定办理。

（3）直系亲属抚恤费。离休和退休的干部去世后，其丧事处理、丧葬补助费和供养直系亲属抚恤费，应当与在职去世的干部一样。

1986年3月27日，民政部、财政部印发《关于调整军人、机关工作人员、参战民兵民工因公牺牲、病故一次抚恤金标准的通知》规定，将机关工作人员的抚恤金标准参照军队干部标准发放。离休、退休的机关工作人员因公牺牲或病故的一次抚恤金，按其病故时的十个月工资计发，但其最高数额不得超过3000元。退休人员按本人退休时的全额工资计发。上述规定适用于1986年7月1日以后（含7月1日）因公牺牲、病故人员，凡1986年7月1日以前因公牺牲或病故的，其一次抚恤金仍按原规定标准执行。

为适应1985年工资制度改革后工资项目构成发生的变化，1991年4月28日，民政部、财政部印发的《关于军队和国家机关离退休人员死亡后计发一次性抚恤金应包括项目的通知》中对机关离退休人员的死亡一次性抚恤金的项目构成作出了规定。1985年6月30日前批准离休退休的国家行政机关工作人员死亡后，计发一次性抚恤金包括：离休时的工资或退休时的全额工资；按国发〔1979〕245号文件规定发给的每人每月5元副食品价格补贴；按国发〔1985〕6号文件规定发给的每人每月17元生活补贴费；按国发〔1989〕82号文件规定增加的离休、退休费。此外，如果离休、退休干部领取的离退休工资中有地区类别工资、护龄、教龄津贴的，计算一次性抚恤金时也应计算在内。对于全民所有制事业单位离退休人员死亡后计发一次性抚恤金，比照国家行政机关离退休人员死亡一次性抚恤金的计发项目执行。

5. 停止退休、退职待遇

《中共中央组织部老干部管理局关于贯彻执行〈国务院关于安置老弱病残干部的暂行办法〉的若干具体问题的处理意见（草案）》规定，退休、退职干部因为违犯法纪被判处徒刑的时候，在服刑期间应该停止享受各种退休、退职待遇，并且收回其退休、退职证件。服刑期满恢复政治权利后的生活待遇，由发给退休费、退职生活费的单位酌情处理。

（三）退休经费来源

不同项目类别、不同单位性质的退休经费支出，其经费来源并不相同。

1. 一般退休费经费来源

《安置暂行办法》明确，规定发给的退休费、退职生活费，企业单位，由企业行政支付。党政机关、群众团体和事业单位，就地安置的，由原工作单位负责。

2. 易地安置经费来源

《安置暂行办法》规定，异地安置的，分别由负责管理的组织、人事和县级民政部门另列预算支付。对于西藏跨省安置所需费用，1983年5月，《国务院办公厅批转〈劳动人事部关于落实西藏离休退休人员跨省安置问题的请示〉的通知》明确规定，关于西藏退休工人回内地的接受部门，属企业单位的，由接受地区劳动部门负责，怎样管理由各地人民政府自行确定；属党政机关、群众团体和事业单位的，仍按国务院（1978）104号文件规定，由接受地区民政部门负责，所需费用均由西藏自治区逐年拨付、结算。

3. 一次性抚恤金经费来源

1986年3月民政部、财政部印发的《关于调整军人、机关工作人员、参战民兵民工因公牺牲、病故一次抚恤金标准的通知》规定，调整因公牺牲、病故一次抚恤金标准所需经费，由各省、自治区、直辖市地方财政解决。

1991年4月28日，民政部、财政部印发的《关于军队和国家机关离退休人员死亡后计发一次性抚恤金应包括项目的通知》规定，对于全民所有制事业单位离退休人员死亡后计发一次性抚恤金，经费由所在单位发放。

4. 困难企业和地区的生活待遇

1990年中组部印发的《关于进一步加强老干部工作的通知》提出，各级党委和政府要从生活上帮助离退休干部解决实际困难。要按照国家的有关规定，认真落实老干部的生活待遇。凡属应当并能够解决的问题，决不能以各种借口拖延不办。对一部分微利、亏损、承包、停产、半停产企业和老、少、边、穷地区的老同志，要千方百计落实其待遇；本单位实在解决不了的，由其上级主管部门帮助解决。

## 二 干部离休待遇

这一时期的离休待遇内容丰富，不但提高了政治待遇，而且在生活待遇上更加关心离休干部。除了提高离休费水平、发放生活补贴等一般生活待遇外，还在护理费发放、探亲、住房、健康休养等方面作出详细规定。

（一）政治待遇

《几项规定》《离休干部生活待遇补充规定》《离休处理意见》进一步细化了离休干部的政治待遇和生活待遇的内容。

1. 发放离休荣誉证

1982年4月10日，《几项规定》明确，老干部办理离休手续后，由国务院委托离休干部所在的省、市、自治区人民政府或中央、国家机关的部委授予"老干部离休荣誉证"，此证由国务院统一制定。

1982年10月18日，《劳动人事部关于颁发老干部离休荣誉证有关事项规定的通知》（劳人老〔1982〕4号）指出：老干部（人事）部门承办授予"荣誉证"的具体事宜。授予"荣誉证"时，举不举行仪式，由各地区、各部门自定。但是明确填写"荣誉证"时贴相片处由离休干部所在的省、市、自治区人民政府或中央国家机关的部委加盖钢印（没有钢印的，可用同级政府或部委的办公厅钢印代替），自行编号，并对填写内容作出规定。12月10日，劳动人事部《关于发布〈贯彻国务院关于老干部离职休养规定中具体问题的处理意见〉的通知》指出，"老干部离休荣誉证"，也可以根据情况，由行署或县一级的政府机关代发。

1985年1月30日，劳动人事部印发的《关于简化办理老干部离休荣誉证手续的通知》明确，中央和国家机关各部委在京外的直属单位办理老干部离休荣誉证，可委托所在省、自治区、直辖市人民政府代盖钢印。

2. 阅读机要文件等

《离休干部生活待遇补充规定》明确离休干部的政治待遇，原则上按同级在职干部的待遇阅读机要文件、听重要报告、看必要的学习材料以及参加重要的政治活动和会议。对因病或年老体弱行动不便的离休干部，在不违背保密制度的原则下，老干部部门指定专人赴离休干部住地送阅重要文件或口头传达重要会议精神。高级干部离休后，一般不配秘书。工作确实需要的，经所在部、委领导批准，可临时抽调助手。

3. 庆祝大会在主席台或荣誉台就座

《离休处理意见》明确，在举行重大庆祝会、纪念会等，要请离休干部的代表上主席台或荣誉席就座，这一规定进一步强调了离休干部的政治地位和荣誉。

(二) 生活待遇

离职休养的干部生活待遇按照"工资照发"的原则执行。随着经济社会发展和生活水平的提高和离休老干部年龄的增长，党和国家在不同时期、分不同的项目提高全部或部分离休老干部的生活待遇。

1. 提高离休费

工资改革时提高离休费是按照离休人员参加革命不同时间进行调整。1989年12月19日，国务院批转《人事部、国家计委、财政部1989年调整国家机关、事业单位工作人员工资实施方案的通知》中明确规定适当提高下列人员的离休干部待遇。

1937年7月6日以前参加革命工作的离休干部，其离休时工资低于124元（六类工资区，下同）的，可按124元领取离休费；1937年7月7日至1942年底参加革命工作的离休干部，其离休时工资低于87.5元的，可按87.5元领取离休费；1943年1月1日至1945年9月2日参加革命工作的离休干部，其离休时工资低于78元的，可按78元领取离休费；1945年9月3日至1949年9月30日参加革命工作的离休干部，其离休时工资低于70元的，可按70元领取离休费。

对1957年以来从未升过级的离休干部，按提高一级工资的数额增加离休费，计入离休费总数。凡已享受上述提高离休干部待遇第1项的，不再享受此项待遇。

2. 生活补贴

为体现对老干部生活待遇的优待，《几项规定》根据老干部参加革命时间的早晚，以本人工资为基数，发放金额不等的生活补贴。1937年7月6日以前参加革命工作的老干部，按本人离休前标准工资，每年增发2个月的工资，作为生活补贴；1937年7月7日到1942年12月31日参加革命工作的老干部，按本人离休前标准工资，每年增发1.5个月的工资，作为生活补贴；1943年1月1日到1945年9月2日参加革命工作的老干部，按本人离休前标准工资，每年增发1个月的工资，作为生活补贴；1945年9月3日到1949年9月30日参加革命工作的老干部，不增发生活补贴。行政八级和相当于八级以上（含八级）的老干部离休后，不增发生活补贴。享受上述待遇的离休老干部，一律不再发给任何形式的奖金。老干部离休后的生活补贴，自批准离休之日起按年发给。

《国务院批转人事部、国家计委、财政部1989年调整国家机关、事业单位工作人员工资实施方案的通知》规定，抗日战争时期及其以前参加革命工作的原行政八级（含八级）以上的离休干部，同原行政九级以下的离休干部一样，按照他们参加革命工作的不同时期，每年分别增发1个月、1.5个月、2个月本人离休费总数的生活补贴。

3. 奖金待遇

《劳动人事部印发〈关于贯彻国务院关于老干部离职休养规定中具体问题的处理意见的问题解答〉的通知》规定，干部从离休的下个月起，不再发给任何形式的奖金。因工作需要由组织安排，坚持上班的离休干部，可与在职干部一样继续发给工作（生产）奖金。

4. 部分离休干部提高待遇

（1）离休干部享受副司局级、副县级待遇。根据《中共中央组织部关于行政十四级、十八级以上干部离休后分别按司局级和处级待遇的通知》，1984年10月，《中共中央组织部、劳动人事部关于国营企业非国家机关行政级干部离休后分别享受司局级、处级待遇的通知》《教育部干部司关于高等学校非国家机关行政级别干部离休后分别享受司局级或处级待遇的通知》《中共中央组织部、劳动人事部关于工资改革后离休的部分老干部待遇问题的通知》《中共中央组织部老干部局关于获得高级专业技术职称的干部离休后有关待遇问题的复函》《中共中央组织部老干部局关于行政十四级、十八级以上干部离休后提高待遇问题的电话答复》规定，以下干部离休后可提高享受副司级（地专）级待遇：中华人民共和国成立前参加革命工作未担任司局（地专）级职务的行政十四级以上老干部离休后，一般可享受司局（地专）级的政治、生活待遇；中华人民共和国成立前参加革命工作，其标准工资额高于当地国家机关行政十四级干部的工资额的企业干部；中华人民共和国成立前参加革命的干部，其工资级别为高等学校教学人员六级或六级以上的；工资级别为高教行政九级及九级以上的；工资级别为其他非国家机关行政级，其标准工资额高于当地国家机关行政十四级的干部；建国以前参加革命工作的干部，1982年底以前，国家机关、科学文教卫生等部门，按照国务院调整工资的规定，工资级别调为行政十四级以上的；国营企业非国家机关行政级干部，1983年底以前按国务院调整工资的规定，其标准工资额调为高于当地国家机关行政十四级干部工资额（不包括浮动工资、津贴、补贴和各地区、各部门自行调整的工资）的；获得高级专业技术职称的干部离休后提高享受待遇的问题，仍应按照中共中央《关于建立老干部退休制度的决定》，中共中央组织部、劳动人事部《关于国营企业非国家机关行政级干部离休后分别享受司局级、处级待遇的通知》，中共中央组织部、劳动人事部《关于工资改革后离休的部分老干部待遇问题的通知》的规定办理。其在职时按中央、国务院及有关部门的规定享受的乘车、医疗等项待遇，离休后仍可以继续享受。

（2）离休后可享受副处（县）级待遇：中华人民共和国成立前参加革命工作未担任处（县）级职务的行政十八级以上老干部；中华人民共和国成立前参加革命工作，其标准工资额高于当地国家行政机关行政十八级干部的工资额的企业干部；中华人民共和国成立前参加革命的干部，其工资级别为高等学校教学人员九级及九级以上的；其工资级别为高教行政十三级及十三级以上的；工资级别为其他非国家行政机关行政级，其标准工资额高于当地国家机关行政十八级的；新中国成立以前参加革命工作，1982年底以前，国家机关、科学文教卫生等部门，按国务院调整工资的规定，工资级别调为行政高于当地国家机关行政十八级干部工资额（不包括浮动工资、津贴、补贴和各地区、各部门自行调整的工资）的；获得高级专业技术职称的干部离休后提高享受待遇的问题，仍应按照中共中央《关于建立老干部退休制度的决定》，中央组织部、劳动人事部《关于国营企业非国家机关行政级干部离休后分别享受司局级、处级待遇的通知》，中央组织部、劳动人事部《关于工资改革后离休的部分老干部待遇问题通知》的规定办理。其在职时按中央、国务院及有关部门的规定享受的乘车、医疗等项待遇，离休后仍可以继续享受。

（3）离休干部享受省（部）长级待遇和副省（部）长级待遇。1984年，《中共中央组织部印发〈关于确定部分老同志待遇问题的意见〉的通知》规定，除现任部长级职务的干部外，符合下列条件之一的干部，按部长级待遇：行政六级以上（含六级）的；1927年7月31日以前参加革命工作，"文化大革命"前担任副部长级职务，行政七级的；中华人民共和国成立以后担任过部长、省长或相当于这一级职务，后因工作需要调任较低之外（不包括犯错误而降级）的。

除现任副部长级职务的干部外，符合下列条件之一的干部，按副部长级待遇：行政八级以上（含八级）的；1937年7月6日以前参加革命工作，"文化大革命"前担任正局长级职务，行政九级的；1927年7月31日以前参加革命工作，"文化大革命"前行政十级的；中华人民共和国成立以后担任过副部长、副省长或相当于这一级职务，后因工作需要调任较低之外（不包括犯错误而降级）的；1937年7月6日以前参加革命工作，转业前在军队担任过正军级职务，"文化大革命"前行政十级的。

5. 特殊情况下离休人员的待遇

（1）异地安置的离休人员工资区确定。1984年6月19日，《劳动人事部关于异地安置的离休人员应按何类地区工资标准计发工资的复函》中明确，对于异地安置离休人员的工资由原单位支付的，仍按原单位所执行的工资区类别计发标准工资。离休人员的工资已由接收安置地区支付的，也应按原工作单位所执行的工资区类别计发标准工资。异地安置的离休人员的标准工资无论由何地支付，均不受接收安置地区工资区类别调整的影响，而应随原工作单位所在地工资区类别的调整作相应调整。

（2）派驻深圳工作干部离休待遇确定。1989年5月17日，《人事部离退休司关于派驻申请深圳公司工作的干部离退休后待遇问题的答复》规定凡在离休前户口已迁到深圳的，可按深圳的工资标准领取离休费；凡户口仍在派出地的，应享受原派出单位同职级干部的离休费待遇。

6. 医疗待遇

党和政府重视对离休干部医疗待遇的保障，随着经济社会的发展逐步丰富离休老干部的医疗待遇内容，提高医疗待遇水平。

（1）公费医疗待遇。《安置暂行办法》规定，离休、退休、退职干部本人，可以享受与所居住地区同级干部相同的公费医疗待遇。

（2）制定老干部保健制度。1978年，《加强老干部工作的几点意见》提出对老干部，特别是第一、第二次国内革命战争时期的老干部，要在住房、医疗、用车、生活品供应等方面给予适当照顾。要协同卫生部门制定老干部保健制度，在他们住院治疗期间，及时去探望他们。

（3）离休干部医疗待遇优先照顾。《离休干部生活待遇补充规定》提出，原享受保健医疗待遇的干部，离休后待遇不变。对其他离休干部，各医疗单位须积极创造条件，增设干部病床，在门诊、住院等方面予以优先照顾。行动不便的离休干部，除在原单位合同医院就诊外，经所在区卫生局办理手续，可在居住地区附近再确定一个医疗机构看病，凭收据报销医药费。合同医院会同离休干部所在单位医务室，须定期对离休干部进行体格检查。有条件的单位应设医务室，建立巡诊制度，为离休干部上门送医送药。《加强老干部工作通知》规定，在医疗制度改革中，对离休干部要给予适当照顾。老同志在制度规定范围内的医药费用，应实报实销。要使他们有病能得到及时治疗，治病用车原则上要给予保证。

（4）高级专业技术职称离休干部继续享受医疗待遇。1990年12月，《中共中央组织部关于获得高级专业技术职称的干部离休后有关待遇问题的复函》规定，获得高级专业技术职称的干部，在职时按中央、国务院及有关部门的规定享受的乘车、医疗等各项待遇，离休后仍可以继续享受。

## (三) 特殊待遇

离休人员的其他待遇除了与退休人员都同样享受的安家补助费、车船费、供养直系亲属抚恤费、丧葬费以外，离休干部还享受护理费、车船费和车辆使用的特殊待遇。

### 1. 护理费

《离休暂行规定》规定，因公致残饮食起居需要人扶助的离休干部，一般可发给不超过当地普通机械行业二级工标准工资的护理费。由于瘫痪等原因，生活长期完全不能自理的，可酌情发给护理费。需要购置病残工具而本人有困难的，可酌情补助。

《劳动人事部关于发布贯彻国务院关于老干部离职休养规定中具体问题的处理意见》规定，《离休暂行规定》所称因病残发给护理补助费的标准，不得超过当地一个普通机械行业二级工的工资标准。病情好转、生活基本能够自理后，护理补助费停发。

《民政部、劳动人事部、财政部关于在职的革命残废军人伤口复发治疗期间的有关待遇及对离休、退休的特、一等残废军人发给护理费问题的通知》规定对于离休、退休因战因公负伤致残、完全丧失劳动能力、饮食起居需人扶助的特、一等革命残废军人，应参照《安置暂行办法》《国务院关于老干部离职休养的暂行规定》的有关规定，由发放离休费、退休费的单位发给护理费。

《劳动人事部、财政部关于调整离休退休人员护理费标准的通知》规定，自1986年11月起，离休、退休人员按照国家规定条件享受的护理费，其标准调整为《关于印发国营大中型企业职工工资标准的通知》中规定的当地新五级工标准工资的中线（六类区为51元）。

### 2. 探亲待遇

《老干部离职休养的暂行规定》明确，干部离休后，继续享受国家规定的探亲待遇，本人可报销一次探视父母、子女或回原籍的往返车船费。

《劳动人事部印发〈关于贯彻国务院关于老干部离职休养规定中具体问题的处理意见的问题解答〉的通知》规定，干部离休后除继续享受国家对在职干部规定的探亲待遇外，本人还可以按现行差旅费开支标准报销一次探视父母、子女或回原籍的往返车船费。住宿费和伙食费自理。探视地点只准一处（顺路中途下车的不限）。陪同人员的费用自理。离休干部出国探亲按对在职干部的探亲规定报销国内的往返路费。

3. 车辆待遇

《几项规定》明确了离休干部配备必要的车辆标准。地专级以上的离休干部，按同级在职干部的配车规定配备车辆。县级以上老干部工作部门和干休所，可根据实际情况适当配备车辆，供离休干部看病、学习、公出使用。所配车辆应首先从各单位现有车辆中调剂，不足部分由上级有关部门负责解决。

《关于〈贯彻国务院关于老干部离职休养规定中具体问题的处理意见〉的问题解答》的通知明确，离休干部使用的车辆，参照现行标准配备。原配有专车的干部，离休后待遇不变。鉴于工作量减少，根据本人自愿的原则，其专车也可组成为老干部服务的车队，由机关统一调度。离休后符合配专车条件的，不再固定专车。正、副部长级离休干部用车，保证随叫随到。司局长级（含十四级）离休干部看病、住院和处以下离休干部急诊、重病住院，应保证用车。在机关车辆不能保证的情况下，经有关部门同意，可租用车辆，费用报销。参加有组织的活动，对司局长级（含十四级）离休干部和行动不便的处级以下离休干部用车要妥善安排。参照上下班市内交通补贴标准，可继续发给离休干部交通补贴。司局长级（含十四级）以上离休干部因病用车和处级以下离休干部急诊、重病住院用车，均不收费。因私用车按规定收费。老干部工作部门，根据实际需要，可配备适当数量的工作车辆，为离休干部服务。

4. 住房待遇

对于离休干部的住房待遇，国家按照不同情况分别原则处理。

（1）正常离休住房待遇。《安置暂行办法》规定，离休干部的住房，就地安置的，由原单位负责解决；回原籍或到其他地区安置的，由接受安置的地区负责解决。确需修缮、扩建或新建住房的，由接受安置的省（自治区、直辖市）列入基建计划统一解决。

（2）离休干部住房的责任单位。《离休处理意见》规定，离休干部住房有困难的，就地安置的由所在单位负责优先解决。确实无力建房的基层单位，由上级主管部门或房管部门负责解决。跨省安置离休干部的建房，原工作单位将所需建房费划拨给接受安置地区后，由接受安置地区作为自筹基建优先列入地方计划，并负责筹建、管理。各级离休干部每户的建筑标准，可参照国家建筑主管部门的有关规定确定。对到农村安置的，可酌情给予一定数额的建房补助费，补助标准由各省（自治区、直辖市）制定。1983年12月15日，《劳动人事部、公安部、商业部、国家计委、城乡建设环境部关于离休干部跨省安置的补充规定》明确，跨省安置的离休干部，确需新建住房的，按国家主管部门的有关规定和当地省、市、自治区人民政府制定的具体规定，由原工作地区的县级以上干部、人事部门与接受地区的县级以上干部、人事部门会同有关部门，共同确定其建房面积和造价标准，列入地方计划抓紧建成，供跨省安置的离休干部租用。

（3）离休干部住房分配优先。1983年5月23日，《国务院办公厅转发劳动人事部关于中央和国家机关离休干部生活待遇问题的补充规定的通知》（以下简称《离休干部生活待遇补充规定》）对离休干部住房作出规定。《离休干部生活待遇补充规定》提出，离休干部住房，按家庭同居人口、职务级别分配。原则上在同等条件下，比在职干部优先分配，并在住房的条件上给予照顾。每户住房数量，以自然间为基本计算单位，以居住面积为辅助计算单位。一般可参照下列标准分配，详见表4—1。平房小宅院不适用上述规定标准，仍按国管局有关规定办理。离休干部住房由所在单位负责解决。

表4—1　　　　　　　　　离休干部住房分配面积

| 级别 | 自然间 | 居住面积 |
| --- | --- | --- |
| 部长级 | 五间至九间 | 最多不超过150平方米 |
| 副部长级 | 四间至六间 | 最多不超过100平方米 |
| 司局长级（含十四级） | 三间至四间 | 最多不超过70平方米 |
| 处以下离休干部 | 二间至四间 | 最多不超过50平方米 |

5. 健康休养

根据老干部离休后基本政治待遇不变，生活待遇略为从优的原则，1983年5月，劳动人事部印发《关于离休干部健康休养的几项规定》通知，规定了离休干部组织健康休养原则、休养时间、费用支出等。

（1）组织健康休养，应从各地实际情况出发，分期分批地进行。凡有疗养场所的，对离休干部应优先安排；没有疗养场所的，可与有关单位联系一些床位，适当安排。

（2）参加健康休养的离休干部，必须本人自愿；有医疗部门的检查，证明其健康状况容许，并经本单位组织批准。有传染病或严重慢性病者，不要参加；健康休养时间，一般可安排15—20天。

（3）副部长以上（含副部长）及相当于这一级的离休干部外出休养，可根据〔1980〕国办发18号文件规定办理，即，高级干部外出休养因病或年老体弱，需要家属随同照顾的，公家一般可报销家属一人的同席车船费和住宿费。但一般不得携带已参加工作的子女。

（4）所需费用，按下列原则掌握：车船费和床位费按同职级在职干部差旅费标准，从离休干部所在单位差旅费中列报；休养期间的医疗费，按公费医疗规定办理。伙食费自理。未经组织批准，自行联系休养的，或在统一组织健康休养期间，自动转换疗养场所的，一切费用自理。要发扬艰苦奋斗的优良传统，防止搞特殊化。

为了体现党和国家对离休干部政治上的关怀，使他们及时了解我国社会主义建设的大好形势，劳动人事部颁布了《关于离休干部参观工农业建设项目的通知》，对离休干部参观工农业建设项目的地域范围、参观人数、参观时间、参观过程、接待单位及经费支出作出规定。

《离休干部生活待遇补充规定》提出，各单位应按照有关规定组织离休干部健康休养。有疗养场所的，对离休干部应优先安排；没有疗养场所的，要积极创造条件自建或联合筹建。离休干部经组织批准健康休养的车、船、住宿费，按同级在职干部差旅费标准报销。伙食费自理。

（四）离休经费渠道

离休干部退休产生的经费根据不同的项目开支由不同的渠道处理。

1. 正常离休的经费渠道

《离休处理意见》规定，离休干部所需的各项经费（包括工资、生活补贴、粮价补贴、副食品价格补贴、冬季取暖补贴、福利费、公用经费、探亲路费、护理费、购置病残工具补助费、建房费和按规定配备汽车等各项费用），由所在单位列入预算。行政单位在其他行政经费、事业单位在有关事业费项下的"离休退休人员费用"目内列支。企业单位在营业外支出中列支。

2000年，中共中央办公厅、国务院办公厅印发《关于转发〈中央组织部国家经贸委、人事部、劳动保障部、卫生部关于落实离休干部离休费、医疗费意见〉的通知》，规定企业离休干部的离休费，凡是参加基本养老保险统筹的，社会保险经办机构要从统筹基金中优先支付，实行社会化发放；尚未参加基本养老保险统筹的，由离休干部所在单位及主管部门负责发放。对离休费的统筹项目做出规定，凡是国家统一规定的离休费开支项目，要全部纳入统筹，保证足额发放；国家统一规定之外的离休费开支项目，具体解决措施由各省区市制定。

2. 异地安置干部的经费渠道

《离休处理意见》规定，异地安置的离休干部所需各项经费，由原单位汇交接受安置单位支付。异地安置已由接收地区支付退休费的退休改离休干部，由接收地区的干部、人事部门单列编制，并负责各项经费的预算编造和支付工作，由"抚恤和社会福利救济费类"的"离休费"中列支。

3. 组织派到企事业单位干部的经费渠道

《离休处理意见》规定，由组织派到集体所有制企业、事业单位的国家干部，离休后所需的各项经费，可由上级主管单位分别在企业、事业费中开支。

4. 离休干部特需经费标准

《离休处理意见》规定，有离休干部的单位，每年按每个离休干部150元计算，由离休干部所在单位或上级主管部门作为特需经费列入预算，统一掌握，主要用于解决离休干部的特殊困难和必要的活动经费开支。

1983年5月16日，劳动人事部下发关于《贯彻国务院关于老干部离职休养规定中具体问题的处理意见》的问题解答，明确行政、事业单位离休干部的特需经费分别在行政费、事业费中的"离休干部其他经费"项下开支。企业单位在营业外支出中开支。主要用于解决离休干部的特殊困难，不能挪作他用。可以跨年度使用。相对于《离休处理意见》，该规定缩小了经费的使用范围，只用于解决离休干部的特殊困难，取消了必要的活动经费。

### 三 干部退职待遇

退职待遇主要是退职金和异地安家补助费，其他待遇如公费医疗、车船费、旅馆费与退休人员相同。

（一）退职费

1. 退职费的基数

《安置暂行办法》规定干部退职费的基数是本人标准工资。退职费发放改变了原来一次性发给的做法，实行按月发放，退职费的基数是本人标准工资。"这是考虑到有些完全丧失劳动能力的干部和工人退职后，没有生活来源，退职补助费用完了，生活发生困难，仍需由政府给予救济。改为按月发给退职生活费就有利于解决这个问题。"①

2. 实行退职费最低保证数

《安置暂行办法》规定，退职后，按月发给相当于本人标准工资 40% 的生活费。低于 20 元的，按 20 元发给。这是为了保障退职人员的基本生活。

3. 提高退职费最低保证数

劳动人事部、财政部于 1983 年 6 月 28 日颁布《关于提高职工退休费、退职生活费的最低保证数的规定》。全民所有制企业、事业单位和国家机关、群众团体的退休职工，自 1983 年 8 月起，其退职生活费的最低保证数在现行标准的基础上提高 5 元；年老和因病完全丧失劳动能力不够退休条件而退职的，由 20 元提高到 25 元。过去已经退休和按照《安置暂行办法》规定退职的职工，其退职生活费的最低保证数，自 1983 年 8 月起，也按上述规定执行。集体所有制企业、事业单位退休、退职职工的退职生活费的最低保证数，由各省（自治区、直辖市）人民政府确定。

1989 年 12 月 19 日，国务院批转《人事部、国家计委、财政部 1989 年调整国家机关、事业单位工作人员工资实施方案》的通知和国务院批转《劳动部、国家计委、财政部关于 1989 年国营企业工资工作和离退休人员待遇问题安排意见》的通知，两个文件同步提高退职人员待遇，将职工退职生活费最低保证数由原来的 25 元提高到 40 元。

（二）医疗待遇

民政部 1983 年 3 月 11 日印发《关于精减退职老弱残职工生活困难救济若干问题的解答》规定，凡是在 1961 年 1 月 1 日至 1965 年 6 月 9 日期

---

① 对《国务院关于安置老弱病残干部的暂行办法》的说明。

间已经作退职处理的因工负伤、部分丧失劳动能力的职工（包括 1958 年以后参加工作因工负伤的职工），他们的医疗费用，属于伤口复发的，由民政部门实报实销。属于一般疾病，由民政部门根据指定医疗单位的收费凭证补助三分之二的医疗费（包括医药费、治疗费、住院费），本人负担三分之一。退职老弱残职工如果病情严重，需要住院或者转院治疗，应当由指定的医疗单位开具证明并经民政部门同意。住院期间的伙食费和转院治疗的车船费、旅店费，原则上应由本人负担。对于本人负担上述费用有困难的，民政部门可以给予临时救济。

凡是在 1961 年 1 月 1 日至 1965 年 6 月 9 日期间精简退职的老弱残职工，退职后发现患有矽肺病，经原精简单位证明其退职前确系较长时间从事矽尘作业，经省（地、市）矽肺诊断中心小组检查鉴定确有一期矽肺病，部分丧失劳动能力，而家庭生活无依靠的，经省、自治区、直辖市民政厅、局批准，可以享受 40% 救济。对于患有一期矽肺病合并结核病和患二、三期矽肺病的退职职工，按退休处理。

（三）异地安家补助费

《安置暂行办法规定》明确，退职干部异地安家的，可以发给本人两个月的标准工资作为安家补助费。

（四）经费渠道

提高退休费、退职生活费最低保证数所增加的费用，由现在支付退职生活费的单位负责发给。

## 四　工人退休待遇

工人退休待遇与干部的退休待遇有明显不同。干部退休的待遇包括政治待遇和生活待遇；而工人退休待遇主要是生活待遇和子女招工待遇。其中，生活待遇包括退休金、公费医疗、易地安家费、车船费、旅馆费、行李搬运费和伙食补助费。

（一）退休费

1. 退休费的基数

《工人退休、退职办法》规定，工人退休费的基数是本人的原标准工资。

2. 退休费的水平

退休费的水平根据正常退休、特殊工种、因病退休以及离职休养不同情形而有所差异。

（1）正常退休费。抗日战争时期参加革命工作的，按本人标准工资的90%发给。解放战争时期参加革命工作的，按本人标准工资的80%发给。中华人民共和国成立后参加革命工作，退休费根据本人工作时间长短在60%—75%之间。其中，连续工龄满二十年的，按本人标准工资的75%发给；连续工龄满十五年不满二十年的，按本人标准工资的70%发给；连续工龄满十年不满十五年的，按本人标准工资的60%发给。

（2）因工致残退休。因工致残退休，由医院证明，并经劳动鉴定委员会确认，完全丧失劳动能力的，退休费的水平根据饮食起居是否需要人扶助有所差异。对于饮食起居需要人扶助的，按本人标准工资的90%发给；还可以根据实际情况发给一定数额的护理费，护理费标准，一般不得超过一个普通工人的工资；饮食起居不需要人扶助的，按本人标准工资的80%发给。同时具备两项以上的退休条件，应当按最高的标准发给。可见，对于因工致残退休的工人，不论他们何时参加革命工作，也不论其工龄长短，凡是饮食起居需要人扶助的，其退休费标准从原来的75%提高到90%，体现出党和国家表彰他们一心为公的革命精神，在因工致残退休后给予他们较多的照顾。

患二、三期矽肺病离职休养的工人，如果本人自愿，也可以退休。退休费按本人标准工资的90%发给，并享受原单位矽肺病人在离职休养期间的待遇。患二、三期矽肺病离职休养的干部，也可以按照本条的办法执行。

（3）特殊贡献加发退休费。《工人退休、退职办法》规定，获得全国劳动英雄、劳动模范称号，在退休时仍然保持其荣誉的工人；省、市、自治区革命委员会认为在革命和建设中有特殊贡献的工人；部队军级以上单位授予战斗英雄称号的转业、复员军人，在退休时仍保持其荣誉的，其退休费可以酌情高于本办法所定标准的5%—15%，但提高标准后的退休费，不得超过本人原标准工资。

**3. 退休费的最低保证数**

《工人退休、退职办法》还规定了退休费的最低保证数。对于正常退休的工人，退休费低于25元的，按25元发给；对于因工致残、完全丧失劳动能力的工人，退休费低于35元的，按35元发给。设置退休费的最低保证数的目的是考虑到有些工人工资较低或工龄较短，退休费太低无法保证其基本生活需要。

4. 停止退休退职待遇

国家劳动总局关于贯彻执行《国务院关于工人退休、退职的暂行办法》的若干具体问题的处理意见（草案）规定，退休、退职工人因为违犯法纪被判处徒刑的时候，在服刑期间应该停止享受各项退休、退职待遇，并且收回其退休、退职证件。服刑期满恢复政治权利后的生活待遇，由原发给退休费和退职生活费的单位酌情处理。

（二）建国前参加工作的老工人退休待遇

经请示国务院同意，并与财政部、民政部研究，1983年1月15日，劳动人事部印发《关于建国前参加工作的老工人退休待遇的通知》，对新中国成立前参加工作的老工人退休待遇作出规定。相对于普通工人而言，新中国成立前参加工作的老工人对党和国家事业作出的贡献更大，应享受更好的生活待遇。

1. 工资待遇

新中国成立前参加中国共产党所领导的革命战争，或享受供给制待遇，或从事地下革命工作，以及在东北和个别老解放区，1948年底以前享受当地人民政府制定的薪金制待遇，现在仍在机关、事业、企业单位工作的老工人（含军队无军籍的工人），退休后照发本人原标准工资。

上述老工人参加革命工作时间的确定，以及"享受供给制待遇"的解释，按中央组织部、劳动人事部《关于确定建国前干部参加革命工作时间的规定》①，及劳动人事部《贯彻国务院关于老干部离职休养规定中具体问题的处理意见》）中的有关规定办理。

2. 生活补贴

对于1945年9月2日及其以前参加革命工作的，退休后除照发本人原标准工资外，再增发一部分生活补贴。生活补贴的数额为：1937年7月6日以前参加革命工作的，每年增发两个月的本人原标准工资；1937年7月7

---

① 《关于确定建国前干部参加革命工作时间的规定》明确，新中国成立前干部的"参加革命工作时间"，是指在中国共产党的领导下，脱离生产以革命工作为职业，或经我党组织决定，接受党的任务，以公开社会身份为掩护，实际从事地下革命工作的时间。对于以务农、做工、上学和从事其他职业为主，兼做些革命工作或参加过某些革命活动的，应肯定他们为革命做的贡献，但不应计算为参加革命工作时间。

日到 1942 年 12 月 31 日参加革命工作的，每年增发一个半月的本人原标准工资；1943 年 1 月 1 日到 1945 年 9 月 2 日参加革命工作的，每年增发一个月的本人原标准工资。生活补贴，从批准退休之日起按年全额发给。

3. 发放办法

现在已经退休的老工人，可以从本通知下达之月起改变退休待遇，发给生活补贴。过去的一律不予补发。

4. 经费渠道

上述各项待遇所需的费用（包括改变待遇后增加的费用），均由原支付退休费的单位发给。

（三）医疗待遇

《工人退休、退职办法》规定，退职工人本人，可以继续享受公费医疗待遇。工人退休与退职的医疗待遇是相同的。

（四）易地安家费等

《工人退休、退职办法》规定，退职工人异地安家的，可以发给相当于本人两个月标准工资的安家补助费。退职工人的安家补助费以本人工资为基数，退休工人的安家费是定额 150 元，对于从城市到农村安置的，异地安家费为 300 元。可见，退职人员的安家费水平低于退休工人的易地安家费。

此外，《工人退休、退职办法》规定工人退职的时候，本人及其供养的直系亲属前往居住地点途中所需的车船费、旅馆费、行李搬运费和伙食补助费，都按照现行的规定办理。

（五）子女招工待遇

子女招工，也称"接班顶替"，是我国退休制度在计划经济时期实行多年的一项制度①，实质是退休工人的一项特殊生活待遇。由于当时普遍认为这个办法比较好，有利于企业工人队伍的更新，有利于促进生产，并

---

① 这项制度在"文化大革命"时期就实行过，而且在 70 年代末期有些地方也在实行。1986 年 7 月 12 日，国务院发布国营企业劳动用工制度改革的四项规定，即《国营企业实行劳动合同制暂行规定》《国营企业辞退违纪职工暂行规定》《国营企业招用工人暂行规定》和《国营企业职工待业保险暂行规定》。根据这些规定，从 1986 年 10 月 1 日起，国营企业招用工人要面向社会、公开招收、全面考核、择优录用；必须实行劳动合同制，废止子女顶替等制度。《国营企业招用工人暂行规定》明确，企业招用工人，应当张榜公布经过考核合格者名单，公开录用。企业不得因任何形式进行内部招工，不再实行退休工人子女顶替的办法。

能解决一部分城镇新成长劳动力的就业问题。子女招工政策将退休制度与劳动就业制度紧密关联起来，直到20世纪80年代末，随着劳动就业体制改革的深化和公平、竞争、择优就业观念的深入人心，才逐步退出历史舞台。

《工人退休、退职办法》规定，工人退休、退职后，家庭生活确实困难的，或多子女上山下乡、子女就业少的，原则上可以招收其一名符合招工条件的子女参加工作。招收的子女，可以是按政策规定留城的知识青年，可以是上山下乡知识青年，也可以是城镇应届中学毕业生。招收退休、退职工人的子女，应当由当地劳动部门统一安排。所招收的子女，必须适合生产、工作需要。

可见，这时退休工人的子女招工制度针对的家庭情况有三种，分别是家庭困难的、多子女上山下乡以及子女就业少的。但是顶替接班的子女只能是一个人，且要求符合招工条件；招收的子女可以是三类人员：一是按政策规定留城的知识青年，二是上山下乡知识青年，三是城镇应届中学毕业生。所招收的子女，必须适合生产、工作需要，这在一定程度上意味着招工具有较低的门槛。

1990年12月8日，劳动部发出《关于继续贯彻执行〈国营企业招用工人暂行规定〉的通知》，指出在招工中实行"面向社会，公开招收，全面考核，择优录用"的原则，废除"内招""顶替"的做法，是劳动制度的一项重要改革，对保证职工队伍素质的提高，克服招工中的不正之风和促进企业加强劳动管理都产生了积极作用，要继续坚持。搞"内招""顶替"，不仅违背《国营企业招用工人暂行规定》的基本原则，不利于企业选用合格人才，影响职工队伍素质的提高和人员结构的合理化，而且会形成企业内部亲缘关系复杂，给企业管理带来困难。对违反招工原则搞内招、顶替的，要予以制止和纠正。至此，退休子女接班顶替这种社会现象基本消失。

（六）经费渠道

工人退休费的经费渠道按照单位性质有所不同。工人的退休费、退职生活费，企业单位，由企业行政支付；党政机关、群众团体和事业单位，由退休、退职工人居住地方的县级民政部门另列预算支付。

《国家劳动总局关于贯彻执行〈国务院关于工人退休、退职的暂行办法》的若干具体问题的处理意见（草案）》规定，退休工人去世以后，丧事处理、丧葬补助费和供养直系亲属抚恤费，由发给退休费的单位，按照原单位在职去世工人的待遇办理。

### 五　工人退职待遇

（一）退职生活费的基数

《工人退休、退职办法》规定，退职生活费的基数是本人标准工资。工人退职生活费与退休费的基数相同。

（二）退职生活费的水平

《工人退休、退职办法》规定，退职生活费的水平相当于本人标准工资的40%的退职生活费。工人退职费的比例与干部退职费的比例相同。

（三）退职费的最低保证数

《工人退休、退职办法》规定，如果按退职费计算的退职生活费低于20元的，按20元发给，以保障其最低生活。工人退职费的最低保证数与干部退职费的最低保障数的金额相同。

（四）退职费的发放方式

《工人退休、退职办法》规定，退职补助费由过去一次发给的办法改为按月发给。这是考虑到有些完全丧失劳动能力的干部和工人退职后，没有生活来源，退职补助费用完了，生活发生困难，仍需由政府给予救济。因此，改为按月发给退职生活费有利于解决这个问题。

### 六　集体卫生人员退休待遇

（一）生活待遇

《关于集体卫生人员实行退休退职有关问题的通知》规定，集体卫生人员退休退职各项待遇，不得高于国务院所定的标准。

1. 工龄计算

集体卫生人员的工龄计算，参照国家有关规定，从参加革命工作（包括解放后参加联合医院、联合诊所）之日算起。下放农村经批准收回的集体卫生人员，下放期间和下放前的工龄可以合并连续计算。

2. 医疗待遇

享受退休退职待遇的人员，可继续享受本单位集体卫生人员的医疗待遇。

3. 退还股金

集体卫生人员在退休退职时,其个人投入的股金(包括药品、器械等)尚未退还的,应予退还,原则上由原单位支付,一次支付有困难的,可分期支付。

4. 其他待遇

退休的集体卫生人员去世后,其丧事处理,丧葬补助费和供养直系亲属抚恤费,应当与在职去世的集体卫生人员一样。

(二) 经费渠道

集体卫生人员退休退职费的经费渠道根据集体卫生人员隶属机构不同存在差异。

《关于集体卫生人员实行退休退职有关问题的通知》规定,集体卫生人员的退休、退职费、医疗费,凡属地方卫生行政部门管理的医疗卫生机构,当年费用由所在单位支付,从第二年起由卫生事业费拨付。

集体所有制厂矿企业的医疗卫生机构,由厂矿企业另按有关规定办理。联合诊所在业务收入(公益金项目)中解决,有困难的由卫生事业费补助。

已经退休的集体卫生人员,自各省、市、自治区下达文件之月起按新规定的标准发给退休费,对以往一律不予补发。已按有关规定办理了退职的人员,其待遇一律不再变动。

## 第四节　退休程序、安置与管理

### 一　退休程序

(一) 正常退休程序

《安置暂行办法》规定,离休、退休、退职,由所在单位按照干部管理权限报任免机关批准。虽然文件规定了干部退休的审批权限,但是没有对具体退休程序作出规定。为认真执行干部退休制度,中组部、人事部颁布《关于认真执行干部退(离)休制度有关问题的通知》(以下简称《执行退休制度的通知》)对办理退休手续、暂时留任、编制问题等作出了规定。

1. 退休不需本人申请

《执行退休制度的通知》规定,达到规定退休年龄(周岁)的干部,都应及时办理退休手续，不需本人提出申请。

2. 组织批准后通知退休

各级组织、人事部门对本单位达到退休年龄的干部，应事先按干部管理权限报经任免机关批准，在其达到退休年龄的前一个月通知本人。

为明确办理干部离退休手续时如何认定出生日期的问题，1990 年 8 月 30 日，中央组织部、人事部、公安部下发《关于办理干部退（离）休等手续时认定出生日期问题的通知》，规定凡干部居民身份证填写的出生日期同本人档案记载的出生日期一致的，均可作为组织、人事部门在办理其退（离）休等手续时，认定出生日期和计算年龄的依据。不一致的，组织人事部门应会同干部常住户口所在地户口登记机关进行查证核实，按干部管理权限和户口管理权限批准后查实的出生日期作为计算年龄和户口登记的依据，查证材料归入干部本人档案，同时抄送干部常住户口所在地户口登记机关；对无法查实的，应以干部档案或户口档案中最先记载的出生日期为依据。凡在公安部发布《关于在全国实施居民身份证使用和查验制度的通告》之前已办理了退（离）休手续的干部，其出生日期的认定及年龄的计算，均以办理退（离）休手续时组织人事部门管理的干部本人档案的记载为依据。[①]

3. 限期办理退休手续

退休人员在其达到退休年龄后的一个月内按规定办完有关手续，不再列为在编人员。

（二）特殊人员退休程序

《执行退休制度的通知》对特殊人员的退休程序作出了规定。

1. 地、厅级以上需暂时留任干部

对地、市（厅、局）级以上干部中个别确因工作需要暂时留任的，或需要安排到人大、政协任职的人选，应由所在单位事先提出留任或安排的理由和时间（留任时间一般为一年，最长不超过三年），按干部管理权限，报经任免机关审批。批准留任的，应及时通知本人。担任主要负责职务的干部需要留任的，由任免机关直接决定，并通知所在单位和本人。

---

[①] 徐颂陶、孙建立：《中国人事制度改革三十年（1978—2008）》，中国人事出版社 2008 年版，第 199 页。

2. 经选举任职干部

依据法律和有关规定经选举任职，在任届未满时达到退休年龄的干部，一般可待任届期满后，按有关规定办理退休手续。

3. 有专长需要留任干部

少数身体健康、具有专长的干部，在达到规定的退休年龄时，如工作确实需要的，可以在办理退休手续后，由需用单位按照政策规定予以聘用，但不列为在编人员。

（三）延迟退休程序

《关于认真执行干部退（离）休制度有关问题的通知》规定，凡符合《国务院关于高级专家离休退休若干问题的暂行规定》《国务院关于延长部分骨干教师、医生、科技人员退休年龄的通知》规定，可以暂缓退休的高级专家和部分骨干教师、医生、科技人员，必须严格按上述文件规定和劳动人事部《关于印发两个"说明"的通知》的规定执行。女干部退休年龄按中央组织部、劳动人事部《关于县（处）级女干部退（离）休年龄问题的通知》的规定执行。少数身体健康、具有专长的干部，在达到规定的退休年龄时，如工作确实需要的，可以在办理退休手续后，由需用单位按照政策规定予以聘用，但不列为在编人员。

《劳动人事部关于贯彻执行〈国务院关于延长部分骨干教师、医生、科技人员退休年龄的通知〉的说明》明确延长退休人员要严格审批手续。凡需延长退休年龄的人员，先由其所在单位提出意见，在征得本人同意后，填写《部分专业技术干部延长离、退休年龄审批表》，按干部管理权限报主管部门审批。

为了简化杰出高级专家暂缓离退休的审批程序，1991年7月5日，国务院办公厅印发的《关于杰出高级专家暂缓离退休审批问题的通知》明确，国务院决定今后对杰出高级专家暂缓离退休的审批授权人事部办理，不再报国务院批准。

《关于杰出高级专家暂缓离退休审批工作有关问题的通知》对于杰出高级专家暂缓离退休作出严格的规定。一是明确了审批杰出高级专家暂缓离退休的工作，要统筹安排，有计划地进行。二是严格执行审批制度。对于符合条件需要暂缓离退休的杰出高级专家，必须按规定程序报批；未经批准的，一律不得暂缓离退休。三是完善程序。杰出高级专家暂缓离退休的审批程序，先由专家所在单位提出意见，并征得本人同意，然后按干部管理权限报上级主管部门，由各省、自治区、直辖市人民政府或中央国家机关各部委审核（盖章）后，再报人事部审批。四是明确办理时间。杰出高级专家暂缓离退休的审批工作，每年7月集中办理一次，各地区、各部门上报的时间为每年的5月和6月。上报时要详细填报审批表，逐人写明暂缓离休或暂缓退休。超过上报期限的，下一年度再报批。

（四）离休干部退休程序

《离休处理意见》规定，老干部离休时，地级以上单位管理的，应由所在单位按照干部管理权限，报任免机关批准；县级以下单位管理的，要报县级以上机关审核批准，并报地级以上主管部门备案。《劳动人事部、公安部、商业部、国家计委、城乡建设环境保护部关于离休干部跨省安置的补充规定》按照行政级别规定了进京安置的审批部门。进北京安置的离休干部，司局级（含享受司局级待遇的）和司局级以下的，属地方的由北京市干部、人事部门审批；属中央、国家机关的，由接受安置的部委报劳动人事部审批。副省长级和副省长级以上干部，按过去有关规定执行。

（五）*严格提前退休工种审批*

为了简化审批程序，提高工作效率，1985年3月4日，劳动部发出《关于改由各主管部门审批提前退休工种的通知》将提前退休工种改由国务院各有关主管部门审批，送劳动部备案。同时将审批提前退休工种的有关规定、标准和注意事项作出规定，主要包括如下五方面的内容。一是对从事井下、高空、高温、特别繁重体力劳动或者其他有害身体健康工作的工人，无论现在或过去从事这类工作，凡符合规定年限之一者，均可以按照《国务院关于工人退休、退职的暂行办法》办理特殊工种退休。从事高空和特繁重体力劳动工作累计满十年的；从事井下高温工作累计满九年的；从事其他有害身体健康工作累计满八年的。二是对高温作业、高空作业、低温作业、其他有害身体健康工作作出界定。该《通知》提出，常年在高山高原地区、摄氏零度以下的冷库、生产车间等低温场所工作的工人退休时，可以参照从事井下、高温作业工人的有关规定办理。三是暂不列为提前工种的情形。凡是有条件通过工艺改革、技术措施等办法使劳动条件得到改善而不认真采取措施改善的，从事这种作业的工种不能列为提前退休工种。例如对从事玻璃、耐火、建材、炭黑有粉尘的作业工种，暂不列为提前退休工种。四是对部门间类似提前退休工种综合平衡。各有关主管部门在审批提前退休工种工作中，遇有部门之间互相类似的工种需要进行协调、平衡时，应征求劳动人事部的意见后再行审批。五是明确审批程序。每次审批提前退休工种的文件，请同时抄送劳动人事部和有关企业、事业单位所在省、自治区、直辖市劳动部门。

1987年3月17日，劳动人事部给四川省人事厅的《关于提前退休工种审批权限问题的复函》明确，提前退休工种分别由国务院各有关主管部门审批，以国务院主管部门所属的司局或委托省主管部门等名义审批的提前退休工种的文件，应视为无效，必须由主管部门重新审批发文。

（六）严格离岗退养程序

针对有些地区对接近退休年龄的老职工，给予晋升工资安排提前退休的问题，1988年10月14日，劳动部出台的《劳动部关于严格掌握企业职工退休条件的通知》明确，这种采取提前退休，把退休费用提前转给社会保险机构负担的办法是不妥当的。企业对接近退休年龄的职工，要妥善安置，因年老体弱不能坚持正常生产工作的，可以实行离岗退养。离岗退养期间工龄连续计算，按一定比例发给工资，所需费用仍在工资基金中列支。离岗退养职工到达退休年龄时，再按国家有关规定正式办理退休手续，发给退休费。

## 二 退休安置

《安置暂行办法》设立专门的条款规定干部的离休和退休安置，《工人退休、退职办法》没有涉及安置的内容。因此，退休安置的政策主要是针对干部而言。退休与离休安置政策最初是统一规定的，随着制度的细分，对离休安置作出了更详细的规定。

（一）退休干部安置

1. 面向农村和中小城镇安置

《安置暂行办法》在安置去向上依然沿袭严格控制大城市、鼓励"告老还乡"的做法，在坚持总体面向农村和中小城镇安置原则的基础上，扩大了安置去向的选择范围，考虑到退休干部的工作地点、本人和爱人的原籍因素。离休、退休和退职的干部的安置，要面向农村和中小城镇。在大城市工作的，应当尽量安置到中小城镇和农村，也可以根据具体情况，到本人或爱人的原籍安置；在中小城镇和农村工作的，可以就地或回原籍中小城镇和农村安置。异地安置有实际困难的，也可以就地安置。跨省安置的，各有关省（自治区、直辖市）应当积极做好安置工作。对于其他省（自治区、直辖市）要求向北京、天津、上海安置的，要从严控制。

《中共中央关于建立老干部退休制度的决定》中关于老干部退休安置问题的提法相对于《安置暂行办法》更加人性化，注重考虑离休退休老干部的需求。原则上，在哪个地方离休退休，就居住在哪个地方。如果本人希望回乡或到某些适宜的地区定居，也应当积极地为他们安排，提供方便。

2. 三线艰苦地区离休退休实行分类安置

1984年6月11日，《国务院、中央军委批转〈国防科工委等部门关于解决三线艰苦地区国防科技工业离休、退休人员安置和职工夫妻长期两地分居问题的报告〉的通知》对从一、二线和大中城市到三线艰苦地区工作的职工按照实际情况，分别采取不同的安置办法。

（1）在二、三类区工作的离休、退休干部，和在这类地区工作满20年的退休工人，可在所在地区交通、医疗等条件比较方便的中小城市安置。

（2）在三类区工作的离休、退休人员，就地就近安置确有困难的，可到本人、配偶原籍或配偶、子女工作所在地安置。

（3）有条件的单位，对离休老干部和技术六级以上的退休科技人员，可在比较适宜的城市，修建居住地，予以安置。

（4）凡作异地安置的，有关省、自治区、直辖市公安机关应凭县级以上组织、人事或民政部门同意安置的证明，准予落户。其中，要求到北京、上海、天津安置的，按有关规定从严控制。

（二）离休干部安置

在安置地点方面，离休干部比退休干部要明显优越，对于到北京、天津和上海安置从严控制到逐步过渡到考虑离休人员的实际需要，有条件地放松到大城市安置，政策更加人性化。

1. 从严控制到直辖市安置

1980年10月，国务院公布《老干部离职休养的暂行规定》明确提出，对要求到北京、天津、上海安置的，要从严控制。

2. 有条件地放宽到大城市安置

随着经济社会发展，并考虑到实际情况，国家有条件地放宽离休干部到大城市安置。1983年12月，《劳动人事部、公安部、商业部、国家计委、城乡建设环境保护部关于离休干部跨省安置的补充规定》就离休干部跨省安置问题作出补充规定。

（1）就地安置有困难，要求回原籍的干部，副省长级以上的或原籍是省会的，可到原籍省会安置。

（2）离休干部的爱人子女都在北京，本人在外地的，可到北京安置。到天津、上海安置的离休干部，可参照办理。

（3）离休干部夫妇身边无子女的，可到子女工作的中小城镇安置。

（4）在高原、沙漠、边远地区①（西藏除外）工作的内地干部离休后，一般可在离休时所在省的省会、自治区的首府或交通、物质条件较好的其他城镇安置。对身体确实不适应或就地分散安置有困难，需到内地安置的，可以到本人或配偶的原籍、子女工作地或原调出单位所在地区安置。对要求到北京、天津、上海安置的，按第二条处理。

3. 严格控制到北京安置

1990年3月，《北京市老干部局、财政局〈关于外省（自治区、直辖市）离休干部易地来京安置的暂行规定〉的通知》规定：离休干部要求来京安置的，要按中央、国务院的规定严格控制。离休干部的配偶、子女都在北京，本人在外地，来京后能解决住房的，可以批准到北京安置。

（三）工人退休、退职安置地点

《工人退休、退职办法》规定的工人退休、退职的安置遵循"从哪里来回哪里去"的原则，严格控制城镇新增人口，并对本人户口迁回农村的给予子女招工的待遇。这是因为我国农业还没有过关，对增加城镇和其他吃商品粮的人口，必须严加控制。因此，家居农村的退休、退职工人，应尽量回到农村安置，本人户口迁回农村的，也可以招收他们在农村的一名符合招工条件的子女参加工作；退休、退职工人回农村后，其口粮由所

---

① 本条所称的高原地区是指海拔3500米以上的地区；沙漠地区是指沙质荒漠地区；边远地区是指靠近国界、远离交通中心的地区。

在生产队供应。

### 三 退休后的管理

（一）注重退休干部日常管理

《安置暂行办法》规定，各地区、各部门要加强对老弱病残干部安置工作的领导。党委的组织部门和革命委员会的人事、民政部门，要在党委和革命委员会的领导下，认真做好离休、退休干部的思想政治工作和管理工作。就地安置的，由原工作单位管理；异地安置的，分别由接收地区的组织、人事和民政部门管理。对离休退休的老干部的服务工作，应由他们离休退休时所在的工作单位负责。

《老干部退休制度决定》明确，离休退休老干部的服务工作，应由他们离休退休时所在的工作单位负责。原则上，在哪个地方离休退休，就居住在哪个地方。如果本人希望回乡或到某些适宜的地区定居，也应当积极地为他们安排，提供方便。

劳动人事部《关于严格掌握干部退休、退职条件及加强干部退休、退职后的管理工作的通知》规定，干部退休、退职时，任免机关应严格按照《国务院关于安置老弱病残干部的暂行办法》规定的条件审批。审批时应注意的事项，以及他们退休、退职后的教育，聘用及聘用后的待遇的管理，应该按照《国务院关于严格执行工人退休、退职暂行办法的通知》的第一、二、三、五条的规定办理。在各地行政机构没有改革之前，这项工作由各省（自治区、直辖市）人事局商同劳动局（厅）贯彻执行。

（二）对离退休干部再就业进行限制

为避免离退休老干部利用自身关系或职务影响牟取暴利，国家出台政策对离休老干部再就业进行限制。1984 年，中共中央、国务院印发了《关于严禁党政机关和党政干部经商、办企业的决定》，提出决不允许离休、退休干部利用老战友、老部下的关系和曾经担负过领导职务的影响，套购或倒卖国家的紧缺物资，严禁走私贩私、偷税漏税的买空卖空、牟取高利，以及从事"皮包公司"性质的经营体，也不得为自己的亲友提供从事这类活动的条件。

1985 年 7 月 9 日，《中共中央办公厅、国务院办公厅关于党政干部不兼任经济实体职务的补充通知》再次明确，不论在职、退居二线或离休、退休的党政机关干部，一律不准受聘担任集体或个体所有制各类公司、企业等经济实体的职务。已受聘担任的，应辞去。

上述文件下达以后，党政机关办的企业大部分已经停办或者同党政机关脱钩；参与经商、办企业的党政干部，大多数已经回到机关工作或辞去党政职务。但是，这股不正之风还没有完全刹住。为此，1986年2月4日，中共中央、国务院印发《关于进一步制止党政机关和党政干部经商、办企业的规定》，提出党政机关的离休、退休干部，除中央书记处、国务院批准者外，不得到国营企业任职。如果到非国营企业任职，必须在离休、退休满两年以后，并且不能到原任职机关管辖行业的企业中任职。离休、退休干部到企业任职以后，即不再享受国家规定的离休、退休待遇。

为治理经济环境，整顿经济秩序，加强对商品流通的管理，保障改革的顺利进行，1988年10月3日，中共中央、国务院印发《关于清理整顿公司的决定》，规定无论是在职干部还是退（离）休干部，均不得利用权力和关系进行商业经营、金融活动，从中牟利。凡违反者，由主管机关没收其不正当收入，并给予处分，构成犯罪的，由司法机关追究其刑事责任。

### （三）健全老干部的工作机构

随着老干部数量的增多和服务需求的增加，老干部工作的重要性日益凸显，建立健全老干部工作机构逐步提到议事日程。

1. 设立各级老干部工作部门

《关于加强老干部工作的几点意见》提出，要加强对老干部工作的领导。老干部工作任务重，思想性、政策性强，各级党委要把它作为一项政治任务，列入议事日程，并确定一名主要领导同志分管。各有关部门，要密切配合，齐心协力做好这项工作。中央、国家机关各部委党委（党组），各省（市、自治区）、地（市、州、盟）委组织部，要建立和健全老干部工作机构，配备党性强，作风好，对老干部有无产阶级感情的干部，县（市、旗）委组织部，可以根据具体情况，设立老干部工作机构，或配备专人分管这项工作。

《老干部离休暂行规定》明确，各地区、各部门要加强对离休干部工作的领导。县级以上的部门要有一名领导同志分管，干部、人事部门和其他有离休干部的单位，应当根据情况，配备专职或兼职干部，注意与有关部门密切配合，共同做好这项工作。

中央组织部印发的《关于妥善安排退出现职的老干部的意见》提出，为了适应离休退休老干部日益增多的新情况，做好为离休退休老干部服务的工作和思想政治工作，要建立健全老干部工作机构，力量不足的要充实加强。中央、国家机关各部委离休退休老干部较多的单位，应设老干部局；人员较少的，可设老干部办公室或在人事干部管理机构内设老干部处，专司其事。老干部局、室外、处的负责同志，必须选配对老干部有感情、热心为老干部服务的老同志担任。老干部服务机构属机关编制。

《中共中央关于建立老干部退休制度的决定》明确，为了统筹解决老干部离休退休方面的问题，各级党委的组织部门应当建立健全老干部工作机构，专司其事。

1983年，中央组织部《关于印发〈九省市老干部工作座谈会纪要〉的通知》规定，为了适应大批老干部退下来、老干部工作任务繁重的情况，便于加强党委对老干部工作领导，各省（自治区、直辖市）的老干部工作机构，宜统称老干部局，列为省市区党委的部、局级机构，归口省市区党委组织部。

2. 明确老干部机构编制和经费

1988年11月4日，国家编制委员会发布《关于中央一级国家机关人员编制管理和行政预算几个问题的通知》，明确了中央一级部门编制性质、数量和经费。各部门为离退休干部服务的工作人员列为行政附属编制，其机构仍称老干部局（离退休人数少的称处），是各部门的附属机构，开支离退休人员管理和活动的专项经费，在机关行政经费预算中单列科目。老干部局（处）的工作人员，包括管理人员、医护人员、司机等，其配备人数按管理和服务等离退休人数多少来确定，一年核定一次。配备的标准是：离休的正副部级干部与工作人员的比例为1∶1；离休的司局长及以下的干部与工作人员的比例为10∶1；退休的干部与工作人员的比例为30∶1。离退休人数少的部门，可以适当提高配备比例；离退休人数多的部门，应当降低配备比例。离退休干部和老干部局（处）工作人员的各项经费预算和有关标准，由财政部、国务院机关事务局制定。

为了贯彻《关于中央一级国家机关人员编制管理和行政预算几个问题的通知》精神，1989年5月25日，人事部颁布《关于核定老干部机构编制的通知》，明确了老干部机构的主要任务和职责、编制和工作人员的待遇。老干部机构的设置，根据服务工作量大小和工作需要等，视具体情况确定。老干部机构的编制，随着离退休干部人数的增减，每年调整一次。各部门不得将老干部机构的编制挪作他用。有些部门与所属单位共同设立老干部机构或老干部活动场所的，其工作人员的编制，由各单位在批准的编制内分摊。老干部机构的编制列为机关行政附属编制以后，其工作人员的待遇，与各部门职能机构的工作人员待遇同等对待。

3. 加强老干部工作机构和人员队伍建设

工作机构和工作队伍建设，是做好工作的组织保障。老干部工作也是如此。在有些单位离退休干部实行统一管理后，工作范围扩大了，工作量也随之增加的情形下，应加强老干部机构建设。1990年印发《加强老干部工作的通知》强调老干部工作机构只能加强，不得削弱。各省、自治区、直辖市的老干部局，应仍按组通字〔1983〕28号通知的要求设置，列为省区市党委的部、局级机构。老干部工作人员的配备，必须与所担负的任务相适应。要选配政治素质好，热爱老干部工作的同志，充实老干部工作部门。同时，要求注意提高工作人员的思想理论和政策业务水平，树立全心全意为老同志服务的思想，扎扎实实地做好老干部工作。

可见，在加强退休制度建设的同时，党和国家从机构建设的角度越来越重视老干部的工作，明确机构编制、人员待遇和机构规格。

## 四 发挥退休人员的作用

在如何发挥退休人员的作用上，对干部与工人退休发挥作用的形式和内容作出不同规定。国家对于退休干部发挥作用出台的政策较多，政策内容经历了规定从较为原则到具体的转变过程。

（一）原则规定发挥老干部作用

《几点意见的通知》提出，要充分发挥老干部的积极作用。但是，对于采用哪些形式、发挥老干部哪些方面的作用并没有明确规定。

《中共中央关于建立退休制度的决定》明确提出，老干部离休退休以后，一定要很好地安排照顾，基本政治待遇不变，生活待遇还要略微从优，并注意很好地发挥他们的作用。这应当成为我们党和国家的坚定不移的政策原则之一。老干部离休退休以后，中央希望他们继续关心党的事业，关心国家和人民的命运，并在力所能及的范围内，为党为人民作出新的贡献。

《中央组织部关于妥善安排退出现职的老干部的意见》规定，妥善安排退出现职的老干部，在健康状况允许的条件下，继续发挥他们的作用，是党的一项具有重要政治意义的任务。

(二) 具体规定离休退休人员发挥作用方式

1980年《离休暂行规定》明确了发挥老干部作用的形式。离休干部可以发挥撰写回忆录、关心国家大事、关心人民生活、反映情况、提出建议等作用；同时考虑到离休干部的身体状况，要求离休干部做力所能及的工作。①

《中共中央、国务院印发关于严禁党政机关和党政干部经商、办企业的决定》提出，党政机关离休、退休的干部，应该发扬党的全心全意为人民服务、密切联系群众的优良传统，在为社会公益事业服务等方面多作贡献。

具有一定科技知识和专业特长的离休、退休干部，经有关部门批准，可以从事技术性、知识性咨询活动，可以举办培训班、补习学校、医疗所等，并取得合理的经济收入。应聘于本地或外地企事业单位从事咨询或讲学活动，依照合同领取应得的劳动报酬。应聘迁居外地的，可以保持原地户籍，允许随时迁回。

离休、退休干部可以从事家庭养殖业、种植业，出售自己的劳动产品。从事上述活动的离休、退休干部，按照有关规定继续领取应领的工资和享受应享受的生活待遇。

(三) 发挥离休退休专业技术人员作用

1985年3月13日，中共中央作出《关于科学技术体制改革的决定》。《决定》提出，振兴经济，实现"四化"，是全党和全国人民一切工作的中心。科学技术工作必须紧紧地围绕这个中心，服务于这个中心。科学技术人员是新的生产力的开拓者。必须造就千百万有社会主义觉悟、掌握现

---

① 《离休暂行规定》明确，注意发挥离休干部的作用的形式。凡是能写革命回忆录的，要为他们口述或撰写提供必要的条件。鼓励他们发扬革命传统，关心国家大事，关心人民生活，反映情况，提出建议，做些力所能及的工作。

代科学技术知识和技能的科学技术队伍，并充分发挥他们的作用。老一代科学技术专家为我国科学技术事业的发展，作出了不可磨灭的功绩。应当积极创造条件，继续发挥他们在培养人才、指导研究、著书立说、提供咨询以及各种社会活动方面的作用。

离休退休人员中许多人身体尚好，还能继续从事力所能及的工作，渴望在晚年能继续为我国的社会主义现代化建设和祖国统一作出贡献。而且，我国专业技术人员本来不多，离休、退休专业技术人员仍然是我国一支重要的专业技术力量。为了更好地发挥离休、退休专业技术人员在四化建设和实现祖国统一中的作用，1986年9月19日，中央组织部、中央宣传部、中央统战部、国家科委、劳动人事部、中国科协、中国人民解放军总政治部联合印发《关于发挥离休退休专业技术人员作用的暂行规定》，对离休退休专业技术人员继续发挥作用的形式、取得报酬、差旅费、表彰奖励、用人单位支持其发挥作用等方面作出了规定。

1. 发挥作用形式多样

对于离休退休专业技术人员继续发挥作用要从工作需要和他们的实际出发，坚持自愿和量力而行的原则，形式要多样。各单位因工作需要，可以聘请离休、退休专业技术人员从事讲学、翻译、指导研究、人才培训、技术开发和技术咨询服务等专业技术活动。但是特别提出一般不要担任行政、技术领导职务。党政机关的离休、退休专业技术人员到企业任职或经商、办企业，按中央、国务院有关规定执行。

2. 可同时领取报酬和退休金

在离休退休专业技术人员从事专业技术活动待遇方面，文件明确规定可以取得报酬，同时其离休、退休费照发，并继续享受应享受的生活待遇。对于个人收入达到纳税数额的，应依法纳税。离休、退休专业技术人员参加专业性学术团体活动和其他科技活动，其差旅费和其他费用，由派出单位或邀请单位按规定报销。

3. 为发挥作用提供条件和方便

对离休、退休专业技术人员继续发挥作用要提供条件和方便。应允许他们继续在原单位借阅图书资料。为聘请单位服务，需要使用原单位的设备、器材以及未公开的技术资料、图纸等，须经原单位批准，并按规定缴纳费用。

### 4. 作出贡献可获得表彰和奖励

对于离休、退休专业技术人员在工作上作出显著贡献的，应当予以表彰和奖励。科技成果符合国家自然科学奖、发明奖、技术进步奖等条例规定标准或有关奖励标准等，由聘请单位申报。

### 5. 遵守法令和职业道德

除了对离休退休人员从事专业技术活动提供便利、获得报酬及奖励以外，文件对离休退休专业技术人员遵守法令和职业道德方面提出了要求。要模范地遵守国家法令，执行有关政策，发扬优良传统，讲究职业道德，维护原单位和聘用单位的技术、经济权益。

### 6. 组织保障

在组织保障方面提出，支持人民政协、民主党派、有关人民团体和各类学术团体充分利用各自的有利条件，积极开展对离休、退休专业技术人员的工作，以多种方式，组织他们在"四化"建设和促进祖国统一大业中继续发挥作用。

党的各级组织、宣传、统战部门和各级科委、劳动人事部门以及科协应加强协作，研究解决有关政策问题和实际问题，为离、退休专业技术人员继续发挥作用创造条件。

此外，离休、退休高、中级专业技术人员集中的单位，要有专人负责此项工作。

### （四）发挥老干部的独特优势

《加强老干部工作的通知》明确提出要有组织有领导地发挥老干部作用。老干部是党和国家的宝贵财富，他们在长期的革命斗争和社会主义建设事业中，积累了丰富的经验，保持着优良传统和作风，具有独特的优势。因此，老同志的这些优势对于密切党群关系，搞好物质文明和精神文明建设都具有重要的作用。

在有组织有领导发挥老干部作用方面，文件提出既要从工作需要出发，同时又根据老干部的身体状况和专业特长，因人制宜地做好工作。

对曾经长期担任党政领导工作特别是主要领导工作的老同志，各级党委和政府在决定重大问题时，要注意听取他们的意见。还可根据工作需要，委托他们作些专题调查研究，或参加党委考察了解干部的工作。

对原来从事科技、文教、卫生等专业技术工作的老同志，可以组织他们开展科学研究、技术开发、技术咨询、讲学授业、人才培训、艺术创作、行医治病等活动。

对安置在农村的老同志，可以组织他们按政策规定从事种植业和养殖业，帮助群众脱贫致富。

聘请离退休干部参加自我管理、自我服务工作，是发挥老同志作用的一种重要形式，也是对其所在单位做好管理、服务工作的补充。各地各部门应积极做好组织工作，并认真总结推广这方面的经验。

总之，发挥老同志作用主要是就地就近面向社会、面向群众、面向基层发挥作用，多做拾遗补缺的社会工作，帮助人民群众排忧解难。要特别注重帮助有关部门开展教育青少年的活动。发挥离休退休干部作用，应坚持自愿和量力而为、社会需求同本人志趣相结合的原则。要严格执行党的政策规定，提倡奉献精神。

（五）发挥退休工人作用

《工人退休、退职办法》规定，工人退休、退职后，不要继续留在全民所有制单位。他们到城镇街道、农村社队后，街道组织和社队要加强对他们的管理教育，关心他们的生活，注意发挥他们的积极作用。街道、社队集体所有制单位如果需要退休、退职工人从事力所能及的工作，可以付给一定的报酬，但连同本人退休费或退职生活费在内，不能超过本人在职时的标准工资。

# 第 五 章

# 退休制度的改革深化

随着我国建立社会主义市场经济，企业、机关和事业单位工资制度、养老保险制度、医疗和住房等多方面改革的推进，我国的退休制度面临着新形势和新要求。经济社会快速发展和我国人口老龄化程度日益加深，使退休人员结构和面临的问题发生了变化，退休制度改革的重点也随之变化。离休制度的对象即离休干部占比越来越小并呈现加速减少的趋势，离休干部的年龄越来越大，身体状况越来越差，党和国家提高和保障离休干部的生活待遇成为改革完善离休制度的重要内容；而随着退职制度的对象人数逐步减少，退职制度的内容基本上是提高退职金待遇。随着退休干部越来越多，退休制度改革完善的内容广泛，不仅涉及退休条件，还包括退休待遇、退休程序、退休管理服务、退休后从业限制以及充分发挥退休干部的作用等内容。

## 第一节　退休制度改革完善的脉络

社会主义市场经济建立给经济社会发展带来了巨大变化，为适应这种变化，党和国家出台了若干重要的政策文件，推动退休制度向纵深发展。

1992年5月28日，中央组织部、人事部印发《关于加强干部退休工作的意见》的通知，明确提出加强干部退休工作的重要性，各级组织、人事部门要严格执行干部退休制度，认真落实退休干部的政治和生活待遇，注意发挥退休干部的作用，因地制宜不断改进和完善退休干部管理形式，加强退休干部管理机构和工作队伍建设。

中共中央印发《2010—2020年深化干部人事制度改革规划纲要》，提出坚持和完善离退休制度。严格执行干部离退休制度。坚持和完善有关离退休干部政治待遇的各项制度。完善离休干部离休费和医药费保障机制,健全财政支持机制。完善离退休干部服务管理机制,进一步加强对离退休干部兼职的管理。

2012年1月17日,习近平总书记参加在京老同志迎春茶话会。他指出:"要完善和落实离退休干部政治待遇制度,探索创新离退休干部党支部设置方式、活动方式和活动内容,使广大老同志始终保持政治坚定、思想常新。要完善和落实离退休干部生活待遇制度,加强离休干部离休费保障机制、医药费保障机制和财政支持机制建设,继续提高企业退休人员基本养老金水平,让老同志晚年生活更加幸福。要充分利用和整合社区资源,建立健全单位、社区、家庭结合的离退休干部服务管理体系。"[1]

2014年11月,中央组织部召开了全国离退休干部"双先"表彰大会,习近平总书记亲切接见与会"双先"代表和老干部工作部门负责同志,并发表饱含深情的重要讲话。他指出老干部工作是非常重要的工作,在我们党的工作中具有重要的特殊地位,承载着党中央关心爱护广大老同志的重要任务,是中国共产党党的建设的特色,一定要坚持做好老干部工作。刘云山同志在会上强调,老干部工作是党的组织工作和中国特色干部人事工作的重要组成部分。新形势下,老干部工作只能加强,不能削弱;只会加强,不会削弱。

为主动适应协调推进"四个全面"战略布局和人口老龄化的新形势新要求,积极应对离退休干部队伍在人员结构、思想观念、活动方式、服务管理等方面的新情况新问题,2016年1月14日,中央办公厅、国务院办公厅印发《关于进一步加强和改进离退休干部工作的意见》,明确提出新时期加强离退休干部工作的总体要求,加强离退休干部思想政治工作,完善和创新离退休干部服务管理工作,加强对离退休干部工作的组织领导。这是自1982年老干部退休制度建立以来,第一个以中办、国办名义印发的老干部工作综合性文件,对于做好新时期老干部工作,具有重要的

---

[1] 《习近平:继续提高企业养老金待遇水平》,中国网,http://finance.china.com.cn/stock/20120117/487434.shtml,2012年1月17日。

指导意义。① 这是把党中央对广大老同志的深切关爱和对离退休干部工作的高度重视转化为顶层设计和制度安排的关键一步。

**一 建立健全企业职工基本养老保险制度**

市场经济的建立，给我国人事制度带来巨大变化。退休制度作为人事制度的重要组成部分，也发生了重要变化，体现之一是为企业职工建立了基本养老保险制度。

在新中国成立后的很长一段时间里，我国实行社会主义计划经济，退休人员费用完全由国家和企业包下来。直到1984年，党的十四届三中全会作出了决定，经济体制改革转向以城市为重点、以国有企业改革为重心，揭开了市场经济体制建立和发展的序幕。而改革的指向是企业成为自主经营、自负盈亏的市场主体。各个企业的退休人员人数多少不一样，负担程度不一样，导致企业无法平等地参与市场竞争，所以从基层开始进行了改革探索，实行社会统筹的养老保险制度。

1991年6月26日，《国务院关于企业职工养老保险制度改革的决定》的颁布意味着企业建立社会化的养老保险制度，这适应了经济社会的发展要求处理好国家利益、集体利益和个人利益、目前利益和长远利益、整体利益和局部利益的关系，通过建立企业职工基本养老保险制度，实行企业职工的退休金实行国家、企业、个人三方共同负担。②

随着我国逐步建立市场经济，为了推动全民所有制工业企业进入市场，增强企业活力，提高企业经济效益，1992年7月23日，国务院颁布的《全民所有制工业企业转换经营机制条例》要求企业自负盈亏，政府应当建立和完善养老保险制度。1992年10月12日，党的十四大报告中明确建立社会主义市场经济体制，要认真抓好几个相互联系的重要环节：转换国有企业特别是大中型企业的经营机制、加快市场体系的培育、深化

---

① 《全面做好离退休干部工作——中组部负责人就〈关于进一步加强和改进离退休干部工作的意见〉答记者问》，中央政府门户网站，http://www.gov.cn/xinwen/2016-02/04/content_5039442.htm，2016-02-04。

② 1991年《国务院关于企业职工养老保险制度改革的决定》明确，职工退休后的基本养老金计发办法目前不作变动，今后可结合工资制度改革，通过增加标准工资在工资总额中的比重，逐步提高养老金的数额。

分配制度和社会保障制度的改革等。

为了妥善安置国有企业富余职工，增强企业活力，提高企业经济效益，1993年4月20日，国务院印发《国有企业富余职工安置规定》提出国有企业可以实行离岗退养制度。职工距退休年龄不到五年的，经本人申请，企业领导批准，可以退出工作岗位休养。职工退出工作岗位休养期间，由企业发给生活费。已经实行退休费用统筹的地方，企业和退出工作岗位休养的职工应当按照有关规定缴纳基本养老保险费。职工退出工作岗位休养期间达到国家规定的退休年龄时，按照规定办理退休手续。职工退出工作岗位休养期间视为工龄，与其以前的工龄合并计算。

1995年3月17日，国务院印发《关于深化企业职工养老保险制度改革的通知》，对企业职工养老保险制度改革的目标、原则、基本养老保险费用承担等作出规定。在上述文件的指引下，各地制定了社会统筹与个人账户相结合的养老保险制度改革方案，建立了职工基本养老保险个人账户，促进了养老保险新机制的形成，保障了离退休人员的基本的生活，企业职工养老保险制度改革取得了新的进展。据统计，到1995年年底，国家已确定49个大中城市为整体推进养老保险制度改革试点指导城市；全国已有29个省（自治区、直辖市）出台了改革试点方案。[1] 到1996年年底，全国共有28个省、自治区、直辖市和5个系统统筹部门出台了以"社会统筹与个人账户相结合"为原则的改革方案，20多万职工按新办法领取了养老金。[2]

但是，由于改革仍处在试点阶段，各地的基本养老保险制度存在不统一、企业负担重、统筹层次低、管理制度不健全等问题，国务院在总结近几年改革试点经验的基础上，提出必须进一步加快改革步伐，建立统一的企业职工基本养老保险制度，促进经济与社会健康发展。因此，国务院于1997年7月16日印发《关于建立统一的企业职工基本养老保险制度的决定》提出，建立起适应社会主义市场经济体制要求，适用城镇各类企业职工和个体劳动者，资金来源多渠道、保障方式多层次、社会统筹与个人账户相结合、权利与义务相对应、管理服务社会化的养老保险体系。企业

---

[1] 劳动部、国家统计局《1996年度劳动事业发展年度公报》。
[2] 劳动部、国家统计局《1996年度劳动事业发展统计公报》。

缴纳基本养老保险费（以下简称企业缴费）的比例，一般不得超过企业工资总额的20%（包括划入个人账户的部分），具体比例由省、自治区、直辖市人民政府确定。少数省、自治区、直辖市因离退休人数较多、养老保险负担过重，确需超过企业工资总额的20%的，应报劳动部、财政部审批。个人缴纳基本养老保险费（以下简称个人缴费）的比例，1997年不得低于本人缴费工资的4%，1998年起每两年提高1个百分点，最终达到本人缴费工资的8%。按本人缴费工资11%的数额为职工建立基本养老保险个人账户，个人缴费全部记入个人账户，其余部分从企业缴费中划入。随着个人缴费比例的提高，企业划入的部分要逐步降至3%。并且规定，实施养老保险后参加工作的职工、个人缴费年限累计满15年的，退休后按月发给基本养老金。基本养老金由基础养老金和个人账户养老金组成。退休时的基础养老金月标准为省、自治区、直辖市或地（市）上年度职工月平均工资的20%，个人账户养老金月标准为本人账户储存额除以120。

随着人口老龄化、就业方式多样化和城市化的发展，企业职工基本养老保险制度逐渐显现出一些与社会经济发展不相适应的问题。主要表现在：覆盖范围不够广泛，大量城镇个体工商户和灵活就业人员还没有参保；养老保险个人账户没有做实，未能真正实现部分积累的制度模式，难以应对人口老龄化对基金的需求；养老金计发办法不尽合理，缺乏参保缴费的激励约束机制；基本养老金调整机制还不健全，养老金总体水平还不高；统筹层次比较低，多数地区还没实行省级统筹，基金调剂能力弱；企业年金发展滞后，多层次的养老保障体系还没建立起来。这些都影响到制度的平稳运行和可持续发展，亟待进一步改革和完善。[①] 2005年12月3日，国务院印发了《关于完善企业职工基本养老保险制度的决定》，继续把确保企业离退休人员基本养老金按时足额发放作为首要任务。扩大基本养老保险覆盖范围，逐步做实个人账户，加强基本养老保险基金征缴与监管，改革基本养老金计发办法，建立基本养老金正常调整机制，加快发展企业年金，提高统筹层次和做好退休人员社会化管理服务工作等。为了与

---

① 《劳动保障部有关负责人就〈国务院关于完善企业职工基本养老保险制度的决定〉答记者问》，《北京日报》2005年12月15日。

做实个人账户相衔接,从2006年1月1日起,个人账户的规模统一由本人缴费工资的11%调整为8%,全部由个人缴费形成,单位缴费不再划入个人账户。同时,调整基本养老金计发办法,参保人员每多缴一年增发一个百分点,上不封顶,有利于形成"多工作、多缴费、多得养老金"的激励约束机制,而且这样也更加符合退休人员平均余命的实际情况。根据职工工资和物价变动等情况,国务院适时调整企业退休人员基本养老金水平,调整幅度为省、自治区、直辖市当地企业在岗职工平均工资年增长率的一定比例,分享经济社会发展成果。

**二 健全企业离退休费和医药费保障机制**

在企业基本养老保险制度的推进过程中,部分国有企业因多种原因长期亏损,有的处于停产半停产状态,出现了离退休人员的离退休金无法及时足额发放、离休人员医药费报销困难,导致离退休人员的基本生活难以保障的问题。考虑到企业离退休人员在我国社会主义革命和建设中曾作出过重大贡献以及维护社会稳定的需要,国家先后颁布了一系列政策文件,建立健全企业离退休费和医药费保障机制成为完善退休制度特别是落实退休待遇的核心内容。

1993年11月5日,国务院办公厅印发《关于做好国有企业职工和离退休人员基本生活保障工作的通知》提出,保障职工和离退休人员基本生活是关系到经济发展和社会稳定的大事,应予足够的重视。应确保离退休人员离退休金的发放。所需费用,凡参加退休费用社会统筹的企业,从养老保险基金中支付;少数未参加社会统筹的,所需资金原则上由企业自筹解决。企业自筹资金确有困难的,主管部门和财政部门应给予适当帮助。对破产、撤销和解散企业离退休金的发放,要予以保证。凡参加退休费用社会统筹的,用养老保险基金按时、按标准支付;对少数没有参加退休费用社会统筹的,用企业清理维护费支付。即,支付企业离退休金的责任部门从养老保险基金扩展到企业、主管部门和财政部门。

1994年,国务院下发的《关于调整企业离退休人员离退休金的通知》规定,对1993年10月1日至12月31日离退休的人员,可按照离休人员每月不超过60元、退休人员每月不超过20元的标准增发离退休金。

为配合在 18 个城市①进行企业优化资本结构试点工作，建立和完善企业优胜劣汰机制，指导和规范这些城市国有企业破产工作，1994 年 10 月 25 日，国务院颁布《国务院关于在若干城市试行国有企业破产有关问题的通知》。在关于破产企业的职工安置中，对退休职工的离退休费和医药费的经费渠道作出了规定。

为了保障已参加养老保险社会统筹的部分困难企业离退休人员的基本生活，促进社会稳定，1994 年 11 月 24 日，劳动部印发《关于解决部分困难企业离退休人员基本生活问题的通知》，通过强化企业基金扣缴、对出现亏损，经济效益不好或处于停产、半停产的企业申请实行缓缴，对因破产、撤销、解散等原因已无法继续履行缴费义务的企业在破产财产清偿过程首先应将划出的劳动保险费交给待业保险和养老保险管理机构、积极着手建立省级和中央调剂金、社会保险基金支付遇到困难的特殊紧急情况下出售社保基金购买的有价证券等方式保障部分困难企业离退休人员的基本生活。

1995 年 5 月 22 日，劳动部印发《关于进一步做好破产企业、困难企业职工和离退休人员基本生活保障工作的通知》。为了切实保障企业离退休人员的基本生活，使他们分享社会经济发展的成果，经国务院同意，12 月 7 日，劳动部、财政部印发《关于做好企业离退休人员生活保障工作的通知》，要求尽快建立企业离退休人员基本养老金的正常调整机制，给企业离退休人员增加基本养老金；明确不同类型企业增加离退休金的资金渠道；认真做好困难企业和破产、撤销、解散企业离退休人员的离退休金发放工作，并提出对于企业自筹确有困难的，主管部门和财政部门应给予适当帮助。

1996 年 10 月 23 日，中共中央办公厅、国务院办公厅印发《关于进一步解决部分企业职工生活困难问题的通知》规定不同类别企业发放离退休金和资金渠道。12 月 13 日，劳动部印发《关于进一步做好困难企业离退休人员基本生活保障工作的通知》。

劳动和社会保障部办公厅于 1998 年 6 月 12 日印发《关于建立解决拖欠企业离退休人员养老金问题情况报告制度的通知》明确提出，党中央、

---

① 18 个城市是上海、天津、齐齐哈尔、哈尔滨、长春、沈阳、唐山、太原、青岛、淄博、常州、蚌埠、武汉、株洲、柳州、成都、重庆和宝鸡。

国务院对确保企业离退休人员养老金发放问题十分重视，明确要求从1998年6月起必须按时足额发放企业离退休人员的养老金，不得拖欠；对过去已拖欠的要逐步予以补发。为此，从1998年6月开始，建立解决拖欠企业离退休人员养老金问题情况的月度报告制度。要求各地区、各有关部门劳动和社会保障行政主管机关，应每月写出本地区、本部门解决拖欠企业离退休人员养老金问题的专项报告，将拖欠养老金的基本情况、突出问题、已采取的措施、实施效果、尚未解决的矛盾及对策建议上报至人力资源和社会保障部。

在党和国家出台的一系列制度下，补发拖欠的养老金工作取得了实效。截至1998年年底，全国共补发过去拖欠的养老金30亿元，北京、上海、福建、广西、浙江、宁夏、江西7省、自治区、直辖市已全部补清。[1] 通过加强基金征收、清理企业欠费、增加财政投入、动用基金积累等途径筹集资金，全国参保离退休人员的养老金基本做到了按时足额发放，同时补发历年拖欠的养老金133.4亿元。[2] 2000年，补发历年拖欠的养老金38.5亿元。[3] 截至2001年，绝大多数离退休人员按时足额领到基本养老金，同时补发历年拖欠的养老金14亿元。[4]

为全面贯彻落实党和国家关于离退休干部工作的方针政策，推动离退休干部工作更好地适应改革开放和社会主义现代化建设的需要，中央组织部、人力资源和社会保障部于2008年3月26日印发《关于进一步加强新形势下离退休干部工作的意见》，明确了新形势下离退休干部工作的指导思想和基本原则、加强离退休干部思想政治建设、完善落实离退休干部生活待遇的保障机制、推进老干部活动中心、老干部大学（老年大学）工作、发挥离退休干部的积极作用和做好离休干部、退休干部的服务管理工作以及加强对离退休干部工作的领导。

2009年1月16日，时任国家副主席习近平同志在老同志新春茶话会上讲话强调："我们对老同志为党和人民事业发展建立的历史功绩永远不

---

[1] 劳动和社会保障部、国家统计局《1998年劳动和社会保障事业发展年度统计公报》。
[2] 劳动和社会保障部、国家统计局《1999年劳动和社会保障事业发展年度统计公报》。
[3] 劳动和社会保障部、国家统计局《1999年劳动和社会保障事业发展年度统计公报》。
[4] 劳动和社会保障部、国家统计局《2001年劳动和社会保障事业发展年度统计公报》。

能忘,对老同志的光荣传统和崇高风范永远不能丢,对老同志尊重、关心、照顾的政策永远不能变……要坚持政治上多关心、思想上多沟通、生活上多照顾、精神上多关怀。要按照发展为了人民、发展依靠人民、发展成果由人民共享的原则,全面落实老同志政治待遇、生活待遇,健全完善离休干部离休费、医药费保障机制,落实好提高离休干部护理费、企业退休人员基本养老金和国有企业离休干部医药费保障机制等政策。要更加关注困难地区、困难行业、困难单位的老同志和有特殊困难的老同志,为他们雪中送炭、排忧解难。"①

2011年9月15日,时任国家副主席习近平在全国老干部工作先进集体和先进工作者表彰大会讲话指出:"要健全完善落实离退休干部政治待遇制度、生活待遇制度,进一步加强离休干部离休费保障机制、医药费保障机制和财政支持机制建设,努力让他们过一个幸福、安宁的晚年。"②

### 三 做好新时期的老干部工作

老干部是党执政兴国的重要资源,是推进中国特色社会主义伟大事业的重要力量。在新的时期,除了改革完善退休制度以外,切实做好老干部工作成为贯彻落实退休制度的重要内容之一。

1994年12月,全国离退休干部工作座谈会召开,中央组织部部长张全景在讲话中指出:"在建立社会主义市场经济体制的新形势下,我们党将一如既往地关心、重视离退休干部工作,党和国家对老同志从优照顾的一些基本政策和原则,是不会改变的。而且,通过建立社会主义市场经济,深化改革,党和国家关于从优照顾老同志的一些具体规定,将会越来越合理,越来越完善。"③

2002年10月,党的十六大报告提出,继续做好离退休干部工作。2007年10月,党的十七大报告提出,全面做好离退休干部工作。2008

---

① 《老同志迎春茶话会在京举行,习近平出席讲话》,新华网,http://www.ce.cn/xwzx/gnsz/szyw/200901/16/t20090116_17985514.shtml,2009-01-16。

② 《习近平出席全国老干部工作先进集体和先进工作者表彰大会》,中央政府网,http://www.gov.cn/jrzg/2011-09/15/content_1948730.htm,2011-09-15。

③ 人事部政策法规司编:《人事工作文件选编(第十八卷)》,中国人事出版社1996年版,第138—139页。

年,中组部、人社部印发的《关于进一步加强新形势下离退休干部工作的意见》再次肯定了老干部的贡献,明确了新形势下老干部工作的性质。长期以来,广大离退休干部为我国的革命、建设和改革事业作出了重大贡献,他们是党和国家的宝贵财富。离退休干部工作是党的组织工作、干部工作的重要组成部分,是社会主义和谐社会建设的一个重要方面。

2011年9月15日,习近平总书记在全国老干部工作先进集体和先进工作者表彰大会讲话指出:"经过多年实践,我们已经形成了关于老干部工作的一系列法规政策和制度规定,建立了一整套老干部工作体制和机制,这是做好老干部工作的重要基础……要适应形势的发展,认真研究老干部工作中遇到的新情况,探索创新离退休干部党支部设置方式、活动方式和活动内容,做到组织覆盖、班子健全、制度完善、活动经常。要创新关怀、帮扶困难离退休干部机制,及时解决老同志最紧迫、最直接和反映最强烈的问题,为他们雪中送炭、解燃眉之急。"① 党的十八大报告提出,全面做好离退休干部工作。

2013年1月11日,在全国老干部局长会议上,中央组织部部长赵乐际强调:"要站在讲政治的高度做好老干部工作,立在用心用情的实处做好老干部工作,想在更细更好的深处做好老干部工作,像对待自己的父辈那样,以感恩之心,'敬爱致恭'服务老干部。"②

2014年11月26日,中央组织部召开全国离退休干部先进集体和先进个人表彰大会,习近平总书记亲切接见与会的"双先"代表和离退休干部工作部门负责同志并发表重要讲话。习近平总书记强调:"老干部工作是非常重要的工作,在我们党工作中具有特殊重要的地位,承载着党中央关心爱护广大老同志的重要任务。各级党委和政府要从传承党的优良作风、弘扬中华民族传统美德的高度,认真做好新形势下老干部工作,把党中央关于老干部工作的各项方针政策一项一项落到实处。"③

---

① 《习近平出席全国老干部工作先进集体和先进工作者表彰大会》,中央政府网,http://www.gov.cn/jrzg/2011-09/15/content_1948730.htm,2011-09-15。
② 《全国老干部局长会议在京召开 赵乐际出席并讲话》,中央政府网,http://www.gov.cn/jrzg/2013-01/11/content_2310210.htm,2013-01-11。
③ 《习近平重视哪些"老干部"》,人民网,http://www.chinanews.com/gn/2014/11-27/6818960.shtml,2004-11-27。

2016年12月24日，习近平总书记在全国老干部工作先进集体和先进工作者表彰大会讲话再次强调："老干部是党执政兴国的重要资源，是推进中国特色社会主义伟大事业的重要力量。老干部工作承担着党中央关心爱护老干部的重要任务，是一项需要付出、需要奉献的重要工作。"①

2017年10月，习近平总书记在党的十九大报告中提出"认真做好离退休干部工作"②。

2019年1月16日，全国老干部局长工作会议召开，中央组织部部长陈希强调："2019年的老干部工作，要突出以政治建设为统领，全面加强离退休干部党的建设；突出组织引导老同志发挥优势和作用，进一步彰显老干部工作的价值；突出问题导向，以改革创新精神研究破解老干部工作中的重点难点问题；突出抓好信息化、精准化、规范化建设，不断提高老干部工作质量；突出组织领导和自身建设，为做好新时代老干部工作提供坚强保证。"③

### 四 建立机关事业单位养老保险制度

为统筹城乡社会保障体系建设，建立更加公平、可持续的养老保险制度，国务院于2015年1月3日印发《关于机关事业单位工作人员养老保险制度改革的决定》。该《决定》明确提出，从2014年10月1日起，改革现行机关事业单位工作人员退休保障制度，逐步建立独立于机关事业单位之外、资金来源多渠道、保障方式多层次、管理服务社会化的养老保险体系。该《决定》规定了机关事业单位养老保险改革的原则、范围、筹资方式、养老金计发办法、建立基本养老金正常调整机制、建立职业年金制度、建立健全确保养老金发放的筹资机制等。

改革的单位范围是，按照公务员法管理的单位、参照公务员法管理的机关（单位）、事业单位。参保人员范围是，参保单位的编制内工作人员。其他不符合机关事业单位参保范围的单位和人员，依法参加企业职工

---

① 《习近平对全国老干部工作作出重要指示》，国家公务员局网站，http://www.scs.gov.cn/gzdt/201612/t20161226_6788.html，2016-12-26。
② 《决胜全面建成小康社会夺取新时代中国特色社会主义伟大胜利》。
③ 《全国老干部局长会议在京召开 陈希出席并讲话》，《中国组织人事报》2019年1月21日第一版。

基本养老保险。

改革退休金的资金来源。基本养老保险费由单位和个人共同负担。单位缴纳基本养老保险费（以下简称单位缴费）的比例为本单位工资总额的20%，个人缴纳基本养老保险费（以下简称个人缴费）的比例为本人缴费工资的8%，由单位代扣。按本人缴费工资8%的数额建立基本养老保险个人账户，全部由个人缴费形成。

改革基本养老金计发办法。本决定实施后参加工作、个人缴费年限累计满十五年的人员，退休后按月发给基本养老金。基本养老金由基础养老金和个人账户养老金组成。退休时的基础养老金月标准以当地上年度在岗职工月平均工资和本人指数化月平均缴费工资的平均值为基数，缴费每满一年发给1%。个人账户养老金月标准为个人账户储存额除以计发月数，计发月数根据本人退休时城镇人口平均预期寿命、本人退休年龄、利息等因素确定。

不同时间退休人员的待遇决定机制不同。本决定实施前参加工作、实施后退休且缴费年限（含视同缴费年限，下同）累计满十五年的人员，按照合理衔接、平稳过渡的原则，在发给基础养老金和个人账户养老金的基础上，再依据视同缴费年限长短发给过渡性养老金。

本决定实施后达到退休年龄但个人缴费年限累计不满十五年的人员，其基本养老保险关系处理和基本养老金计发比照《实施〈中华人民共和国社会保险法〉若干规定》执行。

本决定实施前已经退休的人员，继续按照国家规定的原待遇标准发放基本养老金，同时执行基本养老金调整办法。机关事业单位离休人员仍按照国家统一规定发给离休费，并调整相关待遇。

## 五　严格执行退休制度

制度的生命力在于执行，退休制度也是一样。通过严格执行退休制度，保障干部队伍有序更替，提高组织的活力。

中央组织部、人事部印发《关于加强干部退休工作的意见》的通知要求各级组织、人事部门要严格执行干部退休制度，认真贯彻《中共中央关于建立老干部退休制度的决定》精神和中央组织部、人事部《关于认真执行干部退（离）休制度有关问题的通知》等有关规定，凡达到退休年龄的干部，除按国家规定延长退休年龄或留任者外，均应按时办理退休手续。

由于有的部门对提前退休工种审批过宽，有的审批程序不健全，有的没有按规定程序进行审批，特别是对审批条件掌握不一，随意开口子，导致提前退休人员数量增多，类似工种在各部门之间产生攀比，影响了社会保险制度的改革。在这种情况下，1993年2月17日，劳动部印发《关于严格按规定办理职工退休的通知》，要求各级劳动部门加强对退休审批工作的领导，严格掌握审批权限。同年4月20日，国务院印发《国有企业富余职工安置规定》，提出职工距退休年龄不到五年的，经本人申请，企业领导批准，可以退出工作岗位休养。职工退出工作岗位休养期间达到国家规定的退休年龄时，按照规定办理退休手续。同年7月3日，针对提前退休工种审批工作存在的问题，为了更好地贯彻《国务院关于工人退休、退职的暂行办法》，劳动部印发《关于加强提前退休工种审批工作的通知》明确加强提前退休工种审批工作。

1998年7月23日，人事部印发《关于禁止赎买工龄和违反规定办理提前退休等问题的通知》，提出对机关干部采取工龄赎买办法，按工龄长短给予不同的经济补助，实行所谓"一次性买断"及提前退休、内退等做法不符合党中央、国务院有关干部人事工作的政策，必须予以坚决制止和纠正。

**六 探索建立分类退休制度**

随着干部分类管理和公务员分类管理的推进，我国开始探索建立适合不同职位类别特点的退休制度。

2011年，中共中央办公厅、国务院办公厅印发《关于进一步深化事业单位人事制度改革的意见》提出，研究建立与聘用制度和岗位管理制度相适应的事业单位工作人员退休制度。

为了深入推进公安改革，加强和深化新形势下公安队伍建设，2015年2月，中央审议通过《关于全面深化公安改革若干重大问题的框架意见》提出根据人民警察的性质特点，建立有别于其他公务员的人民警察管理制度和保障机制。按照职位类别和职务序列，对人民警察实行分类管理。2016年12月1日，公安部公布《中华人民共和国人民警察法（修订草案稿）》提出，从事基层一线执法执勤工作满二十五年或者在特殊岗位、艰苦边远地区从警满二十年的人民警察，本人自愿提出申请，经任免机关批准，可以提前退休，并享受正常退休的待遇。

2019年4月修订的《法官法》和《检察官法》规定，法官/检察官的退休制度，根据审判/检察工作特点，由国家另行规定。

## 第二节　退休条件

这一时期干部离退休条件总体不变，只是随着经济社会发展和干部人事制度改革需要进行了局部调整和完善。

### 一　提高部分女干部的退休年龄

（一）统一县处级女干部离退休年龄

1992年9月，中央组织部、人事部印发《关于县（处）级女干部退（离）休年龄问题的通知》对县（处）级女干部退休作出统一规定。《通知》明确，党政机关、群众团体的县（处）级女干部，凡能坚持正常工作，本人自愿的，其退（离）休年龄可到六十周岁。因身体健康状况不能坚持正常工作，或本人不愿意延长退（离）休年龄的，仍按《安置暂行办法》执行。全民所有制事业单位中担任党务、行政工作的相应职级的女干部，可参照本通知精神办理；专业技术干部按人事部《关于高级专家退（离）休有关问题的通知》的精神办理。

从上述规定可见，对于县（处）级女干部既考虑能最大限度发挥优质人力资源的作用，同时也考虑到本人意愿。

（二）优化部分女干部退休年龄

男女两性不同龄退休问题，不仅影响女性职业发展，而且关系女性退休待遇。这一问题近年来广受社会各界关注，连续多年来成为两会热点问题。[1] 在社会各界多方呼吁下，2015年2月16日，中共中央组织部、人力资源和社会保障部颁布《关于机关事业单位县处级女干部和具有高级

---

[1] 据不完全统计，全国十一届人大一次会议、三次会议、四次会议涉及"男女同龄退休"建议分别为7件、17件和39件。全国人大代表、中华女子学院孙晓梅教授曾连续6年提出"男女同龄退休问题"议案；全国政协会议也有很多"关于男女同龄退休问题"提案，其中妇联界曾有66位政协委员提案"实行男女公务员同龄退休"。

职称的女性专业技术人员退休年龄问题的通知》。《通知》规定，党政机关、人民团体中的正、副县处级及相应职务层次的女干部，事业单位中担任党务、行政管理工作的相当于正、副处级的女干部和具有高级职称的女性专业技术人员，年满六十周岁退休。上述女干部和具有高级职称的女性专业技术人员如本人申请，可以在年满五十五周岁时自愿退休。年满六十周岁的少数具有高级职称的女性专业技术人员，因工作需要延长退休年龄的，仍按照《国务院关于高级专家离休退休若干问题的暂行规定》《人事部关于高级专家退（离）休有关问题的通知》有关规定执行。

这一规定，相对于1992年的关于县处级女干部退休政策有两个改变：一是改变退休对象。在《关于县（处）级女干部退［离］休年龄问题的通知》文件中规定的是处级女干部，在本文件中，规定为正、副处级女干部和具有高级职称的女性专业技术人员。二是改变退休年龄性质。在《关于县（处）级女干部退［离］休年龄问题的通知》文件中，五十五岁是法定退休年龄，六十岁是自愿延迟退休年龄。在本文件中，六十岁为法定退休年龄，五十五岁是自愿提前退休年龄。

### 二 建立和完善公务员提前退休条件

随着公务员暂行条例的出台和公务员法的颁布实施，退休制度也相应地进行了调整和细化。

**（一）《暂行条例》规定的提前退休条件**

1993年颁布的《国家公务员暂行条例》规定，国家公务员符合下列条件之一的，本人提出要求，经任免机关批准，可以提前退休：男年满五十五周岁，女年满五十周岁，且工作年限满二十年的；工作年限满三十年的。

**（二）《公务员法》规定的提前退休条件**

2006年的《公务员法》修订了《暂行条例》关于提前退休的规定，将"自愿申请、任免机关批准"作为前提条件，将"工作年限"作为首要条件，取消了年龄条件限制，并增加兜底性条款。公务员符合下列条件之一的，本人自愿提出申请，经任免机关批准，可以提前退休：工作年限满三十年的；距国家规定的退休年龄不足五年，且工作年限满二十年的；符合国家规定的可以提前退休的其他情形的。

2018 年 12 月修订的《公务员法》关于提前退休的条件与 2006 年《公务员法》内容一致。

### 三 明确部分国有企业人员提前退休条件

针对部分国有企业为减轻负担，违反规定办理提前退休的问题，1999 年，劳动和社会保障部印发《关于制止和纠正违反国家规定办理企业职工提前退休有关问题的通知》规定办理提前退休的范围仅限定为：国务院确定的 111 个"优化资本结构"试点城市的国有破产工业企业中距法定退休年龄不足五年的职工；三年内有压锭任务的国有纺织企业中，符合规定条件的纺纱、织布工种的挡车工。但此项规定与前款规定不能同时适用于同一名职工。

### 四 规范转制单位部分人员提前退休条件

2004 年 4 月 2 日，劳动部、人事部、财政部、科技部印发《关于转制单位部分人员延缓退休有关问题的通知》规定，转制单位中任届未满的省（自治区、直辖市）人大常委会委员和政协常委以上职务的人员，少数确因工作需要、身体能够坚持正常工作的副教授、副研究员和相当这一职称以上的高级专家，转制时需留任的院所厅（局）级以上党政一把手，按照国家有关政策和干部管理权限，经有关部门批准，可以适当延长退休年龄。其中，转制前到达退休年龄，转制后办理退休的，执行事业单位退休待遇计发办法和调整政策；转制过渡期内到达退休年龄，延缓办理退休的，按企业的办法和到达退休年龄当年的过渡期政策计发基本养老金，并按企业的办法调整基本养老金。上述规定适用于各类转制单位。

### 五 规定事业单位聘用人员的退休条件

为适应事业单位人事制度改革，建立人员聘用制度的需要，2004 年 7 月，人事部印发《关于事业单位试行人员聘用制度有关工资待遇等问题的处理意见（试行）》对事业单位聘用人员退休作出规定。

（1）对由工勤岗位受聘到专业技术或管理岗位的人员，在专业技术岗位或管理岗位聘用满十年（本意见下发前已被聘用的，可连续计算）

且在所聘岗位退休（退职）的，可按所聘岗位国家规定的条件办理退休（退职），并享受相应的退休（退职）待遇。

（2）对首次聘用时由专业技术岗位或管理岗位受聘到工勤岗位的人员，任原职务满五年、符合订立聘用至退休合同且保留原国家规定工资待遇的，应按专业技术岗位或管理岗位国家规定的条件办理退休（退职），并享受相应的退休（退职）待遇。

### 六 统一全国政协委员的退休条件

为统一规范全国政协委员的退休问题，中央组织部干部调配局于1995年2月6日发布《关于全国政协委员办理退休手续问题的答复函》，对全国政协委员退休作出规定。明确全国政协委员的性质是"属在编人员，不属于离休退休"。按此规定，全国政协委员在任职期间，工作单位不应为其办理离休退休手续。如本人愿意办理退休手续，须先辞去其委员职务。

这一规定相对于1986年《关于省（区、市）人大常委会离休、退休应先辞去委员职务问题的通知》有两点不同：一是明确全国政协委员的身份性质，是"在编人员"；二是对象不同，上一文件针对的是"省（区、市）政协委员"，此文件明确是"全国政协委员"。相同之处在于，"如本人愿意办理退休手续，须先辞去其委员职务"。

### 七 明确院士等杰出高级专家的退休条件

为贯彻落实《中共中央关于全面深化改革若干重大问题的决定》关于改进院士制度的精神，国务院办公厅于2015年2月4日颁布了《关于院士等杰出高级专家退休年龄问题的通知》，就中国科学院院士、中国工程院院士（以下统称院士）的退休年龄作出规定。

（1）院士年满七十周岁退休。个别确因国家重大项目特殊需要，可适当延长退休年龄，最多延长至七十五周岁。院士延迟退休由国家重大项目主管部门提出建议名单，按干部人事管理权限批准并报人力资源和社会保障部备案。

（2）达到国家规定的机关企事业单位职工退休年龄且本人主动提出退休申请的院士，所在单位应当及时按程序为其办理退休手续。

（3）目前已超过七十周岁和2017年12月31日前将年满七十周岁的院士，确因工作需要可延缓到2017年12月31日前办理退休手续。

（4）按照《国务院发布〈国务院关于高级专家离休退休若干问题的暂行规定〉的通知》及配套政策文件规定可暂缓离退休的曾任全国人大常委会委员、1983年底以前评定为四级以上的老专家，其他有突出贡献、学术上造诣很深、在国内外享有很高声誉的高级专家，比照执行院士退休年龄政策。

由此可见，院士等高级专家的退休条件既规定了正常退休年龄，又规定了强制退休年龄，并统筹考虑国家重大项目建设的需要。

## 第三节　退休待遇

这一时期，党和政府高度重视离退休干部的退休待遇保障问题，无论是政治待遇还是生活待遇都努力适应新形势的发展并尽量满足离退休干部的实际需要。在退休待遇方面，对于离休干部格外关注，对于退休干部随着经济社会发展及时作出调整，对退职干部提高待遇保障水平。

**一　加强退休待遇保障**

（一）重视退休人员政治待遇

1. 重视离退休干部政治学习

1992年5月，中央组织部、人事部印发《关于加强干部退休工作的意见》的通知提出，干部退休后，各有关单位要按照党和国家的政策规定，组织退休干部学习文件、听报告，过组织生活，参加有关活动，通报有关情况，便于他们及时了解党的路线、方针、政策和国内大事。10月，党的十四大报告明确提出，认真执行干部离退休制度，继续推进新老干部的交替与合作。要切实从政治上生活上关心离退休干部，使他们老有所为，安度晚年。

2016年2月，中共中央办公厅、国务院办公厅印发《关于进一步加强和改进离退休干部工作的意见》，提出加强理论学习和思想教育，加强和创新离退休干部党组织建设，加强离退休干部党员教育管理，增强思想政治工作的针对性实效性。

## 2. 加强离退休干部党支部建设

1997年3月，中央组织部印发《关于加强离退休干部党支部建设的意见》，提出要充分认识新时期加强离退休干部党支部建设的重要性，明确离退休干部党支部建设工作的基本要求和离退休干部党支部的主要任务，加强离退休干部党支部的组织建设、离退休干部党员的思想政治工作、离退休干部党支部的制度建设以及加强对离退休干部党支部建设的领导。

2006年5月，中央组织部印发《关于进一步加强和改进离退休干部党支部建设工作的意见》的通知，进一步强调了新形势下加强和改进离退休干部党支部建设工作的重要性和必要性；确定了离退休干部党支部的主要职责；对离退休干部党支部的政治建设、组织建设和制度建设提出更多、更明确的要求。

## 3. 做好离退休干部思想政治工作

1999年5月，中央组织部、中央宣传部、人事部、劳动和社会保障部印发《关于加强退（离）休干部思想政治工作的通知》，提出要进一步健全各项制度，认真落实退（离）休干部的政治待遇。加强退（离）休干部党支部建设，耐心细致地做好思想政治工作。积极组织退（离）休干部开展科学、健康的文化、健身活动，重视退（离）休干部活动场所建设。充分运用新闻媒体，加大宣传力度，形成做好退（离）休干部思想政治工作的良好舆论氛围。提高认识，加强领导，各负其责，进一步做好退（离）休干部思想政治工作。

为全面贯彻落实党和国家关于离退休干部工作的方针政策，推动离退休干部工作更好地适应改革开放和社会主义现代化建设的需要，2008年3月，中央组织部、人事部印发《关于进一步加强新形势下离退休干部工作的意见》，提出加强离退休干部思想政治建设，坚持和完善离退休干部政治待遇的各项制度，加强和改进离退休干部党支部建设工作，加强和改进离退休干部思想政治工作。

### （二）提高和落实退休人员生活待遇

基本养老金调整作为一项社会政策，既要突出保基本兜底线功能，确保退休人员基本生活，又要体现离退休人员共享经济社会发展成果保证全体人民有更多获得感。党和国家高度重视退休人员生活待遇保障问题，先后制定一系列政策提高和落实退休人员生活待遇，内容既涉及养老金政策，也包括提高一次性抚恤金和离休干部护理费、改善医疗待遇和住房待遇等。

2008年中组部、人社部印发《关于进一步加强新形势下离退休干部工作的意见》提出，按照党和国家的政策规定，保障退休干部生活待遇的落实。退休费要按时足额发放，在医疗上享受相应的待遇。建立健全离退休干部共享经济社会发展成果的机制。根据经济社会发展水平，逐步提高离退休干部的生活待遇。在进行涉及离退休干部切身利益的改革时，要同步研究制定相应的保障办法和措施。

历届国务院总理多次将提高退休人员的待遇问题写入政府工作报告。2011年，温家宝总理在政府工作报告中提出，连续7年提高企业退休人员基本养老金水平，年均增长10%。稳步提高企业退休人员基本养老金和城乡居民最低生活保障标准。推进城镇居民养老保险试点，解决集体企业退休人员养老保障的历史遗留问题，建立企业退休人员基本养老金正常调整机制。积极推进机关和事业单位养老保险制度改革。2012年，温家宝总理在政府工作报告中提出："企业退休人员基本养老金从2004年人均每月700元提高到现在的1721元。妥善解决关闭破产企业退休人员、困难企业职工、国有企业老工伤人员、未参保集体企业退休人员社会保险等问题……今年企业退休人员基本养老金继续提高10%。"[①] "今年企业退休人员基本养老金继续提高10%。"[②]

李克强总理多次在国务院政府工作报告中提出提高退休人员基本养老金标准，"企业退休人员基本养老金水平提高10%……改革机关事业单位养老保险制度，鼓励发展企业年金、职业年金和商业保险"。[③] "企业退休人员基本养老金标准提高10%。稳步推行退休人员医疗费用跨省直接结算。推进城镇职工基础养老金全国统筹。落实机关事业单位养老保险制度改革措施。"[④] "继续提高退休人员基本养老金标准。各地要切实负起责任，确保养老金按时足额发放。"[⑤] "继续提高退休人员基本养老金，确保

---

① 《2012年国务院政府工作报告》。
② 《2013年国务院政府工作报告》。
③ 《2014年国务院政府工作报告》。
④ 《2015年国务院政府工作报告》。
⑤ 《2016年国务院政府工作报告》。

按时足额发放。"① "深化养老保险制度改革,建立企业职工基本养老保险基金中央调剂制度……继续提高退休人员基本养老金和城乡居民基础养老金。"② 2019 年李克强总理在政府工作报告中明确提出"建立企业职工基本养老保险基金中央调剂制度,提高退休人员基本养老金……加快推进养老保险省级统筹改革,继续提高企业职工基本养老保险基金中央调剂比例、划转部分国有资本充实社保基金。我们既要减轻企业缴费负担,又要保障职工社保待遇不变、养老金合理增长并按时足额发放,使社保基金可持续、企业与职工同受益"。③

2020 年,在新冠肺炎疫情暴发、全国人民抗疫力求将损失降到最低的艰难情况下,依然加大民生保障力度。李克强总理在政府工作报告中提出"上调退休人员基本养老金,提高城乡居民基础养老金最低标准。实现企业职工基本养老保险基金省级统收统支,提高中央调剂比例。全国近 3 亿人领取养老金,必须确保按时足额发放"。④ 2021 年李克强总理在政府工作报告中提出"提高退休人员基本养老金……推进基本养老保险全国统筹,规范发展第三支柱养老保险"。⑤

1. 明确离退休金的基数

1992 年 5 月 23 日,人事部印发《关于机关、事业单位离退休人员增加离退休费的补充通知》明确了机关、事业单位离退休人员月基本离休费、退休费和退职生活费的范围。按国发〔1978〕104 号、国发〔1982〕62 号、国发〔1983〕141 号和国发〔1986〕26 号文件规定计发的离休、退休费和退职生活费;按国发〔1989〕82 号、国发〔1991〕74 号和劳动人事部劳人险〔1983〕3 号、财政部等五部委(91)财综字第 44 号文件规定增加的离休、退休费和退职生活费;按劳动部等四部门劳字〔1988〕42 号文件规定增加的生活补贴费。未参加 1985 年工资改革的,其月基本离休、退休费和退职生活费,还应包括国发〔1979〕245 号文件规定的副食品价格补贴、国发〔1985〕6 号文件规定的生活补贴费。

---

① 《2017 年国务院政府工作报告》。
② 《2018 年国务院政府工作报告》。
③ 《2019 年国务院政府工作报告》。
④ 《2020 年国务院政府工作报告》。
⑤ 《2021 年国务院政府工作报告》。

1992年2月2日，人事部印发《关于离退休人员待遇有关问题的通知》明确按照国务院《关于老干部离职休养制度的几项规定》和国务院批转《人事部、国家计委、财政部1989年调整国家机关、事业单位工作人员工资实施方案的通知》规定，每年享受有一个月、一个半月、两个月离休费总数生活补贴的离休干部，这次增加的离休费，可作为计发"生活补贴"的基数。今后，凡是按国家规定增加的离休费，均可照此办理。

2. 改变退休金的计发办法

实行基本养老保险制度以来，由于基本养老保险制度的设计理念与退休制度的理念存在差异，导致在基本养老保险制度下，退休人员基本养老金与原有制度的退休金的影响因素不同，计算方式存在差异。

在原有制度下，退休人员退休金的多少仅仅与本人因素有关，包括本人的基本工资、工作年限，以及本人职业（护龄津贴、教龄津贴）、是否有特殊贡献等。

实行基本养老保险制度后，退休人员退休金与上年度的社会平均工资、缴费年限、个人月平均工资指数、退休年龄相关。

3. 多次提高离退休费和养老金

退休费的调整方式经历了从企业和机关事业单位分别调整到统一调整以及离退休干部统一调整到离休、退休干部分别调整的过程。调整水平综合考虑经济发展情况、物价水平、财力情况以及城镇居民可支配收入增长情况。①

2016年以前，企业和机关事业单位离退休人员养老金分别调整。2016年以来，国家实行统一安排、同步调整企业和机关事业单位退休人员基本养老金水平。2016年以前，离、退休干部退休金实行统一调整，2016年以后，离休干部离休待遇和退休干部的退休待遇实行分别调整。

在调整方式上，退休金经历了从普遍调整和定额调整逐步发展转变为"普遍调整，对特殊群体实行倾斜"，到2016年调整时采取"定额调整、挂钩调整和适当倾斜"三结合。

---

① 《胡晓义委员三个视角解读今年退休金调整6.5%》，中央政府网，http://www.gov.cn/xinwen/2016-03/09/content_5051336.htm，2016-03-09。

在调整频率上，经历了从不定期调整到基本定期调整的转变。2005年以来，国家已连续第 16 年调整企业退休人员基本养老金，也是继 2016 年以来连续第 5 年同步安排适当提高企业和机关事业单位退休人员养老金水平。

在调整金额上，企业退休人员的离退休金由各省、自治区根据本地实际情况进行调整，各地调整金额和方式在遵循国家统一规定的基础上存在差异。[①] 机关事业单位的离退休金经历从原来全国统一标准到地方化的过程。

（1）企业与机关事业单位离退休人员同步提高基本养老金。其中，提高金额中，离休待遇提高金额最高，其次是退休待遇，最低是退职待遇。为缩小企业与机关事业单位人员的退休待遇差距，机关事业单位提高退休金调整次数明显少于企业退休金的调整。

1992 年 5 月 15 日，国务院印发《关于机关、事业单位离退休人员增加离退休费的通知》，决定从 1992 年 3 月起，机关、事业单位离休、退休人员，按本人月基本离休、退休费的 10% 增加离休、退休费。离休人员增加数额不足 12 元的，按 12 元发给；退休人员增加数额不足 10 元的，按 10 元发给。根据国家政策规定办理退职的机关、事业单位人员，可参照上述办法增加退职生活费。同时，国务院印发《关于企业离退休人员增加离退休金的通知》。决定从 1992 年 1 月起，适当增加企业离休、退休人员的离休、退休金。未参加 1985 年工资制度改革的全民所有制企业离休、退休人员，每人每月增发 10 元离休、退休金。全民所有制企业的离休、退休人员，按本人月基本离休、退休金（包括上述增发的 10 元）的 10% 增加离休、退休金，离休人员增加数额不足 12 元的，按 12 元发给；退休人员增加数额不足 10 元的，按 10 元发给。根据国家政策规定办理退职的全民所有制企业人员，可参照上述办法增加退职生活费。

1994 年 2 月 22 日，国务院印发《关于调整企业离退休人员离退休金的通知》，决定提高国有企业退（离）休人员的退休金。1993 年 9 月 30 日以前离退休的人员，从 1993 年 10 月起分别按下列标准增加离退休金：一是 1978 年 12 月 31 日以前离退休的人员，每月分别增发 100 元离休金

---

① 以 2019 年为例，各省市养老金调整情况见第 284—292 页。

和60元退休金。1979年1月1日至1985年工资改革前离退休的人员，每月分别增发85元离休金和45元退休金。1985年工资改革后至1988年12月31日离退休的人员，每月分别增发70元离休金和30元退休金。1989年1月1日至1993年9月30日离退休的人员，每月分别增发60元离休金和20元退休金。1993年10月1日以后离退休的人员和已实行以岗位技能工资为基数计发离退休金的人员，这次不增加离退休金。二是国有企业中根据国家政策规定办理退职的人员，可适当增加退职生活费。增加退职生活费的具体标准，由各省、自治区、直辖市人民政府参照本通知精神自行确定。三是城镇集体所有制企业的离退休人员和退职人员增加离退休金和退职生活费问题，由各省、自治区、直辖市人民政府参照本通知精神制定具体办法。1994年5月13日，国务院办公厅印发《关于调整企业离退休人员离退休金有关问题的通知》规定，对1993年10月1日至12月31日离退休的人员，可按照离休人员每月不超过60元、退休人员每月不超过20元的标准增发离退休金，具体办法由各省、自治区、直辖市人民政府确定。

劳动部、财政部于1995年8月17日印发《关于1995年调整企业离退休人员基本养老金的通知》决定，各地区可从1995年7月1日起，对国有企业1994年12月31日以前离退休人员，以贯彻国发〔1994〕9号及国办发〔1994〕62号文件后的离退休金为基数，一般可按1994年当地职工平均工资增长率的40%—60%计算增加离退休金。具体调整比例，由各省、自治区、直辖市根据实际情况，并考虑养老保险基金的支付能力，在上述幅度内自行确定；在特殊情况下，也可以按低于40%的比例进行调整。1995年12月8日，国务院印发《关于机关、事业单位离退休人员增加离退休费的通知》决定，1995年9月30日前的机关、事业单位离退休人员，从1995年10月起适当增加离退休费。一是离休人员按同职务在职人员晋升一个工资档次的增资额增加离休费，每月低于25元的按25元增加；退休人员按每月20元增加退休费。二是依照国家规定退职的人员，按每月15元增加退职生活费。1996年10月25日，劳动部、财政部印发《关于1996年调整企业离退休人员基本养老金的通知》，在调整总体水平和调整方式上与1995年基本一致。

1997年9月29日，人事部、财政部印发《关于机关、事业单位离退休人员增加离退休费的通知》，规定了调整离退休费等内容。一是从1997年7月1日起，对1997年6月30日前已办理离休、退休、退职手续和已达到离退休年龄的人员（按国家有关规定经组织批准留任的除外），按每人每月20元增加离休、退休费和退职生活费。二是从1997年10月1日起，对1997年9月30日前已办理离休、退休、退职手续和已达到离退休年龄的人员（按国家有关规定经组织批准留任的除外），仍按《国务院关于机关、事业单位离退休人员增加离退休费的通知》规定精神，适当增加离休、退休费和退职生活费。三是离休人员按同职务在职人员晋升一个职务工资档次的档差增加离休费，每月低于25元的按25元增加；退休人员按每月20元增加退休费；依照国家规定退职的人员，按每月15元增加退职生活费。

国务院办公厅于1999年8月7日转发《劳动保障部等部门关于做好提高三条社会保障线水平等有关工作意见的通知》，决定从1999年7月1日起，按基本养老金调整机制适当增加企业离退休人员养老金。企业离休人员养老金的调整水平应与机关事业单位大体相当，具体标准由各地根据实际情况确定。企业退休人员养老金的调整幅度，1999年应比正常年份高一些，一般应比1998年的月平均养老金水平提高15%左右，具体标准由各地根据目前养老金的实际水平和基金支付能力确定。1999年已经对养老金进行了正常调整的地区，在这次调整中相应冲减。1999年8月31日，国务院印发《关于调整机关事业单位工作人员工资标准和增加离退休人员离退休费三个实施方案的通知》，规定机关、事业单位1999年6月30日前已办理离退休手续和已到达离退休年龄的人员（按国家有关规定经批准留任的除外），从1999年7月1日起增加离退休费。一是离休人员按照同职务在职人员的增资额增加离休费（机关离休人员按同职务同条件在职人员的增资额增加离休费）。每人每月增加数额不足120元的，按120元增加。二是退休人员按下列标准增加退休费：行政人员，省（部）级及以上职务210元，厅（局）级170元、处级140元、科级110元、科员及办事员90元；专业技术人员，教授及相当职务170元、副教授及相当职务140元、讲师及相当职务110元、助教以下职务90元。三是依照国家规定退职的人员，每人每月增加80元退职生活费。上述办法仅限于这次增加离退休费，在职人员正常晋升职务工资档次时，离退休人员仍按

《人事部、财政部关于事业单位离退休人员增加离退休费的通知》规定的办法执行。

国务院办公厅于2001年2月8日转发《人事部、财政部关于调整机关事业单位工作人员工资和增加离退休人员离退休费四个实施方案的通知》，规定机关、事业单位2000年12月31日前已办理离退休手续和已到达离退休年龄的人员（按国家有关规定经组织批准留任的除外），从2001年1月1日起增加离退休费。一是离休人员按照同职务同条件在职人员的增资额增加离休费。每人每月增加数额不足100元的，按100元增加。二是退休人员按下列标准增加退休费：行政人员，省（部）级及以上职务270元、厅（局）级180元、处级130元、科级100元、科员及办事员80元；专业技术人员，教授及相当职务180元、副教授及相当职务130元、讲师及相当职务100元、助教（含相当职务）及以下职务80元。三是依照国家规定退职的人员，按每人每月70元增加退职生活费。

劳动和社会保障部、财政部于2001年9月3日印发《关于提高企业离休人员基本养老金水平的通知》，规定从2001年1月1日起，提高企业离休人员基本养老金水平。调整范围2000年12月31日前已办理离休手续的企业离休人员。企业离休人员提高基本养老金的具体标准，由各省、自治区、直辖市人民政府参照《国务院办公厅转发人事部、财政部关于调整机关事业单位工作人员工资和增加离退休人员离退休费四个实施方案的通知》规定的机关事业单位离休人员离休费调整标准确定。已自行提高企业离休人员基本养老金水平的地区，提高水平已经达到《国务院办公厅转发人事部、财政部关于调整机关事业单位工作人员工资和增加离退休人员离退休费四个实施方案的通知》规定调整标准的，不得再次调整企业离休人员基本养老金；提高水平低于本通知标准的，可调整到本通知规定标准。

2002年8月16日，劳动和社会保障部、财政部印发《关于2002年调整企业退休人员基本养老金水平的通知》，规定从2002年7月1日起，调整企业退休人员基本养老金水平。调整基本养老金的人员范围为2001年12月31日前已按规定办理退休手续的企业退休人员。调整基本养老金的水平，以2001年12月基本养老金为基数，总体上按当地上一年企业在岗职工平均工资增长率的50%左右确定。实施时，要在普遍调整的基础上，对退休早、基本养老金偏低的老干部、老工人、军队转业干部等人员适当提高调整水平。

国务院办公厅于 2003 年 12 月 29 日转发《人事部财政部关于调整机关事业单位工作人员工资标准和增加离退休人员离退休费三个实施方案的通知》，规定机关事业单位 2003 年 6 月 30 日前已办理离退休手续和已到达离退休年龄的人员（按国家有关规定经组织批准留任的除外），从 2003 年 7 月 1 日起增加离退休费。一是离休人员按照同职务同条件在职人员的增资额增加离休费。每人每月增加数额不足 50 元的，按 50 元增加；二是退休人员按下列标准增加退休费：行政管理人员，省（部）级及以上职务 165 元、厅（局）级 120 元、处级 80 元、科级 50 元、科员及办事员 35 元；专业技术人员，教授及相当职务 115 元、副教授及相当职务 75 元、讲师及相当职务 50 元、助教（含相当职务）及以下职务 35 元；三是依照国家规定退职的人员，按每人每月 30 元增加退职生活费。

人力资源和社会保障部、财政部印发《关于 2009 年调整企业退休人员基本养老金的通知》，规定从 2009 年 1 月 1 日起，为 2008 年 12 月 31 日前已按规定办理退休手续的企业退休人员提高基本养老金水平。调整方法采取普遍调整和特殊调整相结合的办法。调整水平按照 2008 年企业退休人员月人均基本养老金的 10% 左右确定。普遍调整，与退休人员的缴费年限和年龄等挂钩。在普遍调整的基础上，对具有高级职称的企业退休科技人员、中华人民共和国成立前老工人、1953 年年底以前参加工作的人员、原工商业者等早退休、基本养老金相对偏低的人员再适当提高调整水平。对艰苦边远地区的企业退休人员，适当提高调整水平。对基本养老金偏低的企业退休军转干部，继续按照中共中央办公厅、国务院办公厅转发人事部等部门《关于进一步贯彻落实人发〔2002〕82 号文件精神，切实解决部分企业军转干部生活困难问题的意见》的通知规定予以适当倾斜。

2010—2015 年，国家每年提高企业离退休人员基本养老金水平，调整水平和调整方法与 2009 年大致相似。

为了配合机关事业单位养老保险改革，2015 年 1 月 12 日，国务院办公厅转发《人力资源社会保障部、财政部印发〈关于调整机关事业单位工作人员基本工资标准和增加机关事业单位离退休人员离退休费三个实施方案〉的通知》，决定从2014年10月1日起，对机关事业单位2014年9月30日前已办理离退休手续和已达到离退休年龄的人员增加离退休费。一是离休人员每月按下列标准增加离休费：行政管理人员，省部级正职及以上1400元，省部级副职1140元，厅局级正职900元，厅局级副职730元，县处级正职570元，县处级副职480元，乡科级及以下400元；专业技术人员，教授及相当职务820元，副教授及相当职务540元，讲师（含相当职务）及以下职务400元。二是退休人员每月按下列标准增加退休费：行政管理人员，省部级及以上1100元，厅局级700元，县处级460元，乡科级350元，科员及办事员260元；专业技术人员，教授及相当职务700元，副教授及相当职务460元，讲师及相当职务350元，助教（含相当职务）及以下职务260元；工人，高级讲师和技师350元，高级工以下（含高级工）及普通工260元。三是按国家规定办理退职的人员，按每人每月260元增加退职生活费。四是在按以上标准增加离退休费的基础上，1934年9月30日前出生的离退休人员每人每月再增加100元，1934年10月1日至1939年9月30日期间出生的离退休人员每人每月再增加60元。

2016年，养老金的调整范围为企业和机关事业单位退休人员基本养老金。调整水平按6.5%左右提高企业和机关事业单位退休人员养老金标准，并向退休较早、养老金偏低的退休人员和艰苦边远地区企业退休人员适当倾斜。

2017年，人力资源社会保障部、财政部共同印发《关于2017年调整退休人员基本养老金的通知》，决定从2017年1月1号开始，提高退休人员基本养老金水平5.5%。调整退休人员基本养老金兼顾企业和机关事业单位退休人员，按照调整办法大体统一的原则，采取定额调整、挂钩调整与适当倾斜相结合的办法。定额调整要体现公平原则；挂钩调整要体现"多工作、多缴费、多得养老金"的激励机制，可与退休人员本人缴费年限（或工作年限）、基本养老金水平等因素挂钩；对高龄退休人员、艰苦边远地区企业退休人员，可适当提高调整水平。继续确保企业退休军转干部基本养老金不低于当地企业退休人员平均水平。要合理确定定额调整、挂钩调整与适当倾斜三部分比重，增强激励性导向。

2018年和2019年，人力资源和社会保障部、财政部先后印发《关于2018年调整退休人员基本养老金的通知》《关于2019年调整退休人员基本养老金的通知》，规定同步调整企业和机关事业单位退休人员基本养老金水平。总体调整水平按照上一年退休人员月人均基本养老金的5%左右确定。继续坚持2017年调整方法基础上，提出"兼顾公平与激励"导向，合理确定定额调整、挂钩调整与适当倾斜三部分比重。

2020年4月10日，人力资源社会保障部、财政部印发《关于2020年调整退休人员基本养老金的通知》对退休人员基本养老金调整作出规定。一是调整范围。2019年12月31日前已按规定办理退休手续并按月领取基本养老金的退休人员。二是调整水平。全国总体调整比例按照2019年退休人员月人均基本养老金的5%确定。各省以全国总体调整比例为高限确定本省调整比例和水平。三是调整办法。继续采取定额调整、挂钩调整与适当倾斜相结合的办法，并实现企业和机关事业单位退休人员调整办法基本统一。定额调整要体现公平原则；挂钩调整要体现"多缴多得""长缴多得"的激励机制，可与退休人员本人缴费年限（或工作年限）、基本养老金水平等因素挂钩；对高龄退休人员、艰苦边远地区退休人员，可适当提高调整水平。继续确保企业退休军转干部基本养老金不低于当地企业退休人员平均水平。要进一步强化激励，适当加大挂钩调整所占比重。四是资金来源。调整基本养老金所需资金，参加企业职工基本养老保险的从企业基本养老保险基金中列支，参加机关事业单位工作人员基本养老保险的从机关事业单位基本养老保险基金中列支。对中西部地区、老工业基地、新疆生产建设兵团和在京中央国家机关及所属事业单位，中央财政予以适当补助。未参加职工基本养老保险的，调整所需资金由原渠道解决。

4. 发放离退休生活补贴

1999年2月，中央组织部、人事部、劳动和社会保障部、财政部印发《关于给部分离退休专家发放生活补贴的通知》，规定自1999年1月起，对部分收入较低的离退休专家发给适当生活补贴。发放范围是1998年12月31日前离退休，在1985年工资制度改革前专业技术级别为一至六级的离退休专家。补贴标准为一至三级离退休专家固定收入达不到1000元的，补足到1000元；四至六级离退休专家达不到800元的，补足到800元。

5. 实行医疗保险制度

为更好地体现对老干部的关怀和照顾，在医药费方面，退休干部按有关规定报销。

1998年12月14日，国务院颁布《关于建立城镇职工基本医疗保险制度的决定》，明确退休人员参加基本医疗保险，个人不缴纳基本医疗保险费。对退休人员个人账户的计入金额和个人负担医疗费的比例给予适当照顾。

6. 大幅提高一次性抚恤金标准

一次性抚恤金是离退休人员生活待遇的重要内容之一，随着工资制度改革的推进，离退休人员的一次性抚恤金进行了多次调整。

国务院对机关离退休人员离退休费做了调整后，关于新增加的离退休费是否可计入一次性抚恤金问题，民政部、财政部于1992年10月26日印发《关于军人和国家行政机关离退休人员增加的离退休费计入一次性抚恤金的通知》对应计入和不得计入一次性抚恤金的项目作出明确规定。一是1991年国务院决定提高粮油统销价格后，财政部、劳动部、人事部、民政部、国家教委《关于提高粮油统销价格和适当增加职工工资等问题的通知》规定给离退休人员每人每月增加6元，应计入一次性抚恤金；1991年《国务院关于调整机关、事业单位工作人员工龄津贴标准的通知》对离退休人员按离退休前的实际工龄增加的离退休费，应计入一次性抚恤金；退休人员凡按国家规定计入离退休费基数或直接增加的离休、退休费，均应计入一次性抚恤金；除此之外增加的津贴、补贴等项目，不得计入一次性抚恤金。

1993年工资制度改革后，关于事业单位工作人员死亡一次性抚恤金如何计发问题，1994年11月15日，人事部、财政部印发《关于工资制度改革后事业单位工作人员死亡一次性抚恤金计发问题的通知》规定了死亡一次性抚恤金发放标准，仍按现行规定执行，即：批准为革命烈士的，为本人生前40个月工资；因公死亡的，为本人生前20个月工资；病故的，为本人生前10个月工资。取消1986年对病故后一次性抚恤金最高数额不得超过3000元的规定。

离休、退休人员死亡一次性抚恤金的计发基数分别不同离退休时间计算。一是1993年9月30日前离休、退休的，计发基数包括以下项目：民政部、财政部《关于军队和国家机关离退休人员死亡后计发一次性抚恤金应包括项目的通知》和《关于军队和国家行政机关离退休人员增加的离退休费计入一次性抚恤金的通知》规定的项目;《国务院关于机关和事业单位工作人员工资制度改革问题的通知》和《国务院办公厅关于印发机关、事业单位工资制度改革三个实施办法的通知》规定增加的离休、退休费。二是 1993 年 10 月 1 日后离休、退休的,计发基数为本人离休、退休时的职务(技术等级)工资与按国家规定比例计算的津贴之和。三是今后按国家规定增加的离休、退休费,计入死亡一次性抚恤金。

2004 年 10 月 1 日,国务院、中央军委公布施行的《军人抚恤优待条例》提高了一次性抚恤金标准。2006 年 7 月 1 日,国家机关工资制度进行了改革,为适应有关政策的调整变化,2007 年 5 月 8 日,民政部、人事部、财政部联合下发《关于国家机关工作人员及离退休人员死亡一次性抚恤金发放办法的通知》规定,比照军人标准,自 2004 年 10 月 1 日起,国家机关工作人员及离退休人员死亡,一次性抚恤金按照以下标准执行:烈士为本人生前 80 个月基本工资或基本离退休费,因公牺牲为本人生前 40 个月基本工资或基本离退休费,病故为本人生前 20 个月基本工资或基本离退休费。国家机关离退休人员死亡,一次性抚恤金按本人生前最后一个月享受的国家规定的基本离退休费为基数计发。其中:离退休人员为本人基本离退休费,即本人离退休时计发的基本离退休费和本人离退休后历次按国家规定增加的基本离退休费之和;按照《国务院关于颁发〈国务院关于安置老弱病残干部的暂行办法〉和〈国务院关于工人退休、退职的暂行办法〉的通知》规定办理退职的人员为本人基本退职生活费,即本人退职时计发的基本退职生活费和本人退职后历次按国家规定增加的基本退职生活费之和;驻外使领馆工作人员、驻外非外交人员和港澳地区内派人员中的机关工作人员死亡,一次性抚恤金按本人国内(内地)基本工资为基数计发。

在国家机关工作人员提高一次性抚恤金之后,2008 年 6 月 18 日,人事部、民政部、财政部印发《关于事业单位工作人员和离退休人员死亡一次性抚恤金发放办法的通知》,对企业职工和事业单位人员一次性抚恤金调整作出规定。一是已参加企业职工基本养老保险事业单位的工作人员和离退休人员,属于病故的,一次性抚恤待遇仍按当地规定执行。二是事业单位工作人员和离退休人员死亡一次性抚恤金标准,从 2004 年 10 月 1

日起调整为：因公牺牲为本人生前40个月基本工资或基本离退休费，病故为本人生前20个月基本工资或基本离退休费。发放事业单位工作人员和离退休人员死亡一次性抚恤金所需经费，按原渠道解决。三是驻外使领馆工作人员、驻外非外交人员和港澳地区内派人员中原属事业单位工作人员的，计发基数为本人国内（内地）基本工资。

2011年8月1日，国务院公布施行的《烈士褒扬条例》和国务院、中央军委公布施行的《关于修改〈军人抚恤优待条例〉的决定》调整了一次性抚恤金标准。为适应有关政策的变化，2011年11月15日，民政部、人社部、财政部联合印发《关于国家机关工作人员及离退休人员死亡一次性抚恤金发放有关问题的通知》再次提高了国家机关工作人员一次性抚恤金的标准。自2011年8月1日起，国家机关工作人员及离退休人员死亡，一次性抚恤金发放标准调整为：烈士和因公牺牲的，为上一年度全国城镇居民人均可支配收入的20倍加本人生前40个月基本工资或基本离退休费；病故的，为上一年度全国城镇居民人均可支配收入的2倍加本人生前40个月基本工资或基本离退休费。自此，机关、事业单位工作人员及离退休人员的一次性抚恤金金额明显拉大。

为了做好人民警察的抚恤优待工作，激励人民警察的奉献精神，2014年4月30日，民政部、最高人民法院、最高人民检察院、教育部、公安部、国家安全部、司法部、财政部、交通运输部联合印发《人民警察抚恤优待办法》的通知，明确获得荣誉称号和立功（含死亡后追记、追认功勋）的人民警察死亡后，按照不同标准增发5%—35%的一次性抚恤金，具体为：获得党中央、国务院授予英雄模范荣誉称号的，增发35%；获得中央政法机关及省级党委、政府授予英雄模范荣誉称号的，增发30%；立一等功的，增发25%；立二等功的，增发15%；立三等功的，增发5%。对于多次获得荣誉称号或者立功的，按照其中最高等级奖励的增发比例，增发一次性抚恤金。离退休人民警察死亡，增发一次性抚恤金按上述规定执行。

（三）建立健全离退休金和医疗费保障机制

随着我国市场经济的推进，国有企业生产经营分化严重。一些生产经营不善的企业出现离退休金和医疗费发放困难的问题。为此，党和国家先后出台一系列政策，建立健全离退休干部离退休金和医疗费保障机制。

1. 做好国有企业离退休人员基本生活保障

1993年11月5日，国务院办公厅印发《关于做好国有企业职工和离退休人员基本生活保障工作的通知》，提出应确保离退休人员离退休金的发放。所需费用，凡参加退休费用社会统筹的企业，从养老保险基金中支付；少数未参加社会统筹的，所需资金原则上由企业自筹解决。企业自筹资金确有困难的，主管部门和财政部门应给予适当帮助。

为指导和规范国有企业破产工作，安置好破产企业职工，1994年10月25日，国务院印发《关于在若干城市试行国有企业破产有关问题的通知》，规定破产企业离退休职工的离退休费和医疗费由当地社会养老、医疗保险机构负责管理。破产企业参加养老保险、医疗保险基金社会统筹的，其离退休职工的离退休费、医疗费由当地社会养老、医疗保险机构分别从养老保险、医疗保险基金社会统筹中支付。没有参加养老保险、医疗保险基金社会统筹或者养老保险、医疗保险基金社会统筹不足的，从企业土地使用权出让所得中支付；处置土地使用权所得不足以支付的，不足部分从处置其他破产财产所得中拨付。

1995年12月7日，劳动部、财政部印发《关于做好企业离退休人员生活保障工作的通知》，对企业离退休人员基本养老金调整和发放作出规定。

（1）各级人民政府要根据《国务院关于深化企业职工养老保险制度改革的通知》的精神和《劳动部、财政部关于1995年调整企业离退休人员基本养老金的通知》的有关规定，尽快建立企业离退休人员基本养老金的正常调整机制，给企业离退休人员增加基本养老金。

（2）增加离退休金所需资金，按企业的不同情况确定。凡参加养老保险费用社会统筹的企业，原则上由统筹基金支付；没有参加社会统筹的企业，按原资金渠道解决；对特别困难的企业和地区，当地财政可根据实际情况对调整企业离休人员的离休金给予适当支持。

（3）要认真做好困难企业和破产、撤销、解散企业离退休人员的离退休金发放工作。凡参加养老保险费用社会统筹的企业，社会保险经办机构应按时、足额支付养老金。未参加社会统筹的，企业应切实保证离退休金的发放；确有困难的，也应先发给基本生活费，具体标准由各地区、各有关部门根据实际情况确定；所需资金原则上由企业自筹解决；企业自筹确有困难的，主管部门和财政部门应给予适当帮助。

针对一些企业发不出工资、部分职工生活困难的问题还没有完全解决，有的地区、行业问题相当突出的问题，1996年10月23日，中共中央办公厅、国务院办公厅印发《关于进一步解决部分企业职工生活困难问题的通知》，规定不同类别企业发放离退休金和资金渠道。12月13日，劳动部印发《关于进一步做好困难企业离退休人员基本生活保障工作的通知》，从政治高度要求把做好困难企业离退休人员基本生活保障工作作为当前劳动和社会保障工作的一项重要任务，层层落实工作责任制，保证困难企业离退休人员的基本生活，做好困难企业离退休人员退休费发放，并对不同缴费情况企业发放基本养老金的标准和发放途径作出规定。

为了解决企业离退休人员养老金发放问题，1999年，朱镕基总理在政府工作报告中指出，企业离退休人员的养老金基本做到了按时足额发放。要完善养老保险制度，确保企业离退休人员养老保险金的按时足额发放，并尽快补发拖欠的养老金。

2000年2月3日，国务院办公厅印发《关于继续做好确保国有企业下岗职工基本生活和企业离退休人员养老金发放工作的通知》，要求确保企业离退休人员基本养老金按时足额发放。妥善解决"两费"拖欠问题，确保不再发生新的拖欠。

2. 建立解决拖欠离退休人员养老金情况报告制度

为了明确、及时地掌握各地区、各部门企业离退休人员养老金的拖欠及补发情况，1998年6月12日，劳动和社会保障部办公厅印发《关于建立解决拖欠企业离退休人员养老金问题情况报告制度的通知》，规定从1998年6月开始，建立解决拖欠企业离退休人员养老金问题情况的月度报告制度。各地区、各有关部门劳动和社会保障行政主管机关，应每月写出本地区、本部门解决拖欠企业离退休人员养老金问题的专项报告，将拖欠养老金的基本情况、突出问题、已采取的措施、实施效果、尚未解决的矛盾及对策建议报劳动部。

3. 实施国有资本划转充实养老金制度

在企业职工基本养老保险制度逐步完善过程中，受多种因素影响，形成了一定的企业职工基本养老保险基金缺口。随着经济社会发展和人口老龄化加剧，基本养老保险基金支付压力不断加大。在这种情况下，弥补养老金缺口、保障养老金及时足额发放已成当务之急。

2017年，李克强总理在政府工作报告中提出："继续提高退休人员基本养老金，确保养老金按时足额发放。"① 为充分体现代际公平和国有企业发展成果全民共享，2017年，国务院制定《划转部分国有资本充实社保基金实施方案》提出，以弥补企业职工基本养老保险制度转轨时期因企业职工享受视同缴费年限政策形成的企业职工基本养老保险基金缺口为基本目标，划转比例统一为企业国有股权的10%。

为全面展开中央和地方划转部分国有资本充实社保基金工作，2019年9月10日，财政部、人力资源和社会保障部、国有资产管理委员会、国家税务总局和中国证券监督管理委员会联合发布《关于全面推开划转部分国有资本充实社保基金工作的通知》，制定《关于划转部分国有资本充实社保基金有关事项的操作办法》，明确了划转范围、划转对象、多元持股企业的划转方式等事项。截至2019年年底，中央层面已经完成4批81家中央企业和中央经营机构国有资本的划转工作，划转的国有资本是1.3万亿元。②

4. 建立养老保险基金中央调剂制度

随着我国人口老龄化加快发展和就业多样化、经济发展不平衡等原因，地区间抚养比差距扩大，省际之间养老保险基金负担不平衡的问题越来越突出，靠省级统筹难以解决，需要进一步提高统筹层次，在全国范围内对基金进行适度调剂。《中华人民共和国社会保险法》规定，基本养老保险基金逐步实行全国统筹。党的十九大报告明确要求尽快实现养老保险全国统筹。由于我国区域间经济发展水平不平衡，各地养老保险抚养比相差悬殊，养老保险政策、待遇水平仍存在差异，省级统筹制度还不够完善，难以一步实现基金全国统收统支。为此，党中央、国务院决定，先建立养老保险基金中央调剂制度，作为实现全国统筹的第一步。③

在这种背景下，2018年5月30日，国务院发布《关于建立企业职工

---

① 《2017年国务院政府工作报告》。
② 国新办就阶段性减免企业社保费、医保费和缓交住房公积金有关情况发布会文字实录，中国网，http://www.china.com.cn/zhibo/content_75724506.htm，2020-02-20。
③ 人社部相关负责人就《国务院关于建立企业职工基本养老保险基金中央调剂制度的通知》答记者问，新华网，http://www.gov.cn/zhengce/2018-06/13/content_5298478.htm，2018-6-13。

基本养老保险基金中央调剂制度的通知》。其总体思路是，在不增加社会整体负担和不提高养老保险缴费比例的基础上，通过建立养老保险基金中央调剂制度，合理均衡地区间基金负担，实现基金安全可持续，财政负担可控，确保各地养老金按时足额发放。

中央调剂基金由各省份养老保险基金上解的资金构成。实施基金中央调剂制度，不会增加企业和个人的负担，不会影响退休人员的待遇。按照各省份职工平均工资的90%和在职应参保人数作为计算上解额的基数，上解比例从3%起步，逐步提高。实施基金中央调剂制度，在制度设计上体现激励约束机制，同时明确省级政府承担确保基本养老金按时足额发放和弥补基金缺口的主体责任，健全考核奖惩机制。

李克强总理在2019年的政府工作报告明确提出："建立企业职工基本养老保险基金中央调剂制度，提高退休人员基本养老金……加快推进养老保险省级统筹改革，继续提高企业职工基本养老保险基金中央调剂比例、划转部分国有资本充实社保基金。"①

为贯彻落实党中央、国务院决策部署，降低社会保险（以下简称社保）费率，完善社保制度，稳步推进社保费征收体制改革，2019年4月1日，国务院办公厅印发《降低社会保险费率综合方案的通知》，明确降低养老保险单位缴费比例，加大企业职工基本养老保险基金中央调剂力度，2019年企业职工基本养老保险基金中央调剂比例提高至3.5%，进一步均衡各省之间养老保险基金负担，确保企业离退休人员基本养老金按时足额发放。

2020年，肆虐全球的新冠肺炎疫情给生产生活带来严重困难。为贯彻落实习近平总书记关于新冠肺炎疫情防控工作的重要指示精神，纾解企业困难，推动企业有序复工复产，支持稳定和扩大就业，2020年2月20日，人力资源和社会保障部、财政部、税务总局印发《关于阶段性减免企业社会保险费的通知》明确阶段性减免企业基本养老保险、失业保险、工伤保险费用，并提出各省级政府要切实承担主体责任，确保各项社会保险待遇按时足额支付。加快推进养老保险省级统筹，确保年底前实现基金省级统收统支。2020年企业职工基本养老保险基金中央调剂比例提高到4%，加大对困难地区的支持力度。

---

① 《2019年国务院政府工作报告》。

2021年"两会"提请审查的预算报告草案也提出，进一步提高企业职工基本养老保险基金中央调剂比例至4.5%，确保养老金按时足额发放。①

从1998年到2019年，中央财政对企业职工基本养老保险基金的补助累计超过4万亿元，其中2019年安排5261亿元。② 2020年，中央财政安排企业职工基本养老保险补助经费5827亿元，比上一年增长10.7%，并重点向基金收支矛盾较为突出的中西部地区和老工业基地省份适当倾斜。

**二 改革和完善离休待遇**

这一时期干部离休制度基本保持原有的制度框架，特别注重落实离休老干部的生活待遇，并在重大节日或者党和国家重要的纪念日提高离休干部的生活待遇。

1995年12月7日，劳动部、财政部印发《关于做好企业离退休人员生活保障工作的通知》提出，鉴于离休人员是一个特殊群体，各地要逐步做好企业离休人员与机关、事业单位离休人员离休待遇的平衡工作。

2008年，习近平同志在老同志迎春茶话会上强调，要认真落实老干部政治待遇，要高度重视和全面落实老干部生活待遇，推进离休干部离休费保障机制、医药费保障机制和财政支持机制的健全完善和有效运转，做好国企改制、破产企业和高龄、高发病期离休干部管理服务工作，尤其要关心和帮助贫困地区、困难行业、困难单位的老同志和有特殊困难的老同志，为他们雪中送炭、排忧解难。

2011年，在中国共产党成立90周年之际，为体现对离休干部的关怀和照顾，党中央、国务院先后出台了一系列文件提高了离休老干部的生活待遇。如《关于提高部分离休干部医疗待遇的通知》《关于提高部分离休干部医疗费报销标准的通知》《关于提高离休干部生活补贴标准和扩大发放范围的通知》等。

---

① 《基本养老金"17连涨"，助力"老有所养"》，新华社，http://www.xinhuanet.com/politics/2021lh/2021-03/05/c_1127174022.htm，2021-03-05。

② 国新办就阶段性减免企业社保费、医保费和缓缴住房公积金有关情况发布会文字实录，中国网，http://www.china.com.cn/zhibo/content_75724506.htm，2020-02-20。

## （一）认真落实离休干部的政治待遇

认真落实好离休干部的基本政治待遇，是保持老干部政治坚定、思想常新、理想永存的基础和前提。

### 1. 坚持重大节日走访慰问制度

充分利用重大的节日如元旦、春节、建党纪念日、"九九重阳节"等有利时机，对离休老干部及其遗属进行走访慰问，把党的温暖、组织的关怀送到他们的家中。

### 2. 落实参加重要会议和重大活动

在重要会议和重大活动中，邀请离休老干部或其家属参加，是充分展示党和国家尊重老干部、牢记他们对党和国家作出的重要贡献的体现。例如在召开2019年庆祝中华人民共和国成立70周年庆典，游行队伍专门设立了由21辆礼宾车组成的"致敬"方阵，其中有老一辈党和国家、军队领导人的亲属代表，老一辈建设者和家属代表，新中国成立前参加革命工作的老战士等老干部。地方政府召开"两会"邀请离休干部参加都是落实老干部政治待遇的体现。

### 3. 创新离休干部落实政治待遇方式

2008年3月26日，中组部、人社部印发《关于进一步加强新形势下离退休干部工作的意见》明确提出，根据离退休干部特点和需求，创新和改进落实离退休干部政治待遇的方式方法。各地根据实际情况建立面向老干部的市情、区情、县情形势发展和重点项目情况通报会制度、邀请老干部参加本地区重点工作专班[①]、举办离退休干部在线形势报告会、开展在线党组织学习活动、建设在线学习社区等方式。[②]

## （二）切实保障离休人员生活待遇

离休干部的生活待遇主要是随着经济发展增加离休费、增发离休人员生活补贴、提高医疗待遇等。

---

① （北京）市委老干部局召开推动离退休干部参与垃圾分类工作专班推进会，中共北京市委老干部局网站，http：//www.bjlgbj.gov.cn/gzdt/sjdt/hdzdc/202009/t20200918_47882.html，2020-09-18。

② （上海）市委老干部局举办2021年度首场全市离退休干部在线形势报告会，中共上海市委老干部局网站，http：//www.shlgbj.gov.cn/view/7019，2021-01-22。

1. 西藏特殊津贴等纳入离休费基数

（1）西藏特殊津贴。1995年10月9日，中央组织部、人事部、财政部印发《关于建立西藏特殊津贴问题的通知》明确，西藏机关、事业单位工作人员1994年1月1日以后离休的，其享受的西藏特殊津贴可作为计发离休费的基数。

（2）中小学教师等职务工资提高10%的部分纳入离休费基数。人事部、国家教育委员会《关于印发高等学校、中小学、中等专业学校贯彻〈事业单位工作人员工资制度改革方案〉三个实施意见的通知》和《人事部、劳动部关于印发技工学校贯彻〈事业单位工作人员工资制度改革方案〉实施意见的通知》的文件规定，1993年工资制度改革后，中小学、中等专业学校、技工学校教师按1993年工资制度改革的有关文件规定职务工资提高10%的部分计入离休费的基数。

（3）飞行员提高工资标准计入离休费。1994年10月17日，人事部印发《关于中国民用航空总局机关、事业单位飞行人员工资制度改革有关问题的通知》，规定1993年工资制度改革后，在飞行岗位上离休的飞行人员，可按提高后的工资标准为基数计发离休费。

2. 政府特殊津贴、教龄津贴等纳入离休费

（1）政府特殊津贴、教龄津贴和护龄津贴。1993年12月4日，国务院办公厅印发《关于机关、事业单位工资制度改革三个实施办法的通知》，明确事业单位工作人员享受政府特殊津贴、教龄津贴和护龄津贴的工作人员，1993年工资制度改革后离休的，其享受的上述津贴按100%发给。

（2）警衔津贴。1995年9月16日，人事部、财政部印发《关于人民警察实行警衔津贴问题的通知》，明确在警察工作岗位上连续工作满5年并从警察工作岗位上离休的人员，其警衔津贴作为计发离休费的基数全额发给。

（3）海关工作人员津贴。1995年9月25日，人事部、财政部、海关总署印发《关于实行海关工作人员津贴和海关缉私船员出海津贴问题的通知》，规定在海关工作岗位上连续工作满5年并从海关工作岗位上离休的人员，其海关工作人员津贴作为计发离休费的基数全额

发给。①

3. 单独提高离休费

除了历次调整离退休人员待遇时对离休干部离休费同步调整外，国家还专门出台政策单独提高离休干部离休费。

2008年12月24日，中央纪委、中央组织部、国家监察委员会、财政部、人力资源和社会保障部、审计署印发《关于解决离休人员待遇有关问题的通知》，就离休人员待遇作出决定。一是机关离休人员补贴标准（不含国家统一规定的津贴补贴和改革性补贴）占同级政府同职级在职人员津贴补贴水平（指规范津补贴后发放的工作性补贴和生活补贴之和）的90%，低于90%的，提高到90%。二是按机关离休人员和企事业离休人员收入水平大体相当的原则，相应调整企事业单位离休人员待遇水平。三是京外中央国家机关、京外中央事业单位和京外中央企业离休人员，执行所在地离休人员待遇政策。四是本通知自2009年1月1日起执行。

2016年8月5日，国务院办公厅转发《人力资源社会保障部、财政部印发的〈关于调整机关事业单位工作人员基本工资标准和增加机关事业单位离休人员离退休费三个实施方案〉的通知》，规定从2016年7月1日起，机关事业单位离休人员每月按下列标准增加离休费：行政管理人员，省部级正职及以上1450元，省部级副职1100元，厅局级正职900元，厅局级副职750元，县处级正职600元，县处级副职500元，乡科级及以下400元；专业技术人员，教授及相当职务820元，副教授及相当职务580元，讲师（含相当职务）及以下职务400元。

2018年12月，国务院办公厅转发人力资源和社会保障部、财政部《关于调整机关事业单位工作人员基本工资标准和增加机关事业单位离休人员离休费三个实施方案的通知》，规定从2018年7月1日起，机关事业单位离休人员每月按下列标准增加离休费：行政管理人员，省部级正职及以上1700元，省部级副职1150元，厅局级正职900元，厅局级副职750元，县处级正职600元，县处级副职500元，乡科级及以下400元；专业技术人员，教授及相当职务820元，副教授及相当职务580元，讲师（含相当职务）及以下职务400元。

---

① 蒋冠庄：《离退休人员待遇政策问答》，中国人事出版社2002年版，第67—68页。

### 4. 提高离休人员生活补贴

2011年4月11日，在中国共产党成立90周年之际，为体现党中央、国务院对离休干部的关怀和照顾，中央组织部印发《关于提高离休干部生活补贴标准扩大发放范围的通知》规定按参加革命工作不同时期分别提高生活补贴数额。一是1937年7月6日前参加革命工作的离休干部，生活补贴由原每人每年增发2个月的基本离休费，提高到每人每年增发3个月的基本离休费。二是1937年7月7日至1942年12月31日参加革命工作的离休干部，生活补贴由原每人每年增发1.5个月的基本离休费，提高到每人每年增发2.5个月的基本离休费。三是1943年1月1日至1945年9月2日参加革命工作的离休干部，生活补贴由原每人每年增发1个月的基本离休费，提高到每人每年增发2个月的基本离休费。四是对1945年9月3日至1949年9月30日参加革命工作的离休干部，每年增发1个月的基本离休费，作为生活补贴。

### 5. 着重提高离休人员医疗待遇

为了更好地体现对老干部的关怀和照顾，在医药费方面，对离休干部按规定实报实销，并在建党和建国的重要纪念年份提高部分离休干部的医疗待遇。

1999年7月20日，中央组织部印发《关于提高部分离休干部医疗待遇的通知》提高不同时期参加革命的离休干部的医疗待遇：一是第一次国内革命战争时期参加革命工作的副部长级（含副部长级待遇）离休干部，凡未享受正部长级医疗待遇的，均享受正部长级医疗待遇；二是第一次国内革命战争时期参加革命工作的副部长级以下离休干部，凡未享受副部长级医疗待遇的，均享受副部长级医疗待遇；三是第二次国内革命战争时期参加革命工作的离休干部，"文化大革命"前任正局级职务、行政十二级或"文化大革命"前任副局级职务、行政十一级的，均享受副部长级医疗待遇。

2003年，中央组织部印发《关于提高部分老同志医疗待遇的通知》，规定1945年9月2日以前参加革命工作的副省（部）长级（含享受副省〈部〉长级待遇）离休干部，提高享受省（部）长级医疗待遇。

2009年7月23日，在中华人民共和国成立60周年之际，中央组织部印发《关于提高部分离休干部医疗待遇的通知》，决定再次提高部分离休干部的医疗待遇。一是1937年7月6日前参加革命工作、尚未享受副省（部）长级医疗待遇的离休干部，提高享受副省（部）长级医疗待遇。二是1937年7月7日至1945年9月2日参加革命工作、离休前为正司局级的离休干部，提高享受副省（部）长级医疗待遇。三是1937年7月7日至1945年9月2日参加革命工作的县处级及以下离休干部，提高享受副司局级医疗待遇。四是提高待遇后，老同志就医医院按"就地升格为主，个别调整为辅"的原则确定；提高享受副司局级医疗待遇的离休干部住院时，如干部病房临时不能保证，可优先安排在普通病房。

在中国共产党成立90周年之际，2011年4月7日，中央组织部印发《关于提高部分离休干部医疗待遇的通知》分批提高离休干部的医疗待遇。一是1937年7月6日前参加革命工作、离休前为正、副厅局级的离休干部，提高享受省（部）长级医疗待遇。二是1937年7月7日至1938年12月31日前参加革命工作、离休前为副厅局级的离休干部，提高享受副省（部）长级医疗待遇。三是1937年7月7日至1942年12月31日参加革命工作、"文化大革命"前为副厅局级的离休干部，提高享受副省（部）长级医疗待遇。同日，中央组织部发布《关于提高部分离休干部医疗费报销标准的通知》，规定1937年7月6日前参加革命工作、离休前为正处级及以下的离休干部，按省（部）长级标准报销医疗费。

6. 明确异地安置的离休干部住房待遇

1994年1月，中央组织部老干部局在《关于易地安置离休干部在房改中如何明确产权及购买现住房问题给江苏省委老干部局的复函》明确了关于异地安置离休干部的住房（不包括私房）产权归属问题。凡安置时原工作单位与接受安置单位已商定归属的，按协议确定；未明确归属的，根据劳动人事部关于发布《贯彻国务院关于老干部离职休养规定中具体问题的处理意见》的通知第十四条的规定精神，产权归接受安置单位或地区。房改中，异地安置的离休干部个人需购买现住房时，应按产权持有单位或地区的政策规定办理相关手续，并享受该单位或地区同职级离休干部的购房优惠待遇。

（三）提高离休人员护理费等其他待遇

这一时期的退休干部的待遇基本不变，特别注重提高离休老干部的其他待遇，包括护理费、自雇费、抚恤费、交通费等。1992年以来，党和国家多次调整离休老干部的护理费发放范围、提高发放水平。

1. 多次提高护理费和自雇费水平

（1）调整离休干部护理费发放方式。为体现党中央、国务院对创建新中国作出贡献的老同志的关怀和照顾，自1992年以来，先后7次提高离休老干部的护理费标准。调整方式从对所有老干部统一标准转变为根据参加革命时间进行精细化，参加革命时间越长、贡献越大，护理费标准越高。到2019年，抗日战争前参加革命的离休老干部的护理费标准比1992年的护理费标准提高了60余倍。[①] 离休干部的护理费与自雇费、生活长期完全不能自理的护理费不能重复享受，按照就高不就低的原则予以发放。

（2）调整因瘫痪等原因生活长期完全不能自理的离休干部护理费标准。为了更好地关怀和照顾老干部，党和国家先后5次提高了因瘫痪等原因生活长期完全不能自理的离休干部护理费标准，2017年的护理费标准比1998年的护理费标准提高了近50倍，[②] 使老干部能更好地度过晚年生活。

（3）调整因公致残人员护理费标准。1993年1月11日，人事部、财政部印发《关于调整国家机关、事业单位因公致残人员护理费标准的通知》规定，国家机关、事业单位工作人员和离退休人员因公致残，完全丧失工作能力，生活不能自理，饮食起居需要人扶助的，可适当发给一定

---

[①] 1992年6月，第一、二次国内革命战争时期参加革命工作的离休干部；抗日战争时期的1937年7月7日至1942年12月31日参加革命工作和1943年1月1日至1945年9月2日参加革命工作且年满70周岁的离休干部，护理费的标准统一为51元/月；1998年7月，上述护理费标准提高到100元/月；2005年8月，护理费标准提高到200元/月；此后，对于不同时期参加革命的离休干部护理费实行分段调整，参加革命越早，护理费标准越高。2007年，将1937年7月6日前参加革命工作的离休干部护理费提高到800元/月；2009年1月，将1937年7月7日到1945年9月2日参加革命工作的离休干部护理费提高到400元/月，1945年9月3日到1949年9月30日参加革命工作的离休干部保持不变；2014年1月，1937年7月6日前参加革命工作的离休干部提高到1800元/月，1937年7月7日到1945年9月2日参加革命工作的离休干部提高到1200元/月，1945年9月3日到1949年9月30日参加革命工作的离休干部提高到600元/月；2019年1月，1937年7月6日前参加革命工作的离休干部提高到3400元/月，1937年7月7日到1945年9月2日参加革命工作的离休干部提高到2700元/月，1945年9月3日到1949年9月30日参加革命工作的离休干部提高到2000元/月。

[②] 1998年7月，因瘫痪等原因生活长期完全不能自理的离休干部护理费标准从51元/月提高到100元/月；2005年8月提高到200元/月；2008年1月提高到600元/月；2014年1月提高到1000元/月；2017年内7月，提高到2500元/月。

数额的护理费。护理费标准,根据民政部《革命伤残军人评定伤残等级的条件》评定的伤残等级确定。凡特等和一等伤残人员可享受护理费,其标准是特等为当地社会平均工资的50%;一等为当地社会平均工资的40%、30%。伤残情况特别严重的,护理费可略高于本等级标准,伤残情况较轻的,护理费可略低于本等级标准,各省、自治区、直辖市可结合当地实际情况,制定护理费具体标准。

2. 提高抚恤金标准

2014年8月26日,《中央组织部、财政部、人力资源和社会保障部印发〈关于企业和事业单位离休干部病故一次性抚恤金有关问题〉的通知》,决定从2011年8月1日起,企业和事业单位离休干部病故一次性抚恤金计发标准,按照上一年度全国城镇居民人均可支配收入的2倍加本人生前40个月基本离休费确定。

企业和事业单位离休干部一次性抚恤金所需资金,参加城镇企业职工基本养老保险的,由基本养老保险基金支付;未参加城镇企业职工基本养老保险的,按现行渠道解决。

3. 实行交通费定额包干

1992年7月7日,《中央组织部、人事部、财政部、中共中央直属机关事务管理局、国务院机关事务管理局印发了〈关于调整中央、国家机关离休干部护理费发放范围和交通费定额包干标准〉的通知》,明确了离休干部交通费定额包干标准。

(1) 正部级离休干部每人每月100元;副部级离休干部(不包括只享受副部级住房、医疗待遇的)每人每月70元;司局级(含待遇)离休干部每人每月50元;处级离休干部每人每月30元;处级以下离休干部每人每月20元。

(2) 交通费定额包干标准调整后,凡配有专车和享受专车待遇而用车不缴费的离休干部,不发定额包干交通费。

(四)建立完善离休干部离休费和医疗费保障机制

保证离休干部的离休费和医疗费按时足额发放,不仅是一个经济问题,而且是一个政治问题,涉及改革、发展和稳定大局。通过做好拖欠离休干部"两费"补发工作、建立"两费"保障机制和切实落实离休干部生活待遇保障"三个机制"等措施,切实保障离休干部离休费和医疗费的发放。

1. 做好拖欠离休干部"两费"补发工作

2000年12月14日,中共中央办公厅、国务院办公厅关于转发《中央组织部、国家经贸委、财政部、人事部、劳动和社会保障部、卫生部〈关于落实离休干部离休费、医药费的意见〉的通知》对落实"两费"作出规定。一是切实做好拖欠离休干部"两费"的补发工作。对各省、自治区、直辖市上报的截至1999年年底拖欠的离休干部"两费",由中央财政一次性予以补发。二是通过建立离休干部离休费、医药费保障机制和财政支持机制,确保今后不再发生新的拖欠。各地区和有关部门要按照"单位尽责,社会统筹,财政支持,加强管理"的原则,建立和完善离休干部离休费、医药费保障机制和财政支持机制,采取特殊政策、特殊办法,确保离休干部的离休费按时足额发放、医药费按规定实报实销。2000年12月27日,《中央组织部、财政部、劳动和社会保障部印发〈关于一次性补发拖欠离休干部离休费、医药费有关问题〉的通知》,对一次性补发拖欠离休干部离休费、医药费作出规定。一是对各省、自治区、直辖市、新疆生产建设兵团上报的截止1999年年底拖欠的离休干部"两费",由中央财政一次性予以补发。二是中央财政安排用于解决拖欠离休干部"两费"的补助资金,通过财政专项转移支付的方式拨付。三是明确各地具体发放部门。其中机关事业单位拖欠离休干部的"两费",由党委组织、老干部部门牵头,财政部门负责补发;已参加基本养老保险社会统筹企业拖欠的离休干部离休费,由劳动保障部门会同财政部门通过本级社会保障基金财政专户拨付给社会保险机构负责补发;企业拖欠的离休干部医药费,以及未参加基本养老保险社会统筹企业拖欠的离休干部离休费,由本级党委组织、老干部部门牵头,会同财政、劳动保障部门采取措施予以补发。

2. 规定"两费"保障工作基本要求

为做好离休干部"两费"保障工作,2003年6月11日,《中央组织部办公厅、财政部办公厅、劳动和社会保障部办公厅印发〈离休干部"两费"保障工作的基本要求〉的通知》,规定离休干部"两费"保障工作的总体要求、离休费保障机制的基本要求、医药费保障机制的基本要求和财政支持机制的基本要求。

（1）离休费保障机制的基本要求。一是地方行政机关和事业单位离休干部离休费纳入同级财政安排。乡级财政确有困难的，其离休干部离休费要纳入县级财政安排。二是企业离休干部离休费要确保按时社会化发放。三是凡国家统一规定的离休干部离休费开支项目，省（区、市）政府和中央管理企业要全额纳入离休费予以保障。

（2）医药费保障机制的基本要求。一是地方行政机关和原享受公费医疗的事业单位离休干部的医药费用切实保障或建立了有效的保障方式。二是企业和原未享受公费医疗的事业单位离休干部实行医药费单独统筹。三是乡镇离休干部参加县级医药费统筹，乡级财政缴纳统筹金确有困难的，县级财政要帮助解决。四是离休干部医药费统筹金标准既要符合离休干部的实际需要，又要考虑到当地的财政经济状况。五是离休干部的医疗保障，由劳动保障部门统一管理，确保离休干部医疗待遇的落实和资金合理使用。

（3）财政支持机制的基本要求。各级财政部门要把保障机关事业单位离休干部离休费、医药费所需资金纳入本级财政预算。省、市（地）级财政要对所属困难地区离休干部"两费"的资金缺口给予财政支持，省级财政要切实负起责任。

3. 巩固和完善离休干部生活待遇保障"三个机制"

2008年3月26日，中央组织部、人力资源和社会保障部颁布《关于进一步加强新形势下离退休干部工作的意见》，提出要完善落实离退休干部生活待遇的保障机制。巩固和完善离休干部"三个机制"。按照中央的要求，坚持"单位尽责、社会统筹、财政支持、加强管理"的原则，确保离休费保障机制、医药费保障机制、财政支持机制的健全完善和有效运转。

（1）健全离休费保障机制。离休费由财政负担的，要在预算中足额安排。离休费实行基本养老保险统筹的，有统一规定的开支项目要全部纳入，保证按时足额发放。

（2）健全医药费保障机制。实行离休干部医药费单独统筹的，要合理确定统筹标准，不断拓宽统筹渠道，切实加大征缴力度，确保医药费统筹金按时足额到位。医药费由财政负担的，要在预算中足额安排。没有实行医药费单独统筹的企事业单位，要按规定给予经费保障。采取积极措施，稳妥推进中央企业离休干部参加所在地离休干部医药费单独统筹工作。加强对统筹金的监管，确保合理使用，防止浪费。完善方便离休干部看病就医的具体措施。

（3）健全财政支持机制。各级财政特别是省级财政要强化对落实离休干部离休费、医药费的资金支持力度，确保离休干部"两费"保障机制的正常运行。对因机构改革、企业改制和破产等原因单位变更的，要及时明确离休干部的服务管理单位，落实"两费"的资金渠道。组织、老干部工作、财政、人力资源和社会保障等部门要加强协调、检查和督促，确保离休干部"两费"的落实。

4. 切实落实离休干部"三个机制"

2016年2月，中共中央办公厅、国务院办公厅印发《关于进一步加强和改进离退休干部工作的意见》，提出切实落实离休干部离休费保障机制、医药费保障机制、财政支持机制。健全中央企业资金保障帮扶机制，下级企业对离休干部离休费、医药费及生活补贴无法完全保障的，由上级企业给予帮助。地方国有企业和事业单位离休干部的离休费、医药费及生活补贴，现渠道无法完全保障的，由上级企业或者单位主管部门给予帮助，上述渠道无法解决的，由同级财政负责保障，同级财政有困难的由上级财政帮助解决。建立健全基本养老金正常调整机制，缩短医药费报销周期，推进医药费异地直接结算。逐步提高行政事业单位退休干部公用经费标准，通过列入同级财政或者单位预算等方式予以保障。

### 三 提高新中国成立前参加工作的老工人退休待遇

为了提高新中国成立前参加工作的老工人的生活待遇，近年来，经国务院同意，为新中国成立前参加工作的老工人发放生活补贴和一次性慰问金。

（一）发放生活补贴

2011年5月30日，人力资源和社会保障部印发《关于提高建国前参加工作的老工人生活补贴标准和扩大发放范围的通知》，决定从2011年起，提高新中国成立前参加工作的老工人生活补贴标准和扩大发放范围。

1. 扩大发放范围

增发生活补贴的新中国成立前参加工作的老工人，限于符合原劳动人事部1983年印发的《关于建国前参加工作的老工人退休待遇的通知》规定条件的老工人。相对于《关于建国前参加工作的老工人退休待遇的通知》规定，扩大的发放范围是对1945年9月3日至1949年9月30日参加工作的老工人。

2. 提高发放标准

为新中国成立前参加工作老工人生活补贴的发放标准按照参加革命的不同时间发放，参加革命时间越早，发放补贴的月份越多。具体为：1937年7月6日前参加工作的老工人，生活补贴由原每人每年增发两个月的基本退休费（基本养老金），提高到每人每年增发三个月的基本退休费（基本养老金）；1937年7月7日至1942年12月31日参加工作的老工人，生活补贴由原每人每年增发一个半月的基本退休费（基本养老金），提高到每人每年增发两个半月的基本退休费（基本养老金）；1943年1月1日至1945年9月2日参加工作的老工人，生活补贴由原每人每年增发一个月的基本退休费（基本养老金），提高到每人每年增发两个月的基本退休费（基本养老金）；对1945年9月3日至1949年9月30日参加工作的老工人，每人每年增发一个月的基本退休费（基本养老金），作为生活补贴。

3. 按照现行经费渠道

为新中国成立前参加工作的老工人发放生活补贴所需费用按现行开支渠道解决。

（二）发放一次性生活补贴

在纪念中国人民抗日战争暨世界反法西斯战争胜利70周年之际，2015年9月1日，人力资源和社会保障部、财政部联合印发《关于为抗日战争及以前参加革命工作的退休老工人发放一次性慰问金的通知》，决定从即日起，为在抗日战争及以前参加革命工作的退休老工人发放一次性慰问金，以充分体现党中央、国务院对这些老同志的关怀。

1. 明确发放范围

发放范围限于1983年印发《劳动人事部关于建国前参加工作的老工人退休待遇的通知》中规定的1945年9月2日（含）前参加革命工作、现仍健在的老工人。

2. 明确发放标准

为抗日战争及以前参加革命工作的老工人发放一次性慰问金的标准为

每人 5000 元。

3. 明确经费渠道

发放一次性慰问金所需费用按现行开支渠道解决。2015 年 9 月 29 日，《人力资源社会保障部办公厅　财政部办公厅关于为抗日战争及以前参加革命工作的退休老工人发放一次性慰问金有关问题的通知》明确，发放一次性慰问金所需资金由退休老工人原所在单位支付，不得从基本养老保险基金中列支。退休老工人原所在单位确有困难无力支付或原所在企业（集团）破产的，由同级财政予以保障。

## 第四节　退休程序与管理服务

### 一　严格退休程序

（一）加强干部退休审批

1995 年 3 月 9 日，中央组织部、人事部印发《关于抓紧办理干部退（离）休手续问题的通知》，对干部离退休手续作出规定。凡已达到退（离）休年龄，且已退出领导工作岗位，按规定应办理退（离）休手续的干部，请抓紧办理退（离）休手续。其中担任过正副省（部）级职务的干部，由各地、各部门根据上述原则尽快提出意见，报中央审批。现职干部达到退（离）休年龄后，在呈报审批免职时，一并呈报办理退（离）休手续。确因工作需要继续留任或另作安排，暂不办理退（离）休手续的，应说明理由及留任的时间，并报任免机关批准。干部达到退（离）休年龄，办理退（离）休手续，不再由本人提出申请或征得本人同意，但所在单位应在办理报批手续前通知干部本人，并由有关领导同志事先与本人谈话，做好工作。达到退（离）休年龄的干部退出领导岗位后，被聘任做咨询、顾问工作，担任荣誉职务或民间社会团体职务的，也就应办理退（离）休手续，不再列入在职人员编制。

为配合中央国家机关和省、自治区、直辖市机构改革工作的顺利进行，1999 年 5 月 16 日，中央组织部印发《关于继续抓紧办理干部退（离）休手续问题的通知》就继续抓紧办理干部退（离）休手续的问题再次作出规定。强调各地各部门应自觉执行干部退（离）休制度。为达到退（离）休年龄的干部办理退（离）休手续，不须由本人提出申请，也不再征求本人意见,但所在单位在办理报批手续前,应责成有关领导同志与本人谈话,通知本人。

(二)严格特殊工种提前退休审批

特殊工种提前退休政策是计划经济时期的产物,当时主要是通过提前退休的方式对从事特殊工种的职工给予事后补偿,对保护从事特别繁重、有毒有害岗位的企业职工发挥了重要作用。随着市场经济的建立,企业用工制度、工资分配制度改革不断发生变化,特殊工种提前退休管理服务滞后,如职工档案管理相对简单,工种记录缺失,导致企业违规办理特殊工种、提前退休骗取养老金行为时有发生。在这种情况下,2018年11月26日,人力资源和社会保障部印发《关于进一步加强企业特殊工种提前退休管理工作的通知》要求加强企业特殊工种提前退休管理,切实维护和保障企业职工权益,提高特殊工种提前退休管理服务能力,规范办理提前退休行为,维护养老保险基金安全,促进基本养老保险制度更加公平更可持续发展。具体政策包括如下内容:

1. 严格控制特殊工种提前退休范围和条件

在实施范围上,要按照《国务院关于工人退休、退职的暂行办法》特殊工种的规定,严格控制特殊工种政策的实施范围,各地不得自行放宽。

在特殊工种提前退休的条件上,除了满足最低缴费条件以外,还要满足在特殊工种岗位工作的时间要求:从事高空和特别繁重体力劳动的必须在该工种岗位上工作累计满十年,从事井下和高温工作的必须在该工种岗位工作累计九年,从事其他有害身体健康工作的必须工种岗位上工作累计满八年。各地要严格执行上述条件,不得自行降低标准。

对于原行业主管部门对从事特殊工种年限有特殊规定的,按其规定执行,但是不得低于国家规定的年限标准。

2. 加强提前退休审批管理

加强对提前退休的审批管理,需要从信息库建设、强化省级管理责任、规范审批流程和审批标准、实行双公示制度、建立权益告知制度等多个方面入手。

建立全国统一的特殊工种岗位人员信息库。按照"企业直报、属地审核、部级备案"的原则,建立特殊工种岗位人员信息库,作为保障特殊工种提前退休审批真实性和提高审批效率的重要手段。

**强化省级管理责任。** 特殊工种审批由地级（设区市）以上人力资源社会保障部门审批，省级人力资源社会保障部门要切实加强对地级（设区市）以上人力资源社会保障部门负责的特殊工种提前退休审批工作的监督和管理，建立复核机制。

**规范审批流程和审批标准。** 加强特殊工种提前退休审批内部控制，各个环节做到责任到人、全程留痕，完善制约机制，防范审批风险。对提出办理提前退休的职工，要按照原始档案和信息库备案相结合的原则开展特殊工种提前退休审批，对职工从事的特殊工种以及工作年限等信息，按照原始档案的记载进行审核。原始档案中记载不清晰、不一致的，必须以企业提供的能证明职工当时从事工种和年限的原始材料为依据进行认定。

**实行双公示制度。** 申报职工特殊工种提前退休的企业在申报前，应按照指定格式要求，在职工工作场所进行不少于5个工作日的公示，除注明本单位举报电话外，需同时标注人力资源社会保障部门"12333"举报方式。人力资源社会保障部门在作出退休手续办理决定之前，要通过政府部门官网进行公示，公示期不少于5个工作日。

**建立权益告知制度。** 人力资源社会保障部门结合当地实际，在提前退休申请书（表）中增加权益告知内容，告知特殊工种提前退休相关政策以及对职工个人待遇核定、今后调整基本养老金的影响，职工本人需认真阅读并签字确认，以保障其知情权。符合特殊工种提前退休条件的职工，经与企业协商一致，可选择在本人提前退休年龄和法定退休年龄之间办理提前退休手续并领取基本养老金。

3. 加大对提前退休审批监督力度

在加大对提前退休审批监督力度方面，主要从两个方面入手。一是严格依法对弄虚作假等违规行为进行处罚，包括对用人单位和个人两方面的处罚。明确用人单位对职工人事档案和特殊工种提前退休申报材料的真实性负责，对在填报特殊工种岗位信息和申报特殊工种提前退休过程中弄虚作假的企业，列入违规企业黑名单。对以欺诈、伪造证明材料或其他手段，违规办理特殊工种提前退休领取养老保险待遇的，按照《社会保险法》第八十八条的规定，责令退回骗取的养老金并处以罚款，同时列入严重失信责任人名单。二是建立责任追究和问责机制。明确省级人力资源社会保障部门要加大对提前退休的审批监督力度，对发现的违规案例要逐一倒查，将责任落实到人。发现工作人员在审批过程中有违规违纪行为的，要及时移交纪检监察部门处理。对放松审批环节管理，造成较多违规问题出现的地区，要追究人力资源社会保障部门主要负责人、分管负责人的领导责任。人力资源和社会保障部定期对各地提前退休审批管理工作随时抽查，对提前退休比例较高的地区进行专项督查。对信息报送、审核工作不到位、审批程序不规范等进行审查。

## 二 加强和完善退休干部管理服务

### （一）加强对离退休干部的管理

**1. 限制离退休领导干部到行业商会兼职**

为加快转变政府职能，实现行业协会商会与行政机关脱钩，促进行业协会商会规范发展，2015年7月，中共中央办公厅、国务院办公厅印发《行业协会商会与行政机关脱钩总体方案》。该《方案》提出行业协会商会具有人事自主权，在人员管理上与原主办、主管、联系和挂靠单位脱钩，依法依规建立规范用人制度，逐步实行依章程自主选人用人。具体而言：

（1）限制行政机关权力。行政机关不得推荐、安排在职和退（离）休公务员到行业协会商会任职兼职。

（2）限制领导干部离退休后兼职。领导干部退（离）休后三年内一般不得到行业协会商会兼职，个别确属工作特殊需要兼职的，应当按照干部管理权限审批；退（离）休三年后到行业协会商会兼职，须按干部管理权限审批或备案后方可兼职。

可见，限制领导干部离退休后到行业协会商会兼职，有助于厘清行政机关与行业协会商会的职能边界，也是加强领导干部廉政建设的举措。

**2. 加强离退休老干部机构和队伍建设**

习近平总书记指出，老干部工作部门是党和政府在老干部工作方面的参谋和助手，老干部工作队伍是做好老干部工作的专门力量。[1]

---

[1] 习近平出席全国老干部工作先进集体和先进工作者表彰大会，中央政府网站，http://www.gov.cn/jrzg/2011-09/15/content_1948730.htm，2011-09-15。

1992年5月，中央组织部、人事部印发《关于加强干部退休工作的意见》，提出加强退休干部管理机构和工作队伍建设。各地区、各部门要根据实际情况，采取适当措施，使干部退休工作有机构抓，具体事情有人办。对从事干部退休工作的人员，要给予关心和爱护，并采取轮训、培训等办法，提高他们的政治、业务素质，进一步做好干部退休工作。

2008年3月，中央组织部、人力资源和社会保障部印发《关于进一步加强新形势下离退休干部工作的意见》，提出加强老干部工作部门建设。要保持老干部工作机构的相对稳定，编制和人员配备必须与担负的任务相适应。要对老干部工作部门所属事业单位予以切实支持。要按照政治素质好、工作能力强、作风过得硬、对老干部有感情的要求，选好配强老干部工作部门领导班子。要严把"入口"，畅通"出口"，不断改善老干部工作队伍结构等。

中共中央办公厅、国务院办公厅于2016年3月印发《关于进一步加强和改进离退休干部工作的意见》，提出加强离退休干部工作队伍建设。要高度重视退休干部工作队伍建设，严把入口、畅通出口，选好配强工作力量等。

3. 推进退休服务社会化管理服务

《关于加强干部退休工作的意见》提出，要因地制宜，不断改进和完善退休干部管理形式。各地区可根据退休干部人数、居住地点、管理工作任务等实际情况，研究适合本地区实际的退休干部管理办法，不搞一个模式，不要强求一致。要认真总结前一个时期退休干部管理工作的经验和做法，不断增加社会化管理内容，建立健全社会服务体系，努力创造条件，积极稳妥地促进退休干部由原单位管理逐步向社会化管理过渡，更好地为退休干部服务。

2003年6月19日，中共中央办公厅、国务院办公厅关于转发《劳动和社会保障部等部门〈关于积极推进企业退休人员社会化管理服务工作的意见〉的通知》，对企业退休人员社会化管理服务的主要内容、社会化管理服务的形式、尽快落实社会化管理服务的工作条件等作出规定。

为全面贯彻落实党和国家关于离退休干部工作的方针政策，推动离退休干部工作更好地适应改革开放和社会主义现代化建设的需要，2008年3月26日，中央组织部、人力资源和社会保障部印发《关于进一步加强新形势下离退休干部工作的意见》，提出退休干部的日常服务管理由供养关系所在单位负责。按规定移交到街道、社区的，由所在街道、社区负责。坚持因地制宜，研究切合实际的退休干部管理形式，不断改进和完善退休干部管理办法。

随着我国离休干部普遍进入高年龄期、高发病期，退休干部人数逐年增多，服务管理面临一些新情况新问题。为适应离退休干部高龄养老和服务管理的需要，更好地落实离退休干部待遇，更好地加强和改进离退休干部党组织建设，更好地发挥离退休干部的积极作用，2010年4月8日，中央组织部办公厅印发《关于利用社区资源做好离退休干部服务工作的意见》，就利用社区资源做好离退休干部服务工作作出规定。

2016年2月，中共中央办公厅、国务院办公厅印发《关于进一步加强和改进离退休干部工作的意见》，提出加强退休干部服务管理工作。坚持统一领导、分工协作、分级负责、分类管理的原则，进一步完善退休干部服务管理办法。做好退休干部党组织建设、思想政治工作、活动和学习安排、作用发挥等工作。建立健全基本养老金正常调整机制，缩短医药费报销周期，推进医药费异地直接结算。逐步提高行政事业单位退休干部公用经费标准，通过列入同级财政或者单位预算等方式予以保障，注意发挥家庭在养老中的基础性作用，教育引导家庭成员切实履行应尽义务。顺应老龄事业发展趋势，坚持社会化管理服务方向，积极稳妥、协调推进相关工作。综合利用政府公共服务、政府购买服务、社会优待服务、志愿服务和市场化服务，健全就近学习、就近活动、就近得到关心照顾、就近发挥作用的社区平台，更好满足退休干部养老服务需求。

(二) 完善离休干部服务

1. 利用街道社区做好离休干部服务

为更好地利用街道社区资源做好离休干部服务工作，2008年3月26日，中央组织部、人力资源和社会保障部印发《关于进一步加强新形势下离退休干部工作的意见》提出推进老干部活动中心、老干部大学（老年大学）工作。利用街道、社区资源为离休干部搞好服务。在保持原有管理关系、服务关系的基础上，充分发挥街道、社区的作用，让离休干部就近学习、就近活动、就近得到关心照顾、就近发挥作用，逐步建立和完善单位、街道、社区、养老机构、家庭相结合的离休干部医疗保健、生活服务体系，为离休干部提供医疗服务、学习活动服务和精神慰藉服务。对居住在农村的离休干部，乡（镇）、村两级党组织要多渠道、多方面给予关心照顾。

2. 做好异地安置离休干部服务

2004年9月15日，中央组织部、财政部、人力资源社会保障部印发《关于进一步做好跨省易地安置离休干部服务管理工作的意见》，提出做好跨省异地安置离休干部服务管理，在政治待遇、生活待遇、医疗待遇、困难离休干部帮扶方面作出规定。

为更好地做好异地安置离休干部管理服务工作，2016年2月4日，中共中央办公厅、国务院办公厅印发《关于进一步加强和改进离退休干部工作的意见》，提出切实做好异地安置离休干部服务管理工作。原单位和原单位所在地有关部门，对异地安置离休干部应定期走访慰问、经常联系、加强关怀，出现重大情况及时派人处理。采取有效措施减少医药费个人垫付，缩短报销周期，确保医药费能够及时报销。接收安置地党委和政府及有关部门要在医疗保健、生活照顾等方面给予他们更多关爱，加强与原单位的联系，配合做好相关工作。对异地居住的离休干部，原单位和居住地有关部门应予以关心照顾。

### 三 进一步发挥退休人员作用

1992年5月28日，中央组织部、人事部印发《关于加强干部退休工作的意见》，要求注意发挥退休干部的作用。各地区、各部门要根据退休干部的专业特长、兴趣爱好、身体状况等不同情况，因地因人制宜，积极支持他们在社会主义现代化建设中再作贡献。要紧密围绕经济建设中心，有组织、有领导地发挥退休干部的作用。对发挥作用作出突出成绩的退休干部，应给予表彰和奖励。退休干部发挥作用要严格执行党和国家的政策和有关法律，坚持自愿和量力而行的原则，多做拾遗补缺的社会工作，提倡不计报酬的奉献精神，在政策规定的范围内，允许取得合理报酬。退休干部管理部门和原工作单位以及社会有关方面，要为退休干部发挥作用创造一定的条件，并加强管理，经常进行检查和指导。

1996年颁布《中华人民共和国老年人权益保障法》提出，根据社会需要和可能，鼓励老年人在自愿和量力的情况下，从事下列活动：一是对青少年和儿童进行社会主义、爱国主义、集体主义教育和艰苦奋斗等优良传统教育；二是传授文化和科技知识；三是提供咨询服务；四是依法参与科技开发和应用；五是依法从事经营和生产活动；六是兴办社会公益事业；七是参与维护社会治安、协助调解民间纠纷；八是参加其他社会活动。

为进一步发挥离退休专业技术人员的作用，2005年6月29日，中央组织部、中央宣传部、中央统战部、人事部、科技部、劳动保障部、解放军总政治部、中国科协印发《关于进一步发挥离退休专业技术人员作用的意见》，对发挥离退休专业技术人员作用作出规定。

2008年3月，中央组织部、人力资源社会保障部印发《进一步加强新形势下离退休干部工作的意见》规定，发挥离退休干部在落实科学发展观、促进经济社会又好又快发展中的推进作用，在构建社会主义和谐社会中的参谋作用，在大力弘扬党的优良传统和践行社会主义荣辱观中的示范作用，在加强党的执政能力建设和先进性建设中的促进作用，在关心教育下一代工作中的积极作用。做好组织引导工作。要从工作需要出发，根据离退休干部的自身状况、志趣爱好和专业特长，本着自觉自愿、量力而行的原则，鼓励离退休干部面向社会、面向群众、面向基层，发挥积极作用。老干部工作部门和离退休干部原工作单位以及社会有关方面，应为离退休干部发挥作用创造一定条件，并经常进行指导。

2011年9月15日，全国老干部工作先进集体和先进工作者表彰大会召开。中共中央政治局常委、中央书记处书记、国家副主席习近平出席会议并讲话从老干部作为重要的政治资源角度发挥老干部作用。习近平指出，"重视发挥老干部作用就是重视党的重要政治资源……充分发挥老干部在党员队伍和干部队伍建设中的传帮带作用、在关心教育下一代中的示范作用、在推动科学发展和促进社会和谐中的积极作用，充分发挥离退休干部党支部在联系和服务群众中的桥梁和纽带作用。"①

2014年11月26日，在全国离退休干部先进集体和先进个人代表表

---

① 习近平：《学习老干部就是学习党的优良传统和作风》，中央人民政府门户网站，http://www.gov.cn/ldhd/2011-09/15/content_1948712.htm，2011-09-16。

彰大会上的讲话中提出，习近平总书记强调，希望广大老同志珍惜光荣历史、永葆政治本色，继续以身作则弘扬党的光荣传统和优良作风，继续为实现"两个一百年"奋斗目标、实现中华民族伟大复兴的"中国梦"作出积极贡献。① 刘云山在讲话中提出要支持和鼓励老同志积极发挥作用，特别是教育下一代工作方面发挥优势。"老同志有着丰富经验智慧和人生阅历，要支持老同志在自觉自愿、量力而行的基础上继续发挥作用，为全面建成小康社会、全面深化改革、全面推进依法治国贡献力量。特别要鼓励广大老同志积极参与关心下一代工作，向青少年讲历史讲传统、传思想传精神，帮助青少年扣好人生的'第一粒扣子'、树立正确的世界观、人生观、价值观。"②

2016年2月，中共中央办公厅、国务院办公厅印发《关于进一步加强和改进离退休干部工作的意见》，提出鼓励退休专业技术人才依托高等学校、科研院所、干部院校、各类智库、科技园区、专家服务基地、农民合作组织等开展人才培养、科研创新、技术推广和志愿服务。

---

① 习近平：《认真做好新形势下老干部工作 传承党的光荣传统和优良作风》，《人民日报》2014年11月27日第01版。
② 习近平：《认真做好新形势下老干部工作 传承党的光荣传统和优良作风》，《人民日报》2014年11月27日第01版。

# 第六章

# 退休制度的地方探索

近年来，随着形势的发展变化和退休人员的实际需求，部分地方在保持退休制度基本框架不变的基础上，围绕着探索延迟退休制度、规范提前退休审批、建立符合地方实际的退休待遇调整机制及建立荣誉退休制度四个方面进行了积极探索。

## 第一节 延迟退休制度

### 一 地方探索延迟退休的背景

为了更充分发挥人才、特别是专业技术人才的作用，结合当地经济社会发展的实际需要，部分地区探索出台延迟退休政策。

### 二 地方探索延迟退休的概况

在延迟退休方面，上海市、武汉市、山东省先后在不同的领域、不同范围内进行了积极探索。

上海市人力资源和社会保障局于2010年9月6日印发《上海市人力资源和社会保障局关于本市企业各类人才柔性延迟办理申领基本养老金手续的试行意见》①。在一定意义上，上海市延迟领取养老金的做法与延迟退休类似，但性质上并不完全属于延迟退休；2014年12月，武汉市人力

---

① 上海市相关负责人在解读"柔性延迟申领养老金"时，认为退休待遇包括多个方面，不能将延迟申领养老金与延迟退休年龄简单地画等号。本次出台意见是对延迟申领养老金作出规定，不涉及退休年龄问题。见"相关负责人解读上海延迟申领养老金《试行意见》"，中央政府门户网站，http://www.gov.cn/jrzg/2010-10/05/content_1715938.htm，2010-10-05。

资源和社会保障厅印发《关于进一步加强我市高级专家延长退休年龄管理工作的通知》；2019年12月31日，山东省人力资源和社会保障厅印发《关于进一步规范企事业单位高级专家延长退休年龄有关问题的通知》。三地在探索延迟退休对象、条件、待遇、程序和退休管理的具体规定并不相同。

### 三 地方探索延迟退休的制度内容

（一）延迟退休对象

上海市、武汉市和山东省在探索延迟退休的对象范围并不相同，但是均有严格的限定条件。

上海市延迟退休的对象在参保条件、单位条件方面作出规定。具体条件是：参加本市城镇养老保险的企业中具有专业技术职务资格人员，具有技师、高级技师证书的技能人员和企业需要的其他人员。也就是说，上海延迟退休的条件非常宽松，除了要求是上海市参加城镇养老保险以外，对各类企业均适用，不管所有制类型，不管规模大小，只要是企业需要的各类人才均可纳入。

武汉市延迟退休的对象在岗位条件、职称条件和区域条件方面作出严格限定。具体条件是：事业单位主系列专业技术三级及以上等级岗位并获得市级以上专家荣誉称号的专业技术人员，其中卫生计生系统部分优秀临床医师岗位和部分基层一线岗位的人员可放宽至四级；中小学校（幼儿园）教师岗位和新城区基层一线岗位的在聘人员可放宽至五级。已参加企业职工基本养老保险的在聘副高级及以上专业技术任职资格人员。

山东省延迟退休的对象在单位条件、岗位条件和职务条件方面作出了限定。具体条件是：企事业单位中在相应岗位从事专业技术工作的副高级及以上高级专家。即，单位范围包括企业和事业单位；岗位条件是从事专业技术岗位；职务层次为副高级及以上高级专家，其中，事业单位工作人员应聘用在专业技术七级及以上专业技术岗位。

（二）延迟退休条件

上海市、武汉市和山东省在规定延迟退休条件方面，都规定确因工作需要、身体健康能坚持正常工作和本人自愿三个条件。武汉市和山东省还规定要具备特定的条件方可申请延迟退休。

武汉市规定的限定条件包括四种情形，可归纳为三个方面：一是承担的科研项目和培养学生需要。如主持承担市级以上重大科研项目、重点学科等，且无人能够胜任继续承担相应工作的，以及作为导师指导研究生任务尚未完成的。二是基层一线需要。部分基层一线专业技术岗位和中小学校（幼儿园）教师岗位离任后暂无人接替，严重影响事业发展的。三是企业需要。企业在聘的副高级及以上专业技术任职资格、具有高级技师、高级政工师资格，且参加企业职工基本养老保险的人员，可根据企业发展需要办理延迟退休。

山东省规定的限定条件包括六种情形，可概括为三个方面：一是承担项目或工作需要。因承担重要工作和带研究生等任务尚未完成，退休后将对工作带来较大影响；新学科和特殊专业、重点学科急需；个人在业务上起把关作用或在学科中起带头作用，退休后无人接替。二是单位需要。技术力量薄弱的单位确系工作需要。三是地方发展需要。在山东省新旧动能转换重大工程"十强"产业领域发展培育新动能、现代管理急需或其他助推乡村振兴、海洋强省等重大发展战略和创新驱动发展战略急需、紧缺。

山东省的文件还对组织选派到民办高校的党委书记、企业在聘高级技师、国有企业的企业家以及县处级女干部的延迟退休问题作出了规定。经组织选派的民办高校党委书记、企业在聘高级技师等确因工作需要继续聘用的，可以按规定程序和权限确定后，参照本通知规定程序申请延退。对政治上可靠、经营业绩突出、年满六十周岁的党委书记（同时任董事长），确因工作需要延迟免职（退休）的，从严把握条件，按照有关规定严格审批，可延迟1—3年免职（退休）。

此外，还对县处级女干部和具有副高级及以上高级职称的女性专业技术人员被组织按干部管理权限批准调整到国有企业工作的，或因单位整建制改为企业后，本人身体能够坚持正常工作、自愿进入改制后企业的，可继续按照（组通字〔2015〕14号）规定选择五十五周岁或六十周岁退休。其中选择六十周岁退休的，年满六十周岁时，如确因工作需要继续聘用，也适用本规定。

（三）延迟退休程序

在延迟退休具体程序方面，上海市、武汉市和山东省的退休程序繁简程度不同。

上海市规定的程序非常简单，只需要本人申请，在与企业协商一致后即可签订工作协议。即，按照各自的决策程序决定，决定后到上海社会保险经办机构备案即可，① 是企业用人自主权的一种体现。

武汉市规定的延迟退休程序根据不同单位的性质进行了差异化处理。对于事业单位，延期退休程序包括本人提交延迟退休申请、专家论证、上报人社局专技处登记和审批公示四个环节，其中，提交申请延迟退休报告时间为达到法定退休年龄前三个月，办理登记手续应当专家到达退休年龄的前一个月办理。对于企业单位，须经包括本人提交延迟退休申请、报市人社局养老保险处登记、经办机构办理手续三个环节，其中，办理延迟退休申请手续的时间为达到法定退休年龄前一个月。

山东省规定延迟退休通常经过本人申请、用人单位同意、基本养老保险参保地的人社部门批准三个流程。其中，本人申请延迟退休时间为达到国家规定退休年龄前两个月提交延迟退休的书面申请。对于有主管部门的企事业单位，还应按人事管理权限报主管机关（单位）审核；正高级专家仍按国家现行政策规定，报省人力资源社会保障厅批准。

（四）延迟退休待遇

上海市、武汉市和山东省规定延迟退休人员享受退休待遇的内容详略不一。

上海市明确了延迟申领养老金期间企业与延迟申领养老金人员的工作关系是劳动者到达退休年龄时，劳动合同依法终止。企业与延迟申领养老金的人员可以协商签订相关工作协议。在延迟申领养老金期间，企业应当参照与工作直接相关的劳动标准（工作时间、劳动保护、最低工资规定）保障延迟申领养老金人员的基本权益，双方还可以通过协商在工作协议中约定其他有关的劳动权利义务。

武汉市根据延退人员所在单位性质不同，延迟退休待遇主要包括岗位聘用、工龄计算、考核和奖励三个方面。一是事业单位延迟退休人员可参加竞聘岗位。如果事业单位有较高等级岗位空缺，延期退休人员取得新业

---

① "相关负责人解读上海延迟申领养老金《试行意见》"，中央政府门户网站，http://www.gov.cn/jrzg/2010-10/05/content_1715938.htm，2010-10-05。

绩符合空缺岗位任职条件的，可以参加竞聘上岗。二是企业计算连续工龄和缴纳社会保险。企业延期退休人员按实际延长时间计算连续工龄，按批准的延退时间确定退休时间。参加企业基本养老保险的要按规定缴纳社会保险费，并计算为实际缴费时间。三是考核和奖励。延迟退休人员在延退期间取得学术、技术和管理上有发明创造要记入本人考绩档案，有重大贡献的延退人员可以获得适当奖励。

山东省对批准延退或备案的人员仅规定用人单位依法与其续订劳动（聘用）合同，按时足额缴纳社会保险费。对于其他待遇方面没有作出规定。

（五）延迟退休管理

上海市、武汉市和山东省关于延迟退休管理的对象和侧重点并不相同。

上海市在延迟退休管理方面依照签订的工作协议履行双方的权利和义务。工作协议中约定了履行期限的，协议到期终止。工作协议履行过程中双方协商一致的，可以解除协议。此外，双方也可在协议中约定解除或终止的条件、单方解除协议提前通知期和劳动者在延迟申领基本养老金期间发生工伤后工作协议解除或终止的条件等其他内容。如未约定单方解除协议提前通知期的，工作协议也可单方提出解除，但应提前三十日以书面形式通知对方。工作协议解除、终止时，劳动者申领基本养老金的条件即时成立，企业应当为延迟申领基本养老金人员办理申领基本养老金手续。工作协议解除、终止的当月，企业应按约定标准全额发给延迟申领基本养老金人员报酬。

武汉在延迟退休管理方面侧重于对用人单位的岗位设置管理、职务管理、延迟退休时间管理及考核管理。一是岗位设置管理。对于岗位设置超结构比例的事业单位，可按特设岗位处理，不占用高级岗位结构比例；尚未达到核准岗位结构比例的单位则必须使用单位高级岗位结构比例和专业技术岗位数额。二是职务管理。延退人员不再担任行政领导职务或管理职务，主要从事所主持承担的科研项目、学科建设等专业技术工作。延退期满后，所主持承担科研课题、学科建设任务已经完成的，不再延退。三是延退时间管理。根据本单位的工作任务、专业技术人才队伍的结构以及高级专家身体状况等情况确定延退年龄。每次批准最长不超过三年，如需继续延长再次申请。延退期满后，应及时办理退休手续。因身体状况等原因导致不能坚持正常工作的，也应及时办理退休手续。四是考核管理。按在职人员进行年度、聘期和平时考核，重点考核是否发挥了主持承担重要项目、重大课题的作用。经考核未合格履行职责的，终止聘用合同，办理退休手续。

山东省在延迟退休方面加强了对用人单位和人社部门管理。一是对用人单位管理。用人单位一方面要结合行业发展任务、单位人才梯队建设及年龄层次结构等因素，研究制定本单位内部遴选推荐办法，经党委会或职工代表大会审议通过后报参保地人力资源社会保障行政部门备案。对符合条件的"十强"产业领域、助推乡村振兴和海洋强省等重大战略以及创新驱动发展战略急需紧缺的高级专家要优先评选申报。另一方面，用人单位要对申报材料的真实性负责。二是对人社部门管理。人社部门要不断优化简化流程，推进"一窗受理、一次办好"，压缩办理时限，同时进一步加强信息化建设，促进信息互联互通，为企事业单位提供优质、高效、便捷服务。经批准延退的高级专家，延退期限一般为一至三年。对于确需继续延退的，应按程序再次申报延退。三是延迟退休年龄管理。高级专家经批准继续延退的，原则上不超过六十五周岁退休；延退期间因身体健康或其他原因不能胜任岗位工作的，可提出退休申请，办理退休手续。

## 第二节　严格提前退休管理

### 一　地方加强提前退休管理的背景

随着市场经济的建立以及企业用工制度改革，企业特殊工种提前退休管理服务滞后，导致企业违规办理特殊工种、提前退休骗取养老金行为时有发生，对保护职工权益和基金安全造成一定影响。为了提高经办管理服务能力，进一步维护职工合法权益，防止违规办理特殊工种提前退休骗取养老金行为，促进基本养老保险制度更加公平更可持续发展，2018年11月26日，人力资源和社会保障部印发《关于进一步加强企业特殊工种提前退休管理工作的通知》。该《通知》从国家层面对特殊工种提前退休范围条件、审批管理和监督作出规定。

## 二 地方严格提前退休管理的概况

在提前退休审批管理方面,在国家出台政策前后,部分地区针对本地的实际情况进行了一些探索,并出台相应的政策。如 2016 年 3 月 29 日,天津市人力资源和社会保障局印发《关于印发天津市特殊工种提前退休资格审核管理暂行办法的通知》;2017 年 8 月 18 日,辽宁省人力资源和社会保障厅出台《关于进一步加强企业提前退休人员审批管理工作的通知》;2018 年 12 月 29 日,吉林省人力资源和社会保障厅印发《关于全面加强和完善企业特殊工种提前退休管理工作的通知》;2019 年 9 月 1 日,海南省人力资源和社会保障厅印发《关于加强特殊工种提前退休管理工作的通知》;2020 年 5 月 20 日,山西省人力资源和社会保障厅印发《企业特殊工种提前退休管理工作实施办法的通知》;2020 年 5 月 27 日,河南省人力资源和社会保障厅印发《关于进一步加强企业特殊工种提前退休管理工作的通知》;2021 年 1 月 20 日,陕西省人力资源和社会保障厅印发《关于进一步加强企业特殊工种提前退休管理工作的通知》;1 月 28 日,甘肃省人力资源和社会保障厅印发《关于进一步加强企业职工提前退休管理工作的通知》等。

## 三 地方严格提前退休管理的基本内容

各地提前退休的基本内容在保持大体一致的基础上,具体规定存在一定的差异。

### (一) 提前退休对象

在提前退休对象上,各地并完全不相同。辽宁省规定三类人员可以办理提前退休:一是企业从事特殊工种岗位工作职工,包括在原全民所有制和集体所有制企业从事井下、高空、高温、特别繁重体力劳动或其他对身体健康有害工作的职工以及有过以上工作经历的解除劳动关系人员;二是病退、退职人员,包括符合病退、退职条件的企业职工以及灵活就业人员;三是困难国有企业军转干部,包括办理提前退休时所在国有企业生产经营困难的军转干部和 2000 年 12 月 31 日以前转业到企业的生活困难的军转干部。其他省份的提前退休范围主要是国有、集体企业,提前退休对象为在上述范围企业中从事特殊工种工作达到国家规定年限的职工。各地普遍要求严格执行特殊工种范围、严格执行特殊工种名录、严格执行特殊工种工作年限政策。特殊工种名录按原劳动部和国务院有关行业主管部门批准公布的提前退休工种执行，严禁以任何名义自行放宽扩大提前退休特殊工种名录。企业只能执行自己所属行业的提前退休工种名录，不得跨行业比照执行。如河南省规定，国务院行业主管部门所属司局或省级行业主管部门审批的提前退休工种文件，一律无效，不得作为办理提前退休手续的依据。

（二）建立特殊工种备案制度

辽宁省提出 2018 年 7 月 1 日前，省市社会保险经办机构建立特殊工种人员岗位信息库，省市人力资源和社会保障部门按照管理层级建立企业特殊工种岗位备案制度；吉林省提出自 2019 年起，省和地级（设区市）人力资源社会保障部门按照"企业直报、属地审核、省级备案"的原则，全面实行特殊工种备案制度，并分级建立特殊工种岗位人员信息库，为建立全省统一的特殊工种岗位信息库奠定基础。河南省提出积极对接国家正在建设的全国特殊工种岗位人员信息库，按照"企业直报、分级备案、省级集中"的原则，全省建立企业特殊工种备案制度；甘肃省规定，未在审核机关备案的参保单位和特殊工种不得办理特殊工种提前退休手续。

（三）落实双公示制度

海南省、山西省、河南省、甘肃省、陕西省均实行特殊工种提前退休双公示制度，即，企业在申报特殊工种岗位职工提前退休前，应在职工工作场所进行不少于 5 个工作日的公示，人力资源和社会保障部门在作出审批决定之前，通过部门官网进行公示，公示期不少于 5 个工作日。河南省规定，人力资源和社会保障部门在作出退休手续办理决定之前，应在本机关（或同级政府）以及申请人待遇领取地人力资源和社会保障部门（或同级政府）网站进行社会公示，增加了同级政府和领取待遇地两个地方公示。甘肃省也增加了在同级政府公示。吉林省规定，对于审核通过的，人力资源和社会保障行政部门通过官网进行社会公示，公示期不少于 10 个工作日。吉林省、山西省加强对企业公示的管理，提出企业公示期间要辅以留存视频资料备查或公示情况拍照形成电子文档与公示表备查。

（四）建立追踪问责机制

许多地区建立了针对特殊工种提前退休工作的追踪问责机制。一方面是针对个人和企业欺诈行为的问责，另一方面是针对人社行政部门和社保经办人员的追踪问责。在针对个人和企业欺诈行为的问责方面，山西省规定对于申报过程中以欺诈、伪造证明材料或者其他手段，违规办理特殊工种提前退休骗取养老保险待遇的将严格按照社保法等有关规定进行处罚，对负有责任的企业和个人，要列入严重失信行为责任人名单，实行联合惩戒，情节严重的移送司法机关追究刑事责任。河南省规定，对在申报材料中弄虚作假的相关单位和责任人，列入严重失信人名单，并上传至国家人力资源社会保障信息平台和全国信用信息共享平台，会同相关部门实施联合惩戒。对以欺诈、伪造证明材料或其他手段，违规办理特殊工种提前退休领取养老保险待遇的，按照《社会保险法》第八十八条的规定，责令退回骗取的养老金并处以罚款。对涉嫌犯罪的，及时移送司法机关。

针对人社行政部门和社保经办人员的追踪问责方面，辽宁省规定对人社行政部门和社保经办人员在退休审批、审核中违规违纪的，依照《中国共产党纪律处分条例》《行政机关公务员处分条例》的有关规定，按照"谁审核、谁审批、谁负责"的原则层层追责问责，涉嫌犯罪的，移交司法机关处理。海南省规定，发现工作人员在审批过程中有违规违纪行为的，将移交纪检监察部门严肃处理。对材料报送、审核工作不到位，审批程序不规范，突破实施范围、自行降低执行标准的地区予以通报并要求整改；对放松审批环节管理，造成较多违规问题出现的地区，将追究人力资源社会保障部门主要负责人、分管负责人的领导责任。吉林省规定，对检查发现的违规案例，要逐一进行倒查，将责任落实到人。发现工作人员在审批过程中有违规违纪行为的，及时移交纪检监察部门严肃处理。河南省规定，对执行政策不严格，办理程序不规范，突破特殊工种范围，降低政策标准的工作人员，按规定给予严肃处理。各地要进一步强化领导主体责任，对重视不够，放松管理，造成违规问题较多，基金流失严重的地区，将追究主要领导和分管负责人的领导责任。

此外，各地普遍实行了权益告知制度和加大了监管力度等措施，加强对提前退休的管理。

## 第三节 探索符合地方实际的退休待遇调整机制

在全国实行统一的离退休制度的基础上，各地根据本地退休人员的状况、财力和历史遗留问题，逐步探索出符合地方实际的退休待遇调整机制。

### 一 基本养老金的地方化调整

在调整退休人员养老金方面，各地根据人社部的统一规定企业和机关事业单位统一实行"定额调整、挂钩调整与适当倾斜相结合"的"三结合"调整办法，但是在具体定额调整的标准、挂钩调整内容以及倾斜对象方面存在差异。以2019年全国31个省市区养老金待遇调整为例，进行说明。

（一）定额调整

定额调整主要体现公平。全国31个省市区根据本地实际情况进行退休金定额调整。一是各地在调整金额上有所差别，绝大多少省市每人每月定额调整在40—60元之间，西藏最高，每人每月基本养老金提高金额为80元。二是定额调整方式上，绝大多数省市实行所有退休人员实行统一定额调整，也有少数省份按照不同人群分别进行定额调整。具体情况见表6—1。

表6—1　　2019年31个省市区定额调整基本养老金情况[①]

| 定额调整增加金额（单位：元） | 省市区 |
| --- | --- |
| 34 | 江苏 |
| 37 | 青海 |
| 38 | 江西 |
| 39 | 吉林 |
| 40 | 黑龙江、河北[②]、浙江、云南 |
| 41 | 海南[③] |

① 本表根据2019年各省市区养老金调整方案制作。
② 河北省退休人员与退职人员每月定额调整增加金额不同，退职人员每月增加22元。
③ 海南省退休人员与退职人员每月定额调整增加金额不同，退职人员每月增加25元。

续表

| 定额调整增加金额（单位：元） | 省市 |
| --- | --- |
| 45 | 安徽、重庆、湖北、广西 |
| 47 | 河南、四川 |
| 50 | 北京、山东、湖南、贵州、宁夏 |
| 53 | 山西 |
| 54 | 陕西 |
| 55 | 福建、新疆 |
| 60 | 上海、广东 |
| 80 | 西藏 |
| 25—70① | 辽宁 |
| 35—45② | 湖北 |
| 45—55③ | 天津 |
| 32—50④ | 甘肃 |

### （二）挂钩调整

基本养老金的挂钩调整主要体现在多工作、多缴费、多得养老金的激励机制上，在挂钩机制上既要与缴费年限或者机关事业单位退休人员以前的工作年限挂钩，也要与基本养老金水平等因素挂钩。

---

① 辽宁省养老金定额调整按照参加工作时间实行分段调整，具体分段定额调整金额是：(1) 符合老人险〔1983〕3号文件规定的新中国成立前参加工作的退休老工人，每人每月增加70元；(2) 1949年1月1日至9月30日参加工作的退休人员，每人每月增加65元；(3) 1949年10月1日至1953年12月31日参见工作的退休人员，每人每月增加60元；(4) 1954年1月1日后参加工作、2017年12月31日前退休（职）人员和"五七家属工"，每人每月增加55元；(5) 2018年1月1日至2018年12月31日前退休（职）人员，每人每月增加25元。

② 湖北省养老金定额调整按照退休时间实行分段调整，具体分段调整金额是：(1) 1995年12月31日前退休、退职的，每人每月增加45元；(2) 1996年1月1日至2005年12月31日期间退休、退职的，每人每月增加40元；2006年1月1日至2018年12月31日期间退休、退职的，每人每月增加35元。

③ 天津对企业退休人员每人每月增加50元，对机关事业单位退休人员每人每月增加45元。

④ 甘肃对企业、机关和事业单位退休人员每人每月增加50元，对"五七工""家属工"和被征地农民每人每月增加32元。

不同省市区在具体挂钩因素和挂钩比例上存在差异。有的省份在养老金挂钩调整方面对企业、机关与事业单位采用相同的挂钩方式，如河北省、上海市、安徽省、浙江省、云南省、广西壮族自治区、贵州省和内蒙古自治区等地；有的省份对机关和事业单位挂钩调整采取不同的调整方式，企业按照累计缴费年限调整、机关事业单位按照养老金水平调整，如重庆市、江西省和湖南省；也有的省份在按照缴费年限调整的基础上，机关、事业单位再按照不同的养老金水平分别调整，如吉林省、辽宁省、河南省和四川省等。

在挂钩比例上，各省的情况也存在明显差异。以与缴费年限挂钩为例，有的省份与累计缴费年限成相同比例挂钩，如黑龙江、河北、上海、安徽、湖北、湖南、福建、山西、重庆、广西、云南、贵州、海南；有的省份对缴费年限实行分段挂钩，如吉林、辽宁、天津、北京、山东、江苏、陕西、四川、江西、浙江、广东、宁夏、西藏、甘肃、新疆。总之，在挂钩调整方式上，有的省份制度设计比较简单，有的省份则相对复杂。以分段缴费挂钩调整为例，有的省份以缴费满 15 年为界划分为两段，如辽宁、天津、陕西、四川、重庆等；有的省份则分为多段，如吉林、北京、江苏、浙江、广东、新疆。在挂钩比例上，各地也各不相同。各省具体挂钩调整情况详见表 6—2。

表 6—2　　　　2019 年 31 个省市区基本养老金挂钩机制①

| 地区 | 与缴费年限挂钩 | 与基本养老金水平挂钩 |
| --- | --- | --- |
| 黑龙江 | 每满 1 年增加 2 元。"五七工""家属工"等人员缴费年限按 15 年 | 按本人 2018 年基本养老金的 0.76% 增加 |
| 吉林 | 缴费 25 年以下部分，每月增加 1.5 元/年；缴费 26—30 年部分，每月增加 2.5 元/年；缴费 31—35 年部分，每月增加 3.5 元/年；缴费 36 年及以上部分，每月增加 4.5 元/年。"五七家属工"不参与缴费年限挂钩调整 | 企业退休人员月增加额为 2018 年年底本人月基本养老金数额的 1%；机关事业单位退休人员月增加额为 2018 年年底本人月基本养老金（不含职业年金）数额的 0.97% |

① 本表根据各省市区养老金调整方案制作。

续表

| 地区 | 与缴费年限挂钩 | 与基本养老金水平挂钩 |
|---|---|---|
| 辽宁 | 缴费一年增加基本养老金1元/年。缴费超过15年的部分，每月再增加1元/年 | 退休（职）人员、"五七家属工"按照本人2018年12月领取的统筹内月基本养老金为基数，按0.8%的比例增加基本养老金；企业退休人员月增加额为2018年底数额的1%；机关事业单位退休人员月增加额为2018年底数额的0.97% |
| 河北 | 缴费年限每满一年每月增加1.5元 | 按本人2018年12月基本养老金的1.4%再增加 |
| 天津 | 缴费年限不满15年的退休人员，每人每月增加15元；满15年以上的部分，缴费每满1年，每人每月再增加1.5元 | 按照本人2018年末的月基本养老金水平的2%增加 |
| 北京 | 缴费年限满10年及其以上的退休人员，缴费年限每满1年，每月增加3元，对于不足整年的月数，每月增加0.25元；缴费年限不满10年的退休人员，每人每月增加30元；缴费年限不满15年的建设征地农转工退休人员，每人每月增加45元。缴费年限30年及以上的人员，每人每月增加5元 | 本通知规定调整基本养老金前，月养老金低于3959元的，每人每月增加65元；月养老金在3959元及以上，低于5459元的，每人每月增加55元；月养老金在5459元及以上的，每人每月增加45元 |
| 山东 | 企业：对15年（含）以下的部分，每满1年，每月增加1.5元；16年以上至25年的部分，每满1年，每月增加2元；26年以上至35年的部分，每满1年，每月增加2.5元；36年以上至45年的部分，每满1年，每月增加3元；46年以上的部分，每满1年，每月增加3.5元。机关事业单位：与职务（岗位、技术等级，下同）挂钩调整。根据职务层级不同划分若干档次，每个档次以32元为基数乘以不同的调整系数确定月增加额 | 按2018年12月本人基本养老金的1.7%确定月增加额 |

续表

| 地区 | 与缴费年限挂钩 | 与基本养老金水平挂钩 |
| --- | --- | --- |
| 上海 | 缴费年限每满1年增加2元，不足30元的按30元计算 | 以本人2018年12月的基本养老金为基数增加2.2% |
| 江苏 | 15年及15年以下的部分，缴费年限每满1年，每月增加2元；<br>缴费年限15年以上至25年以下（含25年）的部分，缴费年限每满1年，每月增加3元；<br>缴费年限25年以上部分，缴费年限每满1年，每月增加4.8元。按缴费年限月增加额不足30元的，按30元增加 | 按本次调整前本人基本养老金的1.4%增加 |
| 安徽 | 每满1年，每人每月增加2元 | 每人每月增加本人基本养老金的1.0% |
| 河南 | 企业退休人员每满一年增加基本养老金1.3元 | 企业按2018年12月本人基本养老金水平的1.6%增加基本养老金。<br>机关事业单位只按照本人2018年12月养老金水平的2.6%增加 |
| 山西 | 企业：缴费年限每满1年每月增加2.1元。缴费年限不满10年的按10年计算。再按本人基本养老金（含冬季取暖补贴）水平的1.5%增加基本养老金。<br>机关事业单位：按本人缴费年限每满1年每月增加1.4元。缴费年限不满10年的按10年计算。企业符合原劳动人事部劳人险〔1983〕3号文件规定条件的退休老工人，挂钩调整部分按机关事业单位同类人员标准调整 | 企业按本人基本养老金（含冬季取暖补贴）水平的1.5%增加基本养老金。<br>机关事业单位再按本人退休时职务（职级）对应的2018年12月同职务（职级）人员平均养老金水平的1.5%增加基本养老金 |
| 陕西 | 15年及以内的缴费年限部分，每满1年每人每月增加2元；超过15年的缴费年限部分，每满1年每人每月增加3元 | 退休人员本人2018年12月的基本养老金（机关事业单位退休人员基本养老金不含职业年金）为基数增加1% |

续表

| 地区 | 与缴费年限挂钩 | 与基本养老金水平挂钩 |
|---|---|---|
| 四川 | 企业及事业单位2014年10月1日以后退休：缴费年限15年及以下的每满1年增加1元，超过15年的年限每满1年增加2.5元 | 企业：以2018年12月经社保经办机构核定的基本养老金为基数增加1.2%。<br>机关事业单位：2014年9月30日及以前退休的人员，以本人2018年12月的基本养老金为基数增加2.7% |
| 重庆 | 企业：缴费年限每满1年，每人每月增加3元，本人缴费年限低于15年的，统一按15年进行调整 | 机关事业单位：以同类人员2018年12月平均养老金水平为基数，每人每月增加3% |
| 江西 | 企业：缴费年限15年以下的每人每月增加45元；缴费年限超过15年的人员，按每满1年增加3元调整 | 机关事业单位：每人每月按本人2018年12月份基本养老金的2.8%增加 |
| 湖北 | 缴费年限每满1年每月增加2元，缴费年限不满1年的按1年计算 | 每人每月以本人2018年12月基本养老金为基数增加1.5% |
| 湖南 | 企业：缴费年限每满1年，月基本养老金再增加3元 | 机关事业单位：按本人2018年12月的基本养老金为基数，每月增加2.7% |
| 浙江 | 缴费年限15年及以下，缴费年限每满1年，月基本养老金增加1.5元，月基本养老金增加额不到15元的，补足到15元；缴费年限15年以上至30年的部分，缴费年限每满1年，月基本养老金增加2.5元；缴费年限30年以上的部分，缴费年限每满1年，月基本养老金增加3元 | 本人本次调整前月基本养老金的2%计算月基本养老金增加额 |
| 福建 | 缴费年限每满一年发给1元 | 按本人2018年12月发放基本养老金标准的2.56%调整增加 |
| 广东 | 缴费年限每满1年月标准增加1元。超过15年的退休人员，超过15年的缴费年限，每满1年养老金月标准再增加1元。与本人缴费年限挂钩的增加额少于15元的，按15元发放 | 按照本人调整前基本养老金月标准的2.2%加发 |

续表

| 地区 | 与缴费年限挂钩 | 与基本养老金水平挂钩 |
| --- | --- | --- |
| 广西 | 缴费年限每满一年，每人每月增加基本养老金1.5元 | 按本人2018年12月基本养老金水平的1.5%增加基本养老金 |
| 云南 | 缴费年限每满一年每人每月增加2元 | 按本人2018年12月基本养老金的1.3%的标准挂钩调整 |
| 贵州 | 缴费年限每满一年增加2.3元 | 按本人2018年12月基本养老金的0.5%予以增加 |
| 青海 | 缴费年限15年及以下的，每人每月增加45元；15年以上的，缴费每增加1年每人每月再增加3元 | 退休人员按本人2018年12月基本养老金总额（含冬季取暖补助）、机关事业单位退休人员（不含职业年金待遇）的1.4%调整增加，低于24元的按24元增加 |
| 内蒙古 | 缴费年限每满一年增加1元，调整不足15元的，按15元进行调整 | 按照本人2018年12月基本养老金的2%增加基本养老金 |
| 海南 | 每缴费一年增加1.5的标准，增加本人的基本养老金（退职生活费） | 按照本人月基本养老金1.7%的比例，增加本人的基本养老金 |
| 宁夏 | 缴费年限在15年以内的，每满一年，增加2元。缴费不满15的按15年计算。缴费年限在15年以上的，前15年每满一年，增加2元。从第16年开始，每满一年增加3元 | 养老金基数在1500元以下的（含1500元），一律增加20元。养老金基数在1500元以上的（不含1500元），在20元的基础上，养老金基数每增加100元（不满100元的，按100元计算），企业退休人员增加2元，机关事业单位退休人员再增加1元 |
| 西藏 | 按累计缴费年限每满一年，二类区调整1.5元、三类区调整2元、四类区调整2.5元、内地参保单位调整1.5元 | 本人2018年12月当月基本养老金为基数，乘以2.6%计算每人每月增加额 |
| 甘肃 | 企业、机关事业单位退休（职）人员（不含"五七工、家属工"），本人缴费年限15年及以下的部分，每人每月增加18元；本人缴费年限15年以上的部分，缴费年限每满1年，每人每月增加2元 | 企业退休（职）人员以2018年12月份本人发放基本养老金为基数，每人每月增加1.5%。机关事业单位退休（职）人员以2018年同类人员月平均基本养老金为基数，每人每月增加1.5% |

续表

| 地区 | 与缴费年限挂钩 | 与基本养老金水平挂钩 |
| --- | --- | --- |
| 新疆 | 缴费年限15年以内，每年按1元增加；缴费年限16年至30年的，每年按2元增加；缴费年限超过30年的，从第31年起，每年按4元增加。缴费年限不满15年的，增加15元 | 按本人2018年12月份按月领取的基本养老金为基数，每月增加1.5% |

### （三）适当倾斜

从2016年企业和机关事业单位统一调整基本养老金以来，已经连续五年实行适当倾斜政策。倾斜的对象基本保持一致，绝大多数为针对高龄退休人员、艰苦边远地区退休人员适当提高待遇调整水平。[①] 继续确保企业退休军转干部基本养老金不低于当地企业退休人员平均水平。

各地在遵循国家统一政策的基础上，结合本地实际情况进行调整，在具体倾斜对象、倾斜办法和倾斜程度上存在一定的差异。以向艰苦边远地区倾斜调整为例，有的省份实行统一金额倾斜调整，如吉林、辽宁、湖南；大部分省份按照艰苦边远地区的类别实行差额调整，如黑龙江、河北、四川、宁夏、青海、甘肃、新疆等。在享受倾斜比例对象上，绝大部分省份针对艰苦边远地区所有离退休人员，只有重庆仅为企业退休人员享受艰苦边远地区倾斜调整，云南针对企业退休人员和机关事业单位退休人员实行不同的调整金额。在倾斜金额上，各省也存在一定程度的差异，甘肃倾斜幅度最低，四川、青海倾斜幅度较高。具体倾斜情况详见表6—3。

表6—3　　　　2019年部分省份艰苦边远地区倾斜调整情况[②]

| 地区 | 倾斜调整情况（单位：/人月） |
| --- | --- |
| 黑龙江 | 一类地区增加5元，二类地区增加10元，三类地区增加15元 |
| 吉林 辽宁 湖南 | 增加5元 |

---

① 从2019年各地调整基本养老金的方案来看，有的省份有艰苦边远地区但并未对艰苦边远地区退休人员养老金实行倾斜调整，如贵州、海南。

② 本表根据2019年各地调整养老金方案制作。

续表

| 地区 | 倾斜调整情况（单位：元/人月） |
|---|---|
| 河北 | 一类地区增加15元，二类地区增加20元，三类地区增加25元 |
| 山西 | 一类地区增加10元，二类地区增加15元 |
| 四川 | 一类至六类地区分别增加10元、20元、30元、40元、60元、80元 |
| 重庆 | 企业退休人员20元 |
| 广西 | 增加基本养老金8元 |
| 云南 | 企业：<br>一类和其他地区至六类地区分别增加9元、14元、19元、24元、29元、34元。<br>机关事业单位：<br>一类和其他地区至六类地区分别增加5元、10元、15元、20元、25元、30元 |
| 青海 | 二至六类地区，分别增加10元、15元、30元、55元、90元 |
| 宁夏 | 一类地区增加5元，三类地区增加10元 |
| 甘肃 | 按参保单位所在地确定的一至五类艰苦边远地区类别，分别增加2元、3元、5元、9元和15元 |
| 新疆 | 二类地区每人每月增发10元；三、四类地区增发15元；五、六类地区增发20元 |

## 二　提高精减时期退职人员生活补助费

为了更好地保障精减时期退职人员的基本生活，使精减时期退职人员的生活水平随着经济发展而相应提高，部分省份先后出台政策提高精减时期退职人员生活困难补助费标准。

（一）地方探索制度概况

由于各地政策公开程度存在差异，据不完全统计，近年来出台调整精减时期退职人员生活补助费的相关政策如下：2014年8月12日，北京市人力资源和社会保障局颁布《关于调整六十年代初精减退职老职工生活困难补助费标准的通知》；2016年1月20日，四川省民政厅、财政厅联合印发《关于调整六十年代初精减退职老职工生活困难救济标准的通知》；2018年1月18日，北京市人力资源和社会保障局、财政局、国有资产监督管理委员会联合印发《关于调整六十年代初精减退职老职工生活困难补助费标准的通知》；2018年12月3日，辽宁省民政厅、财政厅、人力资源和社会保障厅联合印发《关于提高60年代精简退职职工生活补助标准并建立自然增长机制的通知》；上海市、陕西省、浙江省在2017—2020年连续出台调整60年代精减退职人员生活困难补助费标准的相关政策。

### （二）提高待遇对象和标准

各地提高精减时期退休人员生活待遇的对象、调整标准不尽相同，有统一提高标准的，如四川、北京、上海；有的省份按照参加革命时间提高标准的，如浙江；有的省份按照精减时期工龄长短发放的，如陕西。在调整方式上，有的省份实行定额调整，如四川、北京、上海；有的省份实行对应调整，如辽宁、北京。在调整后的金额方面，有的省份调整后生活补助费的金额较高，如浙江，有的省市因财力情况、退职人数、平衡难度大小以及对历史遗留问题的处理理念差异调整金额比较低。调整具体情况详见表6—4。

**表6—4　近年来部分省份提高精减时期退职人员生活补助费情况一览表**

| 省份 | 对象 | 调整方式 | 实施时间 |
| --- | --- | --- | --- |
| 四川 | 对城乡享受本人原标准工资40%和定期定量救济的精减退职老职工 | 平均救济标准由原来的每人每月300元提高到每人每月不低于400元，具体标准由各县（市、区）人民政府制定 | 2016.1.1 |
| 北京 | 精减退职老职工 | 统一提高到每月525元。今后比照本市城乡居民老年保障福利养老金的调整标准同时调整 | 2018.1.1 |
| 辽宁 | 1957年底以前参加工作，1961年1月1日至1965年6月9日期间精简退职并发给一次性退职补助金的人员。<br>1949年9月30日前参加革命工作，1957年至1960年期间，经组织动员退职①，无固定收入，原系全民所有制单位的老职工 | 全省建立并实施60年代精简退职职工生活补助标准自然增长机制，60年代精简退职职工生活补助标准提高幅度与当年省政府确定的全省农村最低生活保障标准提高幅度一致，提标时间一致 | 从2019年起 |

---

① 不包括按照《国务院关于工人、职员退职处理的暂行规定》正常自愿退职的人员。

第六章 退休制度的地方探索 / 231

续表

| 省份 | 对象 | 调整方式 | 实施时间 |
|---|---|---|---|
| 上海 | 建国前参加革命工作建国后经组织批准退职且原无固定收入的干部、生活补助费已按规定纳入统筹基金列支的精减退职回乡老职工 | 每人每月增加160元① | 2020.5.15—2020.12.31 |
| 陕西 | 1961年1月1日至1965年6月9日期间被精减的1957年底以前参加革命工作的老职工和1958年以后参加工作因工负伤、部分丧失劳动能力而被精减的职工。<br>1957年底以前参加工作，1961年至1965年6月9日期间被精减的外省精减回陕定居、目前由我省民政部门管理的60年代精减退职职工 | 精减时连续工龄不满十年的（领取原标准工资40%的），月生活补助费调整为412元（含医疗费50元）；<br>精减时连续工龄满十年不满十五年的（领取原标准工资60%的），月生活补助费调整为534元（含医疗费50元）；<br>精减时连续工龄满十五年不满二十年的（领取原标准工资70%的），月生活补助费调整为713元（含医疗费50元）；<br>精减时连续工龄在二十年以上的（领取原标准工资100%的），月生活补助费调整为1065元（含医疗费50元） | 2020.1.1 |
| 浙江 | 享受精减困难补助的精减退职人员，抗日战争时期参加革命工作 | 生活困难补助费标准由每人每月3090元调整为3275元；<br>医疗保健费由每人每月390元调整为415元 | 2020.1.1 |
| | 解放战争时期参加革命工作的 | 生活困难补助费标准由每人每月2770元调整为2935元；<br>医疗保健费由每人每月390元调整为415元 | |

① 上海市对精减时期退职职工生活费调整情况是：2014年增加180元；2017年增加160元；2018年增加145元；2019年增加155元。

续表

| 省份 | 对象 | 调整方式 | 实施时间 |
|---|---|---|---|
| 浙江 | 凡符合省委办〔1981〕24号文件和浙劳人险〔1984〕217号、〔84〕财行440号文件规定享受定期生活困难补助的精减退职人员 | 生活困难补助费标准由每人每月1530元调整为1605元 | 2020.1.1 |

### 三 建立劳动模范荣誉津贴制度

为体现党和国家对离退休劳动模范的关怀，进一步弘扬劳模精神，营造尊重劳动的浓厚氛围，近年来多地建立或提高劳动模范荣誉津贴制度，对已离休、退休并保持荣誉的劳动模范、省先进生产（工作）者发放荣誉津贴。

（一）地方探索制度概况

2011年1月14日，河北省印发《关于为获得省部级及其以上劳动模范先进工作者荣誉称号人员离退休后调整荣誉津贴的通知》；2013年11月23日，浙江省人民政府办公厅印发《关于调整离休退休劳动模范荣誉津贴标准的通知》；2014年1月6日，江苏省政府办公厅印发《关于调整省以上劳动模范待遇标准的通知》；2014年7月31日，山东省人民政府办公厅印发《关于进一步改善劳动模范待遇的通知》；2014年11月26日，南通市政府办公室印发《关于调整市以上劳动模范待遇标准的通知》；2015年1月15日，《扬州市政府办公室关于调整市级劳动模范待遇标准的通知》；2015年2月12日，《成都市人民政府办公室关于调整全市离退休劳动模范荣誉津贴标准的通知》。此外，杭州、荆门、仪征、潍坊、青岛等市相继出台了劳模荣誉津贴制度。

（二）荣誉津贴的对象和标准

各地在离退休劳动模范荣誉津贴的发放方式和发放水平上存在差异。大部分地方按照获得劳动模范的层级差异发放金额不等的荣誉津贴；也有的地方按照获得劳动模范的次数发放金额不等的荣誉津贴，具体详见表6—5。

表6—5　　部分省市发放离退休劳动模范荣誉津贴情况一览表①

| 地区 | 发放对象和发放标准（单位：人·月） | 实施时间 |
|---|---|---|
| 河北省 | 获得一次荣誉称号的，离退休后每月发给荣誉津贴为120元；获得两次荣誉称号的，离退休后荣誉津贴为200元；获得三次荣誉称号的，离退休后荣誉津贴为300元；荣誉津贴最高标准调整为300元；获得全国劳动模范、先进工作者荣誉称号的人员，离退休后每月发给荣誉津贴为300元；既获得省部级劳动模范、先进工作者荣誉称号又获得全国劳动模范、先进工作者荣誉称号人员，其荣誉津贴按最高标准执行 | 2011.1.14 |
| 浙江省 | 全国劳动模范，每月享受荣誉津贴500元；省部级劳动模范，每月享受荣誉津贴400元；1956—1964年获得省先进生产（工作）者称号的，每月享受荣誉津贴250元；获得多项荣誉称号的，按最高一档标准计发荣誉津贴，不重复享受 | 2014.1.1 |
| 江苏省 | 全国劳模荣誉津贴提高到每人每月300元；省劳模荣誉津贴提高到每人每月200元 | 2014.1.6 |
| 山东省 | 全国劳模每人每月200元；省部级劳模每人每月180元；1979年以前（含1979年）获得上述荣誉称号的，在此基础上每月再增加40元 | 2014.8.1 |
| 南通市 | 全国劳模（包括享受同等待遇人员）荣誉津贴提高到每人每月300元；省劳模荣誉津贴提高到每人每月200元；市劳模荣誉津贴提高到每人每月100元 | 2015.1 |
| 扬州市 | 企业退休并保持荣誉的市劳模原荣誉津贴为120元 | 2015.1.15 |
| 杭州市 | 全国劳动模范，每月享受荣誉津贴500元；省部级劳动模范，每月享受荣誉津贴400元；1956—1964年获得省先进生产（工作）者称号的，每月享受荣誉津贴250元；市劳动模范，每月享受荣誉津贴220元；1955—1965年获得市先进生产（工作）者称号的，每月享受荣誉津贴150元；获得多项荣誉称号的，按最高一档标准计发荣誉津贴，不重复享受 | 2014.1.1 |

① 本表根据各地出台的相关政策制作。

续表

| 地区 | 发放对象和发放标准（单位：人·月） | 实施时间 |
| --- | --- | --- |
| 荆门市 | 全国劳动模范每月荣誉津贴提高到150元；<br>省部级劳动模范每月荣誉津贴提高到100元；<br>市级劳动模范每月荣誉津贴提高到80元 | 2014.1.1 |
| 成都市 | 全国劳动模范荣誉津贴发放标准为200元；<br>省部级劳动模范荣誉津贴发放标准为150元；<br>市级劳动模范荣誉津贴发放标准为100元 | 2015.1.1 |
| 仪征市 | 全国劳动模范每人每月300元；<br>省（部）级劳动模范每人每月200元；<br>扬州市级劳动模范每人每月120元；<br>仪征市级劳动模范每人每月80元 | 2018.5.15 |
| 潍坊市 | 全国劳模每人每月200元；<br>省部级劳模每人每月180元；<br>1979年以前（含1979年）获得上述荣誉称号的，在此基础上每月再增加40元；<br>企业退休的全国劳模、省部级劳模，其荣誉津贴分别为每人每月400元、340元；<br>市级劳模每人每月120元 | 2016.3.4 |
| 青岛市 | 市级劳模由1997年的每人每月100元、90元、80元三档，统一提高至每月每人180元 | 2021.1.1 |

## 四 发放春节慰问金或慰问品

为表示党和国家对离退休干部的关怀、让离退休干部度过愉快、幸福的春节，各地在贯彻落实对离退休干部春节慰问制度的同时，也会根据本地区、本单位的实际情况，发放慰问品或慰问金。各地发放慰问金或慰问品的对象、标准和形式都不尽相同，但通常都是贡献越大，慰问的金额越高。有的地区发放慰问金（品）实行统一标准；有的地区慰问金（品）按照贡献大小实行差别标准，一般来说离退休干部做出的贡献越大，春节发放慰问金（品）的价值越高。如广西桂林恭县春节慰问金按照离休、退休干部实行不同的标准：离休人员（含广西老干部）春节慰问金按2000元/人发放；退休人员春节慰问金按800元/人的标准发放。① 厦门市连续多年在春节期间向离休干部和部分退休干部发放春节慰问金，发放标准按照参加革命时间长短、贡献大小分别发放。以厦门市2020年为离退休干部发放春节慰问金为例，其发放对象与金额详见表6—6。

表6—6　2020年厦门市离退休干部春节慰问金发放情况一览表②

| 发放对象 | 慰问金标准 |
| --- | --- |
| 市属红军时期入伍离休干部 | 2200元 |
| 市属抗日战争时期入伍离休干部（含易地来厦安置在市属单位的离休干部） | 1500元 |
| 市属解放战争时期入伍离休干部（含易地来厦安置在市属单位的离休干部） | 1200元 |
| 市属离休干部的遗属（配偶） | 1500元 |
| 副省级离退休老干部 | 1500元 |
| 市级退休老领导 | 1200元 |
| 市属副厅级及以上退休干部和"5·12"退休干部 | 1000元 |
| 各区离休干部及离休干部遗偶（含异地来厦安置在各区的离休干部及其遗偶）、副厅级及以上退休干部和"5·12"退休干部 | 按上述标准，由所在区财政统筹安排，予以解决 |

### 五　提高遗属生活、困难补助费

为保障国有企业职工死亡后其供养遗属、因工死亡职工供养亲属和计划外长期临时工的基本生活，使他们的生活水平随着经济发展有所提高，浙江省人力资源和社会保障厅、浙江省财政厅于2019年7月30日印发《关于调整企业职工死亡后遗属生活、困难补助费等标准的通知》，适当调整国有企业职工（含离退休人员）死亡后其供养的直系亲属生活困难补助费等标准。

---

①　《关于发放2020机关事业单位离退休人员春节慰问金的通知》，恭县人力资源和社会保障局网站，http://www.gongcheng.gov.cn/zwgk/jcxx/zcwj/bmwj/202001/t20200122_1667864.html，2020-01-22。

②　《关于发放2020老干部春节慰问金（信）的通知》，厦门市委老干部局网站，http://www.xmlgb.gov.cn/bshzhn/3335446.htm，2019-12-26。

在调整国有企业死亡职工遗属生活困难补助费标准上，浙江省采用了对正式职工、计划外长期临时工分别调整的办法；在正式用工内部分为离休、退休人员，在离休人员内部又按照参加革命时间的长短进行调整，即，贡献越大，遗属生活困难补助费越高。

（一）调整国有企业死亡职工遗属生活困难补助费标准

国有企业离休人员死亡后，凡1937年7月6日前参加革命工作的，其生前供养的配偶的生活困难补助费由每人每月2370元调整为每人每月2550元；抗战时期参加革命工作的，其生前供养的配偶的生活困难补助费由每人每月2000元调整为每人每月2150元；解放战争时期参加革命工作的，其生前供养的父母、配偶的生活困难补助费由每人每月1810元调整为每人每月1950元。

国有企业职工（含退休人员）因病或非因工死亡后，其符合供养条件的直系亲属生活困难补助费标准调整为每人每月1125元。

（二）调整因工死亡职工供养亲属抚恤金标准

在调整因工死亡职工供养亲属抚恤金标准上，采用了统一标准。全省企业、机关事业单位、社会团体、民办非企业单位、基金会、律师事务所、会计师事务所等组织和有雇工的个体工商户中，在2018年12月31日前已按规定享受因工死亡职工供养亲属抚恤金的人员，因工死亡职工供养亲属抚恤金每人每月增加110元。调整后，每名因工死亡职工的月供养亲属抚恤金总额不得超过统筹地2018年度在岗职工月平均工资。

（三）调整计划外长期临时工晚年生活补助费标准

考虑到计划外长期临时工的社会贡献和生活状况，浙江省调整了计划外长期临时工晚年生活补助费标准，使其共享经济发展成果。文件规定，凡根据浙劳人险〔84〕218号、〔84〕财企879号、省总工字〔1984〕50号文件规定，领取晚年生活补助费的计划外长期临时工，其生活补助费标准由每人每月1050元提高到1110元。

## 第四节　建立干部荣誉退休制度

为深入贯彻习近平总书记关于老干部工作的重要指示，切实增强退休干部的荣誉感、归属感和幸福感，体现组织的关怀和温暖，一些地方先后探索建立干部荣誉退休制度。

### 一 地方探索干部荣誉退休制度的背景

干部荣誉退休制度是全面贯彻落实习近平总书记关于对老干部要思想上关心、生活上照顾、精神上关怀重要指示的具体举措,是切实体现党内关怀,进一步强化政治引领,引导党员干部树牢"四个意识"、坚定"四个自信"、做到"两个维护",不断增强组织荣誉感、归属感、使命感的重要手段。

### 二 地方探索干部荣誉退休制度的概况

2019年6月6日,山东省淄博市委组织部、市委老干部局、市人力资源和社会保障局三部门联合下发《关于建立干部荣誉退休制度的通知》,在全国市级层面率先推出干部荣誉退休制度。此后山东省青岛市、烟台市等先后跟进。2019年12月,山西省忻州市委组织部、市委老干部局、市人力资源和社会保障局三部门联合出台《关于建立干部荣誉退休制度的通知》,推出10项举措对"干部荣誉退休"作出了翔实规定。2020年3月,吕梁市委组织部、市委老干部局、市人力资源和社会保障局制定印发《吕梁市干部荣誉退休制度》。2020年3月,曲靖市在云南省率先建立干部荣誉退休制度,保山市、德宏州先后建立了干部荣誉退休制度。在黑龙江省,2020年8月,佳木斯市委组织部(老干部局)制定出台《佳木斯市干部荣誉退休制度(试行)》。此后哈尔滨市委组织部、市委老干部局、市人力资源和社会保障局联合印发《关于推行干部荣誉退休制度的通知》。陕西省咸阳市、商洛市、榆林市等先后建立干部荣誉退休制度。2021年3月,河南省漯河市委组织部、漯河市委老干部局、漯河市人力资源和社会保障局联合出台《漯河市干部荣誉退休制度》。漯河市是河南省第一个建立干部荣誉退休制度的城市。

### 三 地方荣誉退休制度的基本内容

各地干部荣誉退休制度的具体内容并不完全相同,如淄博市、德州、烟台市、漯河市、咸阳市的干部荣誉退休制度包括7项内容,宁波市、佳木斯市和青岛市的干部荣誉退休制度包括6项内容,忻州市、德宏州的荣誉退休制度包括 10 项内容，杭州滨江的荣誉退休制度包括 "9 + X" 项内容等。

虽然各地的荣誉退休制度具体内容不完全相同，但基本上都包括退休前谈话、举办荣誉退休仪式、安排服务对接、引导发挥作用、组织健康体检、开展研习培训、加强纪律教育等共性内容，体现对老干部的关怀激励。

各地在干部荣誉退休制度都具有的共性内容之外，有的地方在干部荣誉退休制度上有所创新。如宁波市为退休干部发放装有一本初心纪念本、一封银辉志愿者联合会邀请函、一封社区报到倡议书、一张"银辉闪光耀甬城"光盘、一件《最美"银辉"先进事迹选编》的"初心礼盒"，倡导退休干部自愿到社区报到，鼓励新退休干部加入银辉志愿者联合会，探索实践"银辉"党建模式，引导广大新退休干部离岗不离党、退休不褪色。杭州滨江区为退休干部开通一键干部服务码、明确一名结对服务年轻干部、推送一份乐龄生活指南，创新尝试数字化赋能，推出"干部 e 码"小程序，为退休人员生活提供便捷服务。

# 第 七 章

# 我国退休制度的基本经验、存在的问题及发展趋势

## 第一节 我国退休制度的基本经验

我国退休制度自建立以来，经过70多年的发展、改革和完善，积累了如下基本经验。

### 一 以经济社会条件为基础

退休制度作为一项人事制度，属于上层建筑，退休制度的建设、改革和完善始终以国家的经济状况、人口结构、就业状况以及当时的财政能力为基础，并综合考虑国家、组织和职工三者之间的利益关系。如新中国成立初期，百废待兴，财政底子薄，人口多、失业率高，人均预期寿命短，虽然建立了退休制度，但是退休制度的适用范围极窄。在考虑退休制度历史延续性的基础上，仅在过去有退休金的机关、铁路、海关、邮局等单位实施。而且，退休条件和退休待遇也极低。随着经济社会的发展，退休制度的适用范围才逐步扩大。1951年的《劳动保险条例》就明确指出："特根据目前经济条件，制定本条例。"1953年，修订后的《劳动保险条例》将退休制度范围扩大到工厂、矿场及交通事业的基本建设单位和国营建筑公司；1956年，国务院将《劳动保险条例》实行范围进一步扩大到商业、外贸、粮食、供销、金融、民航等部门。在退休待遇上，更是与经济社会发展程度相关联，在新中国成立初期，退休金的水平只有退休前月工资的三分之一。但是，经济状况好转后逐渐提高退休金水平，如1953年，退

休金水平提高到退休前本人月工资的50%—70%。改革开放后,随着经济社会发展,进一步提高退休金的水平到本人工资的60%—90%。在退休安置方面,在计划经济时代,退休人员安置主要面向农村;随着市场经济的建立、户籍制度改革,退休人员面向农村安置的措施退出了历史舞台。

## 二 遵循正确的价值导向

我国退休制度建设过程中遵循正确的价值导向。一是坚持权利与义务并重原则。从法律的维度看,我国将退休既作为宪法赋予劳动者的一项基本经济权利,又是要求劳动者在年老、不具备劳动能力的情况下应该履行退出工作岗位的义务,而且,享受退休权利要以履行义务为前提。二是遵循退休待遇与贡献相匹配的原则。退休后享受待遇的高低与劳动者贡献的大小相匹配,体现在离休待遇高于退休待遇,退休待遇高于退职待遇;相对于普通退休人员,作出特殊贡献的劳动者享受特殊待遇,如获得全国劳动英雄、劳动模范称号、"两航"起义人员、高级专家以及在西藏、青海高海拔等地工作干部等提高5%—15%的退休待遇。[①] 三是体现人文关怀。国家对从事井下、高空、高温、特别繁重、有毒有害等特殊工种、因工伤残等特殊群体实行提前退休制度,对因工致残的干部、工人,高龄退休人员等特殊群体在退休待遇上给予格外照顾,体现了社会主义制度优越性。

## 三 与相关领域改革相协同

退休制度作为人事制度的重要环节,在制度的建立、发展及改革过程中与相关领域的改革相协同。如1951年建立退职制度与国家根据紧缩编制的任务,对编余的老弱病残人员妥善安置工作相协同;1962年,精减职工时期,退休制度与精减职工的任务相协同;1982年正式建立老干部退休制度,与当时精兵简政、破除领导职务终身制,建设老、中、青三结合的、精干的领导班子相协同。近年来,随着我国社会主义市场经济建立,工资制度改革、养老保险制度改革、公务员制度建立和完善,退休制

---

[①] 机关事业单位养老保险制度改革后,改变了高级专家退休原来提高待遇5%—15%退休金的做法,改为一次性发放。

度也随之进行调整,如退休待遇与缴费年限相挂钩,退休人员待遇的提高与在职人员的工资改革和调整相协同等。

### 四 以渐进方式推进制度建设

我国现行的退休制度是从无到有,由粗到细,逐步建立、完备起来的,在改革的策略上实行渐进的改革方式。在退休条件的影响因素上实行渐进、逐步调整。退休条件在建国初期只有年龄、工龄两个因素,随着劳动保险制度的建立,退休条件逐步改革为性别、年龄和工龄三个因素,继而增加到性别、身份、年龄、工龄四个因素。随着养老保险制度的实施,退休条件的影响因素调整为性别、身份、年龄和最低缴费年限四个因素。在退休待遇提高方面,同样采取了渐进的方式,退休金的比例逐步提高。建国初退休金仅为本人月工资的三分之一,最高不超过六个月工资;1951年实行劳动保险条例时,退休金提高到本人工资的35%—60%,1953年提高到本人工资的50%—70%,到了1978年提高到本人工资的60%—90%。养老保险制度改革的推进也是渐进的方式,最初从企业出发,然后逐步扩大到机关和事业单位;基本养老金的统筹也是逐步推进,最初实行市县统筹,逐步发展到省级统筹,然后向全国统筹的方向发展等。

## 第二节 我国退休制度存在的主要问题

我国退休制度从建立至今已经有70多年的历程,从适应经济社会发展新形势的角度看,现行退休制度在适用范围较窄、人事分类体现不足、退休条件严重滞后于时代、影响退休待遇因素复杂、退休方式较为单一以及退休法制建设滞后等问题,亟待解决。

### 一 退休制度的适用范围较窄

《关于安置老弱病残干部的暂行办法》和《国务院关于工人退休、退职的暂行办法》规定退休制度的适用范围是机关、事业单位、企业和人民团体。其中,将"企业"限定为全民所有制企业和集体所有制企业,可见,退休制度的适用范围较窄。随着我国社会主义市场经济的建立和企业经营方式的不断创新,企业以各种组织形式出现。在这种情况下,以全民所有制和集体所有制为尺度来划分企业的组织形式已经远远不适合时代发展的需要。以我国现行的企业经济类型为例，企业可分为国有企业、国有控股企业、外资企业、合资企业、私营企业。此外，当数字经济、平台经济、"零工"经济、共享经济等新经济形态纷纷出现后，劳动者的就业方式和就业类型也发生了明显变化，既有固定的、中长期的就业形式；也有临时的、季节性的、在线的、弹性的等多种就业形式。因此，随着社会经济活动方式和就业方式的变化，退休制度的适用范围应随之相应地调整、扩大。

**二　人事分类体现不足**

退休制度作为人事制度的重要内容，应将人事分类的思想贯彻于制度设计中。但是，长期以来，我国的退休制度设计始终围绕着干部、工人建立统一的退休制度或者单独的退休制度之间来回变换，按照劳动者的身份进行简单分类，退休制度尚未实现从身份管理向分类管理进行转变。党的十三大提出：现行干部人事制度仍然存在一些重大缺陷，主要是："国家干部"这个概念过于笼统，缺乏科学分类……进行干部人事制度的改革，就是要对"国家干部"进行合理分解，改变集中统一管理的现状，建立科学的分类管理体制；改变用党政干部的单一模式管理所有人员的现状，形成各具特色的管理制度。此后，我国建立了企业人事管理制度、公务员制度和事业单位人事制度，但是退休制度却没有体现相应的分类理念，而是沿用企业、机关和事业单位实行统一的退休制度；随着公务员分类管理的持续推进，建立了行政执法类、综合管理类、专业技术类以及客观存在的法官/检察官类四大类别，但是，公务员退休仍然实行统一的退休制度，并没有体现出分类色彩。

**三　退休条件严重滞后于时代发展**

退休是劳动者无法满足工作所需要的身体条件，退出工作岗位进行休养。我国现行的退休条件包括年龄条件和身体条件，而年龄条件的实质就是身体条件。虽然身体条件存在个体差异，但是达到一定的年龄后，劳动者的观察能力、思维能力、行动能力都会下降，基本上不具备履职所需的身体条件。为了整齐划一，将退休条件统一为年龄条件和身体条件。我国现行的退休条件是20世纪50年代确定的，1951年颁布实施的《劳动保险条例》规定的退休年龄为男性六十岁、女性五十岁。1955年颁布《国家机关工作人员退休处理暂行办法》将女干部的退休年龄提高到五十五岁。对于在井下、高空、高温、特别繁重、有毒有害等特殊工种实行的退休年龄更低，男性年满五十五岁，女性年满四十五岁。这与当时实行较低的退休条件与解放初我国工业生产条件差、人均预期寿命低、国民健康状况不高现实紧密相关。解放初期，我国人均预期寿命只有三十五岁。随着新中国成立已70余年，社会生产条件大为改善，广泛实行机械化、自动化生产；随着医疗水平、教育水平的提高，国民健康状况明显提高，到2019年年底，我国人均预期寿命已达到77.3岁。在这种情况下，依然采用20世纪50年代使用的退休条件，明显不符合实际。

**四 影响退休待遇因素复杂**

我国干部退休待遇的影响因素与不同时期的退休政策直接相关，影响因素日趋复杂。建国初期《退休人员处理办法》规定，退休待遇与退休前本人工资和工龄长短直接相关；每工作一年发给退休前月工资的三分之一，累计应发的退休金最高不得超过本人六个月的工资；而1958年《退休处理暂行规定》退休待遇除了与退休前本人工资、连续工龄有关外，还考虑了劳动者的特殊贡献；1978年《关于安置老弱病残干部的暂行办法》规定的退休待遇与参加革命时间、本人的标准工资、工龄长短相关；我国实行企业、机关和事业单位养老保险制度改革后，退休待遇的确定规则发生重要改变，退休待遇的高低与本人累计缴费年限长短、平均缴费工资指数、缴费基数、参保人员退休时当地上一年度职工月平均工资、退休年龄、城镇人口平均预期寿命、财政补贴等多种因素挂钩，影响因素日趋复杂。退休待遇调整平衡多方利益，实行定额调整、挂钩调整与适当倾斜相结合的办法，导致退休待遇与身份、地区直接相关，待遇调整因素日趋复杂。而且，在调整幅度上，也经常受制于财力的影响，钱多多调、钱少少调的情况时有发生，尚未遵循退休制度自身的发展规律。

**五 退休方式较为单一且缺乏弹性**

我国现行的退休方式虽然包括法定退休、提前退休、延迟退休三种方式，但是提前退休的适用范围较窄，延迟退休仅仅适用于具有特殊身份如院士、政协委员等，对于普通干部可选择的退休方式较为单一。以提前退休为例，提前退休只适用于特殊工种，或者达到一定年龄、工龄条件的公务员，以及机关事业单位县处级女干部和具有高级职称的女性专业技术人员。绝大部分职工没有选择提前退休和延迟退休的机会。而且，退休方式规定缺乏弹性，如县处级女干部和具有高级职称的女性专业技术人员，如果选择提前退休，只有在五十五岁当年提出提前退休的申请，否则一旦当年未提出申请则意味着放弃提前退休，就必须工作到六十岁退休。

**六　退休法制建设滞后**

退休制度作为劳动者劳动权和休息权的体现，关系干部职工的切身利益，需要有完善的法律制度加以保障。虽然，我国宪法明确规定了"国家依照法律规定实行企业事业组织的职工和国家机关工作人员的退休制度。退休人员的生活受到国家和社会的保障"。但是，改革开放以来，我国退休制度一直以政策或者国务院规范性文件的形式体现的，立法层次较低，如《关于安置老弱病残干部的暂行办法》《关于建立统一的企业职工基本养老保险制度的决定》《关于机关事业单位工作人员养老保险制度改革的决定》等，缺乏专门退休条件、退休待遇以及退休待遇调整机制的法律制度，短期的、局部的、针对特殊群体的地方性政策'打补丁'较多，导致不同地区、不同单位、甚至不同群体退休待遇差距较大，容易引发社会不公平问题。

## 第三节　我国退休制度的发展趋势

随着我国经济社会的发展和人事制度改革的推进，建立符合我国国情和人事管理规律的退休制度已经成为当务之急。"十四五"规划和2035年远景目标提出："实施积极应对人口老龄化国家战略，积极开发老龄人力资源……实施渐进式延迟法定退休年龄。"[①] 因此，我国未来退休制度

---

[①]《中共中央关于制定国民经济和社会发展第十四个五年规划和二〇三五年远景目标的建议》，《人民日报》2021年1月4日。

的发展趋势要体现社会主义制度的优越性,充分考虑我国人口结构方面的变化,将其放置于人才强国战略、健康中国战略、老龄化国家战略等多重国家战略背景下,既要考虑到国家经济社会高质量发展对人才资源的需求、人民群众对美好生活的向往,又要遵循人事管理的基本规律。

坚持以人民为中心的理念,按照发展为了人民、发展依靠人民、发展成果由人民共享的原则改革完善我国退休制度;退休制度作为人事制度,要将其放置于人事制度改革框架下系统思考、协同推进,加强退休制度与分类管理、选拔任用制度、工资制度、考核制度及养老保险制度的关联协同;坚持动态渐进改革方式,退休制度的调整与完善要与经济社会发展状况和职业发展多元化、动态化相适应,在退休制度适用范围、退休条件、退休待遇等方面实行渐进式改革;加强退休制度法律体系建设,提高退休制度的刚性约束;在退休待遇与财政保障关系上,从财政保障约束退休制度建设到退休制度建设引导财政保障的转变。

## 一 扩大退休制度的适用范围

从我国退休制度的历史发展脉络视角来看,退休制度的范围要逐步扩大。随着我国城镇化进程加快,劳动组织形态的变化和劳动者就业形式多样化的现实,以及养老保险制度的全覆盖要求除了城乡居民以外的劳动者均应纳入基本养老保险的制度范围。因此,扩大退休制度的适用范围,将城镇各类就业人员纳入基本养老保险制度内,包括快递员、个体工商户、平台经济、自谋职业等各类就业人员和进城务工的农民纳入退休制度的适用范围是未来的发展趋势之一。

## 二 体现人事分类的基本理念

人事分类是人事管理的基础,分类是为了实现更好的管理。按照分类管理的理念,我国退休制度也从"大一统"的退休制度逐步开始分化,形成了依照干部、工人不同身份实行不同的退休制度的做法。随着干部分类管理的需要,建立了符合机关、事业单位、企业各自特点的人事制度。退休制度作为人事制度的重要内容之一,也需要与人事制度的前端环节相协同。对于公务员,随着分类管理的深化,逐步建立符合不同职位类别特点的退休制度,如法官/检察官进入门槛较高、受教育时间长、工作经验随着年龄增长不断提高，可适当提高退休年龄；如警察和行政执法类公务员，基层一线、户外工作时间长，经常加班，身体损耗大，适当降低其退休年龄以体现对其身心健康的关照；对于事业单位种类繁多，知识分子密集，人力资本较高，可以实行更加灵活的、符合行业特点的退休制度，如医生、教师、科研人员的退休制度。企业则按照行业特征、岗位类别建立职工退休制度，或许是未来退休制度发展的趋势之一。

### 三　延迟退休年龄

在调整退休年龄上，要充分考虑我国人口年龄结构和文化结构的实际情况。据第七次全国人口普查报告显示：我国15—59岁人口为894376020人，占63.35%；60岁及以上人口为264018766人，占18.70%，其中65岁及以上人口为190635280人，占13.50%。与2010年第六次全国人口普查相比，15—59岁人口的比重下降6.79个百分点，60岁及以上人口的比重上升5.44个百分点，65岁及以上人口的比重上升4.63个百分点。人口年龄结构的明显变化为我国调整退休条件敲响了警钟。

同样，与2010年第六次全国人口普查相比，全国人口中，15岁及以上人口的平均受教育年限由9.08年提高至9.91年；每10万人中拥有大学文化程度的由8930人上升为15467人[1]；1990年第四次全国人口普查公报显示，每10万人中具有大学程度的有1422人[2]；而1982年第三次全国人口普查公报显示，每10万人具有大学文化程度的人只有599人[3]；由于受教育程度的普遍提高，尤其是受大学教育的人口剧增，意味着在现有的退休年龄制度下，工作时间减少得更多。这也意味着，人力资源没有被充分利用。

从预期寿命看，人口预期寿命持续提高。我国近十年经济社会快速发展，人民生活水平不断提高，医疗卫生条件大幅改善，人民群众健康条件明显改善。"在我国60岁及以上人口中，60—69岁的低龄老年人口占

---

[1]《第七次全国人口普查公报》。
[2]《第五次全国人口普查公报》。
[3]《第三次全国人口普查公报》。

55.83%，这些低龄老年人大多具有知识、经验、技能的优势，身体状况还可以，发挥余热和作用的潜力较大。"① 从 1981 年到 2020 年，我国人均预期寿命大幅提高，从 67.77 岁提高到 77.30 岁，人均预期寿命提高了近十岁，具体变化详见表 7—1。因此，按照国家"十四五"规划纲要的要求，既要借鉴国际通行做法和经验，更要综合考虑人均预期寿命提高、人口老龄化趋势加快、受教育年限增加、劳动力结构变化等因素，按照小步调整、弹性实施、分类推进、统筹兼顾等原则，逐步延迟法定退休年龄，是退休制度发展的又一趋势。

表 7—1　　　　　　我国人均预期寿命变化一览表②

| 年份 | 预期寿命（单位：岁） |
| --- | --- |
| 1981 | 67.77 |
| 1990 | 68.55 |
| 2000 | 71.40 |
| 2010 | 74.83 |
| 2020 | 77.30③ |

**四　建立明确的退休待遇调整机制**

退休待遇是基本民生问题，既是政治问题，又是经济问题，关系到生产与消费，涉及兼顾效率与公平。习近平总书记多次指示："全面落实以人民为中心的发展思想，不断提高保障和改善民生水平。在发展中补齐民生短板，在老有所养上不断取得新进展，保证全体人民在共建共享发展中有更多获得感。"④ 因此，退休待遇是对职工付出劳动的补偿，既要坚持贡献与收益匹配，又要让广大退休人员适当分享经济社会发展成果，并充

---

① 《第七次全国人口普查主要数据结果新闻发布会答记者问》，国务院新闻办公室网站，http://www.stats.gov.cn/ztjc/zdtjgz/zgrkpc/dqcrkpc/ggl/202105/t20210519_1817702.html，2021-06-03。

② 《我国平均人口预期寿命达到 74.83 岁》，国务院全国第六次人口普查领导小组办公室，http://www.stats.gov.cn/tjsj/tjgb/rkpcgb/qgrkpcgb/201209/t20120921_30330.html，2012-09-21。

③ 第七次全国人口普查数据没有公布平均预期寿命，这个数据使用《2019 年我国卫生健康事业发展统计公报》。

④ 《人社部相关负责人就 2019 年调整基本养老金答记者问》，中央人民政府网，http://www.gov.cn/zhengce/2019-03/20/content_5375307.htm，2021-05-14。

分考虑退休人员长远权益。因此，退休待遇调整在明确相关影响因素的基础上，确定各个影响因素与国民经济各指标的关联或调整比例，当经济发展指标发生变化时，退休待遇自然随之调整，降低人为因素影响，提高退休制度的确定性和规范性。在退休待遇调整与财政的关系上，改变由财政能力引导待遇调整的做法，向制度调整引导财政保障的方向发展。

### 五　建立多种退休方式提高制度弹性

探索建立自愿提前退休、申请延迟退休、法定强制退休等多种退休形式。由于不同类型组织的职能任务和人员配置要求不同，不同群体对提前退休和延迟退休的诉求也具有多样性，退休制度相应地也应具有弹性选择的区间。在满足基本要求的基础上，充分考虑组织对人力资源的需求情况，以及劳动者的继续工作的能力和意愿，在达成合意的基础上，实行弹性退休方式。通过经济手段建立激励约束机制，赋予劳动者在工作与闲暇之间更多的选择权，使自愿提前退休的人能够退休；乐于工作且组织需要的人可以延迟退休，这也是未来退休制度的发展趋势之一。

### 六　加快推进退休制度立法

关于《中共中央关于全面推进依法治国若干重大问题的决定》的说明指出："法律是治国之重器，法治是国家治理体系和治理能力的重要依托。"[①]《法治社会建设实施纲要（2020—2025年）》提出："完善社会重要领域立法。完善教育、劳动就业、收入分配、社会保障、医疗卫生、食品药品、安全生产、道路交通、扶贫、慈善、社会救助等领域和退役军人、妇女、未成年人、老年人、残疾人正当权益保护等方面的法律法规，不断保障和改善民生。"退休制度关系到每一个职工的劳动权利、社会保险权益，需要有明确的法律制度来加以贯彻、实施和保障，因此，加快推进退休制度方面的立法，包括对退休年龄、退休待遇、退休待遇调整、退休管理服务等内容做出专门规定或制定专门法律，也是退休制度未来的发展趋势之一。

---

① 习近平：《论坚持全面依法治国》，中央文献出版社2020年版，第85页。

# 中华人民共和国成立以来
# 关于退休的法令规章

    1. 《中央人民政府政务院财政经济委员会关于退休人员处理办法的通知》（1950.3）

    2. 《全国铁路邮电职工疾病伤残补助试行办法》（1950.6）

    3. 《中华人民共和国劳动保险条例》（1951.2）

    4. 《中央人民政府内务部关于1951年内处理革命工作人员退职办法》（1951.11）

    5. 《政务院财政经济委员会颁发国营企业工人职员退职处理暂行办法（草案）》（1952.1）

    6. 《中央人民政府人事部关于颁发各级人民政府工作人员退职处理暂行办法的通知》（1952.10）

    7. 《关于中华人民共和国劳动保险条例若干修正的决定》（1953.1）

    8. 《中华人民共和国劳动保险条例（修正）》（1953.1）

    9. 《中华人民共和国劳动保险条例实施细则》（1953.1）

    10. 《国务院关于国家机关工作人员退休暂行办法》（1955.12）

    11. 《国务院关于国家机关工作人员退职暂行办法》（1955.12）

    12. 《国务院关于颁发国家机关工作人员退休、退职、病假期间待遇等暂行办法和计算工作年限暂行规定的命令》（1955.12）

    13. 《国务院关于国家机关工作人员病假期间生活待遇试行办法》（1955.12）

    14. 《国务院关于国家机关工作人员退休和工作年限计算等几个问题的补充通知（1955.12）

    15. 《国务院关于同意国家机关工作人员退休后仍享受公费医疗待遇

给卫生部的批复》（1956.6）

16.《国务院关于参事室和文史馆馆员不适用退休退职等办法的通知》（1956.6）

17.《国务院人事局、卫生部、内务部为国家机关工作人员退休后仍应享受公费医疗待遇的通知》（1956.8）

18.《卫生部关于国家机关工作人员退休后仍享受公费医疗待遇的几点补充通知》（1956.12）

19.《国务院关于工人、职员退休处理的暂行规定》（1957.11）

20.《关于〈国务院关于工人、职员退休处理的暂行规定（草案）〉的说明》（1957.11）

21.《国务院关于工人职员退职处理的暂行规定（草案）》（1958.3）

22.《关于〈国务院关于工人、职员退职处理的暂行规定（草案）〉的说明》（1958.3）

23.《中共中央关于安排一部分老干部担任各种荣誉职务的通知》（1958.6）

24.《中共中央关于精减职工工作若干问题的通知》（1961.6）

25.《中共中央　国务院关于进一步精减职工和减少城镇人口的决定》（1962.5）

26.《中央精减小组办公室关于精减职工安置办法的若干规定》（1962.7）

27.《中共中央　国务院关于全部完成和力争超额完成精减任务的决定》（1963.2）

28.《中共中央关于国家机关和企业、事业单位精减干部的安置处理办法的补充规定》（1963.3）

29.《内务部关于符合长期供养条件人员退休时其退休费标准问题的通知》（1963.10）

30.《国务院关于精减退职的老职工生活困难救济问题的通知》（1965.6）

31.《内务部关于精减退职的老职工生活困难救济工作中若干问题的解答》（1965.9）

32.《内务部关于〈中共中央关于国家机关和企业、事业单位精减干

部的安置处理办法的补充规定〉的问题解答》（1964.4）

33.《关于手工业厂、社职工、社员退休福利统筹办法（试行草案）》（1966.4）

34.《第二轻工业部、全国手工业合作总社关于轻、手工业集体所有制企业职工、社员退休统筹暂行办法》（1966.4）

35.《国务院关于安置老弱病残干部的暂行办法》（1978.5）

36.《国务院关于安置老弱病残干部的暂行办法的说明》（1978.5）

37.《国务院关于工人退休、退职的暂行办法》（1978.5）

38.《国务院关于工人退休、退职的暂行办法的说明》（1978.5）

39.《国家劳动总局关于贯彻执行〈国务院关于工人退休、退职的暂行办法〉的若干具体问题的处理意见（草案）》（1978.9）

40.《国务院批转商业部、财政部、供销合作总社、国家劳动总局关于合作商店实行退休办法的报告的通知》（1978.9）

41.《国家劳动总局关于贯彻执行国务院关于工人退休、退职的暂行办法中几个具体问题的解答意见》（1978.9）

42.《中共中央组织部关于加强老干部工作的几点意见的通知》（1978.12）

43.《卫生部关于集体卫生人员实行退休退职有关问题的通知》（1979.9）

44.《国务院关于提高主要副食品销价后发给职工副食品价格补贴的几项具体规定》（1979.10）

45.《国务院关于老干部离职休养的暂行规定》（1980.10）

46.《中共中央组织部关于在春节期间开展慰问老干部活动的通知》（1980.12）

47.《国务院关于严格执行工人退休、退职暂行办法的通知》（1981.11）

48.《中共中央关于建立老干部退休制度的决定》（1982.2）

49.《民政部　财政部关于进一步做好精减退职老职工生活困难救济工作的通知》（1982.3）

50.《国务院关于发布老干部离职休养制度的几项规定的通知》（1982.4）

51. 《国务院关于提高主要副食品销价后发给职工副食品价格补贴的几项具体规定》(1982.4)

52. 《中央组织部关于妥善安排退出现职的老干部的意见》(1982.6)

53. 《劳动人事部关于严格掌握干部退休、退职条件及加强干部退休、退职后的管理工作的通知》(1982.8)

54. 《中央组织部、劳动人事部印发〈关于确定建国前干部参加革命工作时间的规定〉的通知》(1982.9)

55. 《劳动人事部关于发布〈贯彻国务院关于老干部离职休养规定中具体问题的处理意见〉的通知》(1982.10)

56. 《中共中央组织部关于行政十四级、十八级以上干部离休后分别按司局级和处级待遇的通知》(1982.11)

57. 《劳动人事部关于建国前参加工作的老工人退休待遇的通知》(1983.1)

58. 《关于"贯彻国务院关于老干部离职休养规定中具体问题的处理意见"的问题解答》(1983.5)

59. 《劳动人事部印发〈关于离休干部健康休养的几项规定〉的通知》(1983.5)

60. 《国务院办公厅转发劳动人事部关于中央和国家机关离休干部生活待遇问题的补充规定的通知》(1983.5)

61. 《劳动人事部印发〈关于"贯彻国务院关于老干部离职休养规定中具体问题的处理意见"的问题解答〉的通知》(1983.5)

62. 《劳动人事部关于离休干部参观工农业建设项目的通知》(1983.5)

63. 《劳动人事部 财政部关于提高职工退休费、退职生活费的最低保证数的规定》(1983.6)

64. 《劳动部 人事部关于职工工资、保健、福利等问题给青海省人民政府的复函》(1983.8)

65. 《国务院关于高级专家离休退休若干问题的暂行规定》(1983.9)

66. 《国务院关于延长部分骨干教师、医生、科技人员退休年龄的通知》(1983.9)

67. 《劳动人事部关于贯彻执行〈国务院关于高级专家离休退休若干

问题的暂行规定〉的说明》(1983.12)

68.《劳动人事部关于贯彻执行〈国务院关于延长部分骨干教师、医生、科技人员退休年龄的通知〉的说明》(1983.12)

69.《劳动人事部关于印发〈贯彻执行"关于中央和国家机关离休干部生活待遇问题的补充规定"中的几个具体问题的处理意见〉的通知》(1984.2)

70.《国务院办公厅转发海关总署关于提高原九龙关起义人员中有特殊贡献人员退休费的请示的通知》(1984.8)

71.《中共中央组织部、劳动人事部关于国营企业非国家机关行政级干部离休后分别享受司局级、处级待遇的通知》(1984.10)

72.《中共中央、国务院关于严禁党政机关和党政干部经商、办企业的决定》(1984.12)

73.《国务院关于发给离休退休人员生活补贴费的通知》(1985.1)

74.《劳动人事部关于改由各主管部门审批提前退休工种的通知》(1985.3)

75.《国务院关于发给离休退休人员生活补贴费的补充通知》(1985.4)

76.《中共中央组织部 劳动人事部关于工资改革后离休的部分老干部待遇问题的通知》(1985.9)

77.《国务院工资制度改革小组、劳动人事部关于提高工资区类别后如何计发离休、退休、退职待遇问题的复函》(1985.11)

78.《国务院关于高级专家退休问题的补充规定》(1986.2)

79.《民政部 财政部关于调整军人、机关工作人员、参战民兵民工因公牺牲、病故一次抚恤金标准的通知》(1986.3)

80.《国家科委关于高级专家离休退休问题的几点说明》(1986.5)

81.《劳动人事部保险福利局关于在企业工资改革中退休、退职人员的退休费、退职生活费可否相应提高问题的复函》(1986.7)

82.《中共中央办公厅 国务院办公厅转发〈关于发挥离休退休专业技术人员作用的暂行规定〉的通知》(1986.10)

83.《卫生部关于护龄津贴、教龄津贴计入离休、退休费基数的通知》(1986.11)

84.《劳动人事部 财政部关于调整离休退休人员护理费标准的通知》(1986.11)

85.《国家教育委员会关于教龄津贴、护士工龄津贴作为计发离休、退休费待遇的通知》(1986.12)

86.《中共中央 国务院关于进一步制止党政机关和党政干部经商、办企业的规定》(1986.2)

87.《中央组织部 劳动人事部关于女干部离休退休年龄问题的通知》(1987.5)

88.《民政部办公厅关于继续做好六十年代初精减退职老职工救济工作的通知》(1987.6)

89.《劳动人事部关于西藏离休退休人员几项待遇问题的答复》(1988.1)

90.《关于提高有突出贡献的高级专家退休费标准的补充规定》(1988.5)

91.《劳动部 人事部 财政部 全国总工会关于发给离退休人员生活补贴费的通知》(1988.5)

92.《劳动部关于严格掌握企业职工退休条件的通知》(1988.10)

93.《中共中央组织部 人事部关于认真执行干部退(离)休制度有关问题的通知》(1988.8)

94.《中共中央办公厅 国务院办公厅关于县以上党和国家机关退(离)休干部经商办企业问题的若干规定》(1988.10)

95.《人事部关于严格执行退休干部享受特殊贡献待遇规定的通知》(1989.7)

96.《国务院批转劳动部 国家计委 财政部关于一九八九年国营企业工资工作和离退休人员待遇问题安排意见通知的通知》(1989.12)

97.《国务院批转人事部 国家计委 财政部一九八九年调整国家机关、事业单位工作人员工资实施方案的通知》(1989.12)

98.《人事部关于高级专家退(离)休有关问题的通知》(1990.2)

99.《中共中央组织部 人事部 公安部关于办理干部退(离)休等手续时认定出生日期问题的通知》(1990.8)

100.《中共中央组织部关于进一步加强老干部工作的通知》

（1990.9）

101.《民政部　财政部关于军队和国家机关离退休人员死亡后计发一次性抚恤金应包括项目的通知》（1991.4）

102.《财政部　劳动部　人事部　民政部　国家教委关于提高粮油统销价格和适当增加职工工资等问题的通知》（1991.4）

103.《国务院关于企业职工养老保险制度改革的决定》（1991.6）

104.《国务院办公厅关于杰出高级专家暂缓离退休审批问题的通知》（1991.7）

105.《国务院关于调整机关、事业单位工作人员工龄津贴标准的通知》（1991.12）

106.《劳动部　国务院生产办　国家体改委　人事部　全国总工会关于深化企业劳动人事、工资分配、社会保险制度改革的意见》（1992.1）

107.《人事部关于离退休人员待遇有关问题的通知》（1992.2）

108.《国务院关于机关、事业单位离退休人员增加离退休费的通知》（1992.5）

109.《国务院关于企业离退休人员加增离退休金的通知》（1992.5）

110.《中共中央组织部　人事部印发〈关于加强干部退休工作的意见〉的通知》（1992.5）

111.《人事部　财政部关于调整国家机关、事业单位因公致残人员护理费标准的通知》（1993.1）

112.《中央组织部　人事部　财政部　中央直属机关事务管理局、国务院机关事务管理局关于调整中央、国家机关离休干部护理费发放范围和交通费定额包干标准的通知》（1992.7）

113.《劳动部关于严格按规定办理职工退休的通知》（1993.2）

114.《国有企业富余职工安置规定》（1993.4）

115.《劳动部关于做好离退休人员管理服务工作的通知》（1993.7）

116.《劳动部关于加强提前退休工种审批工作的通知》（1993.7）

117.《国务院办公厅关于做好国有企业职工和离退休人员基本生活保障工作的通知》（1993.11）

118.《国务院关于调整企业离退休人员离退休金的通知》（1994.2）

119.《财政部　国家税务总局〈关于个人所得税若干政策问题〉的

通知》（1994.5）

120.《国务院办公厅关于调整企业离退休人员离退休金有关问题的通知》（1994.5）

121.《民政部　人事部　财政部关于工资制度改革后国家机关工作人员死亡一次性抚恤金计发问题的通知》（1994.7）

122.《国务院关于在若干城市试行国有企业破产有关问题的通知》（1994.10）

123.《劳动部关于解决部分困难企业离退休人员基本生活问题的通知》（1994.11）

124.《中央组织部　人事部关于继续抓紧办理干部退（离）休手续问题的通知》（1995.3）

125.《中共中央组织部　财政部　人力资源和社会保障部关于企业和事业单位离休干部病故一次性抚恤金有关问题的通知》

126.《国务院关于深化企业职工养老保险制度改革的通知》（1995.3）

127.《劳动部关于进一步做好破产企业、困难企业职工和离退休人员基本生活保障工作的通知》（1995.5）

128.《劳动部关于不得对企业离退休人员采取一次性结算离退休金的通知》（1995.6）

129.《劳动部　财政部关于1995年调整企业离退休人员基本养老金的通知》（1995.8）

130.《国务院关于机关、事业单位离退休人员增加离退休费的通知》（1995.12）

131.《劳动部　财政部关于做好企业离退休人员生活保障工作的通知》（1995.12）

132.《民政部关于立功和获得荣誉称号的人民警察死亡后增发一次性抚恤金问题的通知》（1996.8）

133.《中共中央办公厅　国务院办公厅关于进一步解决部分企业职工生活困难问题的通知》（1996.10）

134.《劳动部　财政部关于1996年调整企业离退休人员基本养老金的通知》（1996.10）

135.《劳动部关于进一步做好困难企业离退休人员基本生活保障工作的通知》(1996.12)

136.《中共中央组织部关于印发关于加强离退休干部党支部建设的意见的通知》(1997.3)

137.《国务院关于建立统一的企业职工基本养老保险制度的决定》(1997.7)

138.《劳动部办公厅关于特殊工种提前退休问题的复函》(1997.8)

139.《人事部关于全国先进工作者退休后可否享受全国劳动模范待遇问题的复函》(1997.11)

140.《中共中央组织部 财政部 人事部 劳动和社会保障部关于调整因瘫痪等原因生活长期完全不能自理的离休干部护理费标准的通知》(1998.7)

141.《关于调整中央国家机关离休干部护理费标准的通知》(1998.8)

142.《中央组织部关于提高部分离休干部医疗待遇的通知》(1999.7)

143.《国务院办公厅转发人事部财政部关于调整机关事业单位工作人员工资标准和增加离退休人员离退休费三个实施方案的通知》(1999.8)

144.《财政部 劳动和社会保障部关于补发原行业统筹企业拖欠离退休人员基本养老金有关问题的通知》(1999.9)

145.《国务院办公厅关于继续做好确保国有企业下岗职工基本生活和企业离退休人员养老金发放工作的通知》(2000.2)

146.《国务院关于切实做好企业离退休人员基本养老金按时足额发放和国有企业下岗职工基本生活保障工作的通知》(2000.5)

147.《财政部 劳动和社会保障部关于补发原行业统筹企业拖欠离退休人员基本养老金有关问题的通知》(2000.10)

148.《中共中央组织部 财政部 劳动和社会保障部关于一次性补发拖欠离休干部离休费、医药费有关问题的通知》(2000.12)

149.《关于中央国家机关离退休人员离退休费和离退休干部管理机构人员工资实行统一发放的通知》(2000.12)

150.《中共中央办公厅　国务院办公厅关于转发〈中央组织部　国家经贸委　财政部人事部　劳动和社会保障部　卫生部关于落实离休干部离休费、医药费的意见〉的通知》（2000.12）

151.《劳动和社会保障部　财政部　人事部关于解决两航起义人员退休待遇问题的通知》（2000.12）

152.《民政部、财政部关于调整一次性抚恤金发放办法的通知》（2001.9）

153.《人事部　财政部关于增加机关、事业单位离退休人员离退休费的实施方案》（2001.9）

154.《劳动和社会保障部　财政部关于提高企业离休人员基本养老金水平的通知》（2001.9）

155.《劳动和社会保障部办公厅关于对离休人员、建国前老工人增发生活补贴计发基数问题的复函》（2002.5）

156.《中共中央组织部　人事部　财政部　劳动和社会保障部关于调整离休干部特需经费标准的通知》（2002.5）

157.《中共中央办公厅　国务院办公厅关于积极推进企业退休人员社会化管理服务工作的意见》（2003.6）

158.《中共中央组织部办公厅　财政部办公厅　劳动和社会保障部办公厅关于印发离休干部"两费"保障工作的基本要求的通知》（2003.6）

159.《劳动部　人事部　财政部　科技部关于转制单位部分人员延缓退休有关问题的通知》（2004.4）

160.《中央组织部　中央宣传部　中央统战部　人事部　科技部　劳动保障部　解放军总政治部　中国科协关于进一步发挥离退休专业技术人员作用的意见》（2005.2）

161.《国务院关于完善企业职工基本养老保险制度的决定》（2005.12）

162.《中共中央组织部印发关于进一步加强和改进离退休干部党支部建设工作的意见的通知》（2006.5）

163.《民政部　人事部　财政部关于国家机关工作人员及离退休人员死亡一次性抚恤发放办法》的通知（2007.5）

164.《中共中央组织部　财政部　人事部　劳动和社会保障部关于提高红军时期参加革命工作的离休干部护理费的通知》(2007.7)

165.《关于进一步加强新形势下离退休干部工作的意见》(2008.3)

166.《中共中央纪律检查委员会　中共中央组织部关于印发关于退出现职、接近或者达到退休年龄的党政领导干部在企业兼职、任职有关问题的意见的通知》(2008.4)

167.《中共中央纪委　中共中央组织部关于规范中管干部辞去公职或者退（离）休后担任上市公司、基金管理公司独立董事、独立监事的通知》(2008.6)

168.《财政部、国家税务总局关于高级专家延长离休退休期间取得工资薪金所得有关个人所得税问题的通知》(2008.7)

169.《中共中央组织部　财政部　人力资源和社会保障部　国务院国有资产监督管理委员会关于印发〈关于进一步落实中央企业离休干部医药费保障机制的意见〉的通知》(2008.9)

170.《中共中央组织部　中共中央宣传部　人事部　劳动和社会保障部关于加强退（离）休干部思想政治工作的通知》(2009.3)

171.《人力资源社会保障部　财政部　国资委　监察部关于妥善解决关闭破产国有企业退休人员等医疗保障有关问题的通知》(2009.5)

172.《中共中央组织部　民政部　财政部　人力资源和社会保障部　文化部　卫生部　国家体育总局　共青团中央　全国老龄工作委员会办公室印发关于利用社区资源做好离退休干部服务工作的意见的通知》(2010.4)

173.《中共中央组织部　财政部　人力资源和社会保障部印发关于进一步做好跨省（区、市）易地安置离休干部服务管理工作的意见的通知》(2010.9)

174.《中共中央组织部关于提高部分离休干部医疗待遇的通知》(2011.4)

175.《中共中央组织部　财政部　人力资源社会保障部关于提高离休干部生活补贴标准和扩大发放范围的通知》(2011.4)

176.《人力资源和社会保障部　财政部关于提高建国前参加工作的老工人生活补贴标准和扩大发放范围的通知》(2011.5)

177.《财政部关于印发中央国有资本经营预算企业离休干部医药费补助资金管理办法的通知》(2011.7)

178.《人力资源社会保障部 民政部 财政部关于事业单位工作人员和离退休人员死亡一次性抚恤金发放办法的通知》(2011.11)

179.《中共中央组织部印发关于进一步规范党政领导干部在企业兼职（任职）问题的意见》的通知》(2013.10)

180.《中共中央组织部 财政部 人力资源社会保障部关于提高离休干部护理费标准的通知》(2013.12)

181.《中共中央组织部 财政部 人力资源和社会保障部关于企业和事业单位离休干部病故一次性抚恤金有关问题的通知》(2014.8)

182.《中共中央关于全面推进依法治国若干重大问题的决定》(2014.10)

183.《国务院关于机关事业单位工作人员养老保险制度改革的决定》(2015.1)

184.《国务院办公厅转发人力资源社会保障部财政部关于调整机关事业单位工作人员基本工资标准和增加机关事业单位离退休人员离退休费三个实施方案的通知》(2015.1)

185.《中共中央组织部 人力资源社会保障部关于机关事业单位县处级女干部和具有高级职称的女性专业技术人员退休年龄问题的通知》(2015.2)

186.《人力资源社会保障部办公厅 财政部办公厅关于为抗日战争及以前参加革命工作的退休老工人发放一次性慰问金有关问题的通知》(2015.9)

187.《中共中央办公厅、国务院办公厅关于进一步加强和改进离退休干部工作的意见》(2016.3)

188.《人力资源和社会保障部 财政部关于2016年调整退休人员基本养老金的通知》(2016.4)

189.《财政部关于印发〈中央国有资本经营预算企业离休干部医药费补助资金管理办法〉的通知》(2016.9)

190.《人力资源社会保障部财政部关于2017年调整退休人员基本养老金的通知》(2017.4)

191.《中共中央组织部　财政部　人力资源和社会保障部关于提高生活长期完全不能自理的离休干部护理费标准的通知》（2017.9）

192.《国务院关于印发划转部分国有资本充实社保基金实施方案的通知》（2017.11）

193.《人力资源社会保障部　财政部关于2018年调整退休人员基本养老金的通知》（2018.3）

194.《国务院关于建立企业职工基本养老保险基金中央调剂制度的通知》（2018.5）

195.《人力资源社会保障部关于进一步加强企业特殊工种提前退休管理工作的通知》（2018.11）

196.《人力资源社会保障部　财政部关于2019年调整退休人员基本养老金的通知》（2019.3）

197.《国务院办公厅关于印发降低社会保险费率综合方案的通知》（2019.4）

198.《财政部　人力资源社会保障部　国资委　税务总局　证监会关于全面推开划转部分国有资本充实社保基金工作的通知》（2019.9）

199.《人力资源社会保障部　财政部关于2020年调整退休人员基本养老金的通知》（2020.4）

200.《中共中央关于制定国民经济和社会发展第十四个五年规划和二〇三五年远景目标的建议》（2020.11）

# 参考文献

《毛泽东文集》（第 8 卷），人民出版社 1999 年版。
《邓小平文选》（第 2 卷），人民出版社 1994 年版。
习近平：《论坚持全面依法治国》，中央文献出版社 2020 年版。
《陈云文选（一九五六——九八五年）》，人民出版社 1986 年版。
劳动人事部政策研究室：《劳动政策法规汇编》（1983—1984 年），劳动人事出版社 1986 年版。
白钢：《中国政治制度通史》，社会科学出版社 2011 年版。
曹志：《各国公职人员退休退职制度》，中国劳动出版社 1990 年版。
侯建良：《中国古代文官制度》，党建读物出版社、中国人事出版社 2010 年版。
黄达强：《各国公务员制度比较研究》，中国人民大学出版社 1990 年版。
黄惠贤、陈锋：《中国俸禄制度史》，武汉大学出版社 2015 年版。
蒲坚：《中国古代行政立法》，北京大学出版社 1990 年版。
沈星棣、沈凤舞：《中国古代官吏退休制度史》，江西教育出版社 1992 年版。
徐颂陶、孙建立：《中国人事制度改革三十年》（1978—2008 年），中国人事出版社 2008 年版。
余兴安：《中国政府公务百科全书》（机构编制管理卷）（人事管理卷），中共中央党校出版社 1994 年版。
袁文成：《干部退离休工作实用手册》，中国人事出版社 1993 年版。
张晋藩：《中国古代行政管理体制研究》，光明日报出版社 1988 年版。
张志坚、苏玉堂：《当代中国的人事管理》，当代中国出版社 1994 年版。
中共黑龙江省老干部局、中共陕西省委老干部工作局、青海省老干部局：

《简明老干部工作辞典》，华龄出版社 2012 年版。

《钦定大清会典》。

《钦定大清会典则例》。

《清实录》。

《元典章》。

（北齐）魏收：《魏书》，中华书局 1999 年版。

（北宋）欧阳修、宋祁：《新唐书》，中华书局 1999 年版。

（北宋）王溥：《唐会要》。

（东汉）班固、班昭：《汉书》，中华书局 1999 年版。

（后晋）刘昫：《旧唐书》，中华书局 1999 年版。

（明）李东阳等：《大明会典》。

（南朝梁）萧子显：《南齐书》，中华书局 1999 年版。

（南朝宋）范晔：《后汉书》，中华书局 1999 年版。

（南宋）郑樵：《通志》。

（清）陈梦雷、蒋廷锡：《钦定古今图书集成》。

（清）嵇璜、刘墉等；《清朝通志》。

（清）嵇璜、刘墉等撰，纪昀等校订：《续通典》。

（清）龙文彬：《明会要》。

（清）徐松从：《宋会要辑稿》。

（清）伊桑阿等：《大清会典》。

（清）张廷玉等：《明史》，中华书局 1999 年版。

（清）赵尔巽：《清史稿》。

（宋元）马端临：《文献通考》。

（唐）杜佑：《通典》。

（唐）房玄龄等：《晋书》，中华书局 1999 年版。

（唐）李百药：《北齐书》，中华书局 1999 年版。

（唐）魏徵等：《隋书》，中华书局 1999 年版。

（元）脱脱等：《宋史》，中华书局 1999 年版。

2010 年第六次全国人口普查主要数据公报，国家统计局官网，http：//www. stats. gov. cn/tjsj/tjgb/rkpcgb/qgrkpcgb/201104/t20110428 _ 30327. html，2011 - 04 - 28。

2019年我国卫生健康事业发展统计公报，中央人民政府官网，http：//www.gov.cn/guoqing/2021-04/09/content_5598657.htm。

第七次全国人口普查公报，国家统计局官网，http://www.stats.gov.cn/ztjc/zdtjgz/zgrkpc/dqcrkpc/ggl/202105/t20210519_1817699.html，2021-05-11。

第七次全国人口普查主要数据结果新闻发布会答记者问，国家统计局官网，http：//www.stats.gov.cn/ztjc/zdtjgz/zgrkpc/dqcrkpc/ggl/202105/t20210519_1817702.html，2021-05-11。

第四次全国人口普查公报，国家统计局官网，http：//www.stats.gov.cn/tjsj/tjgb/rkpcgb/qgrkpcgb/200204/t20020404_30320.html，2001-11-02。

国新办机关事业单位养老保险制度改革情况发布会答问文字实录，人力资源和社会保障部官网，http：//www.mohrss.gov.cn/zcyjs/gongzuodongtai/201502/t20150205_151406.htm，2015-01-22。

国新办举行《降低社会保险费率综合方案》有关情况吹风会，国务院新闻办官网，http：//www.scio.gov.cn/32344/32345/39620/40164/tw40166/Document/1651324/1651324.htm，2019-04-04。

历年《国务院政府工作报告》。

全面做好离退休干部工作——中组部负责人就《关于进一步加强和改进离退休干部工作的意见》答记者问，新华网，http：//www.xinhuanet.com//politics/2016-02-04/c_1117996328.htm，2014-02-04。

人社部相关负责人就《国务院关于建立企业职工基本养老保险基金中央调剂制度的通知》答记者问，新华网，http：//www.xinhuanet.com/2018-06/13/c_1122981274.htm，2016-08-13。

习近平：《关于〈中共中央关于制定国民经济和社会发展第十四个五年规划和二〇三五年远景目标的建议〉的说明》，人民网官网，http：//cpc.people.com.cn/n1/2020/1103/c64094-31917564.html，2020-11-03。

# 后　　记

　　自从我到中国人事科学研究院从事人事人才研究工作以来，出版一部人事制度方面的专著一直是我的愿望。但是，选择哪一个具体制度写作并没有确定。直到2019年，因为承担一项科研任务，使我与退休制度结缘。当时，为了庆祝中华人民共和国成立70周年，总结我国人事制度取得的伟大成就，余兴安院长精心筹划立项"中国人事制度70年"课题，并组织院内外多名专家分具体制度展开研究。我有幸参与其中，并承担了"退休制度"和"辞职辞退制度"两章的写作任务。当余院长看到退休制度的研究报告后，认为这一领域值得进一步挖掘，而且他坚信对某一领域开展持续性研究是培养人才的重要途径。于是，余院长建议我撰写一部关于退休制度的著作。用他的话来说，"撰写这部著作，既能够填补退休制度研究领域的空白，又能为你的学术生涯铺好一块坚实的垫脚石"。正是有这样的机缘，在内生动力与外在压力的共同作用下，推动了本书的诞生。

　　全书以中华人民共和国成立以来国家颁布的退休制度的政策文献为依据，从历史演进的视角，系统地阐述了我国退休制度的历史渊源、退休制度变迁的背景、不同时期退休制度形式和基本内容，梳理了近年来退休制度的地方探索，归纳了退休制度的基本经验，在揭示问题的基础上，探讨了退休制度的发展趋势。全书共分为绪论、正文、后记三个部分。正文包括七章，第一章当代中国退休制度的历史渊源，第二章退休制度的初步建立，第三章退休制度的分类建立，第四章退休制度框架的基本定型，第五章退休制度的改革深化，第六章退休制度的地方探索，第七章我国退休制度的基本经验、存在的问题及发展趋势。

　　在本书即将付梓之际，感谢中国人事科学研究院余兴安院长对我的信任、指导和帮助；感谢分管副院长李建忠对我的肯定、鼓励和支持；感谢中国社会科学出版社的责任编辑孔继萍老师，对本书严谨的审核、认真的校对及给予的高度评价；感谢中国人事科学研究院科研管理处的黄梅处长和柏玉林老师，为本书顺利出版进行的大量沟通、协调以及对书稿写作进度不厌其烦的督促；感谢公共管理与人事制度研究室的王芳霞主任，给我持续的鼓励和慷慨的帮助；感谢公共管理与人事制度研究室的陆传英老师，百忙之中帮助我仔细校对部分书稿。

　　本书是我在中国人事科学研究院十年科研工作的结晶。回望过去，感谢引领我走上人事科研道路的中国人事科学研究院的柏良泽研究员和中国政法大学的潘小娟教授。两位导师品行高洁、治学严谨、言传身教、无私奉献，使我一直在"严管与厚爱"的环境中健康成长。感谢中国人事科学研究院的其他领导和同仁们对我的关心和鼓励！感谢我的亲人、老师、同学及朋友们，是你们的期待、鼓励和支持让我一路向前！

　　科学研究永无止境，本书也是一本不完美的著作。由于本人水平有限，其中错误在所难免，还恳请各位专家批评指正！

杨　梅

2021 年 10 月

# 中国人事科学研究院学术文库
## 已出版书目

《人才工作支撑创新驱动发展——评价、激励、能力建设与国际化》
《劳动力市场发展及测量》
《当代中国的行政改革》
《外国公职人员行为及道德准则》
《国家人才安全问题研究》
《可持续治理能力建设探索——国际行政科学学会暨国际行政院校联合会 2016 年联合大会论文集》
《澜湄国家人力资源开发合作研究》
《职称制度的历史与发展》
《强化公益属性的事业单位工资制度改革研究》
《人事制度改革与人才队伍建设（1978—2018）》
《人才创新创业生态系统案例研究》
《科研事业单位人事制度改革研究》
《哲学与公共行政》
《人力资源市场信息监测——逻辑、技术与策略》
《事业单位工资制度建构与实践探索》
《文献计量视角下的全球基础研究人才发展报告（2019）》
《职业社会学》
《职业管理制度研究》
《人力资源开发法制建设研究》
**《当代中国的退休制度》**